나는 오렌지로 데이터 분석한다

orange 3로 배우는 인공지능

임진숙
장병철
서미란
정종호

씨마스

저자 한 마디

Orange3는 인공지능을 직접 구현해 보고 데이터를 시각화하여 분석할 수 있는 좋은 도구입니다. 『나는 오렌지로 데이터 분석한다』에 수록된 활동을 통해 Orange3의 다양한 기능을 익힐 수 있으며 인공지능 입문자도 직접 인공지능을 구현해 볼 수 있습니다. 또한 우리 생활 속 다양한 문제를 해결하기 위해 인공지능을 어떻게 적용하는지, 기계학습을 위한 데이터 분석과 처리 방법에 대해 자세히 배울 수 있습니다. 이제 이 책과 함께 인공지능 여행을 시작해 볼까요?

임진숙 교사

"Learning by doing"
무엇인가를 배울 때 직접 해 보는 것만큼 빠른 방법은 없다고 생각합니다. 학교 현장에서의 인공지능 교육 도입이 활발하게 이루어지면서 선생님과 학생들이 인공지능을 배우려는 열기가 가득합니다. 이 책은 실생활에서 인공지능으로 해결해 봄직한 문제를 선정한 후 인공지능 프로젝트 개발 단계를 적용하여 데이터를 수집하고, 모델을 만들어 성능을 평가해 보고 나아가 모델 활용까지 경험할 수 있도록 내용을 구성하였습니다. 인공지능 기술을 배우는 궁극적인 목적은 인공지능과 더불어 사는 세상에서 인공지능을 효율적으로 활용하는 방법을 체득하기 위함입니다. 이 책에서 제공하는 다양한 실습을 함께해 보면서 인공지능을 어떻게 활용할 수 있는지 경험해 보시기 바랍니다.

장병철 교수

인공지능 교육이 학교 현장에 도입되면서 이론 교육에서 실습 준비까지 교사의 부담이 커졌습니다. 여기저기에서 다양한 인공지능 연수를 실시하고 있어 참여해 보고 배운 내용을 수업에 적용해 보려했지만 노하우가 부족한 교사와 기본 지식이 없는 학생들은 시행착오를 겪을 수밖에 없었습니다. 이러한 경험을 바탕으로 인공지능을 처음 가르치는 교사들은 물론 코딩 없이 인공지능 데이터 분석을 실습하고자 하는 분들을 위해 『나는 오렌지로 데이터 분석한다』를 만들었습니다. 이 책에 수록된 다양한 활동을 차근차근 따라하며 문제를 해결하는 과정에서 인공지능의 이론을 자연스럽게 이해하시길 바랍니다.

서미란 교사

『나는 오렌지로 데이터 분석한다』는 우리에게는 막연하고 어렵게만 느껴졌던 인공지능의 원리를 쉽게 이해하고 구현해 볼 수 있는 책입니다. 이 책이 기존의 Orange3 단행본과 다른 점은 데이터 분석 자료 플랫폼에서 제공하는 데이터 셋 외에도 우리가 직접 수집한 데이터를 분석하고 이를 바탕으로 인공지능 모델을 개발하여 실생활 문제를 해결할 방안을 마련할 수 있다는 것입니다. 이 책을 통해 많은 사람들이 데이터를 분석하고 기계학습 · 딥러닝 모델을 완성하기를 기대해 봅니다.

정종호 교사

저자 소개

임진숙

- 경상북도교육청연수원 교육연구사 / 한국교원대학교 대학원 컴퓨터교육 박사
- 2015 개정 중고등학교 『정보』 교과서, 2015 개정 고등학교 『인공지능 기초』 교과서 집필
- 『모두를 위한 인공지능 언플러그드』, 『소프트웨어 교육론』 집필
- 중고등학교 AI 보조교재 개발 연구진, 학생참여형 수업전문가(수업 선도 교사), 학생주도형 탐구활동 연구

장병철

- 한양대학교 컴퓨테이셔널 사회과학 연구센터 연구부교수 / 한양대학교 컴퓨터공학 박사
- 2022 개정 고등학교 『정보』, 『인공지능 기초』, 『프로그래밍』 교과서, 『인공지능과 미래 사회』 교과서 집필
- 『나는 파이썬으로 피지컬 컴퓨팅한다』, 『안녕! 엔트리 반가워! 인공지능』, 『AI, 나랑 친구할래?』 집필
- 이화여자대학교 AI 융합교육대학원 초빙교수
- EBS 이솦 자율주행 자동차 강사

서미란

- 경기 보라고등학교 정보 교사 / 한국교원대학교 컴퓨터교육 학사 · 아주대학교 심리상담 석사
- 2022 개정 고등학교 『정보』, 『인공지능 기초』 교과서 집필
- 경기도 온라인 공동교육과정 『프로그래밍』, 『정보 과학』, 『인공지능 기초』 수업 교사

정종호

- 대전둔원중학교 정보 교사 / 한국교원대학교 컴퓨터교육 석사
- 2015 개정 교육과정 『인공지능 기초』 교과서 심의
- 2020년 교육부 인공지능 핵심교원 연수 강의
- 2021년 인공지능 중심고 담당교사 연수 강의
- 2022 개정 고등학교 『정보』, 『인공지능 기초』 교과서 집필

이 책의 구성

이 책은 orange3와 인공지능을 소개하는 Part 1. **Orange3 제대로 시작하기**와 우리의 일상생활에서 발생하는 문제를 orange3로 해결해 보는 Part 2. **Orange3로 인공지능 모델 만들기**로 구성하였습니다.

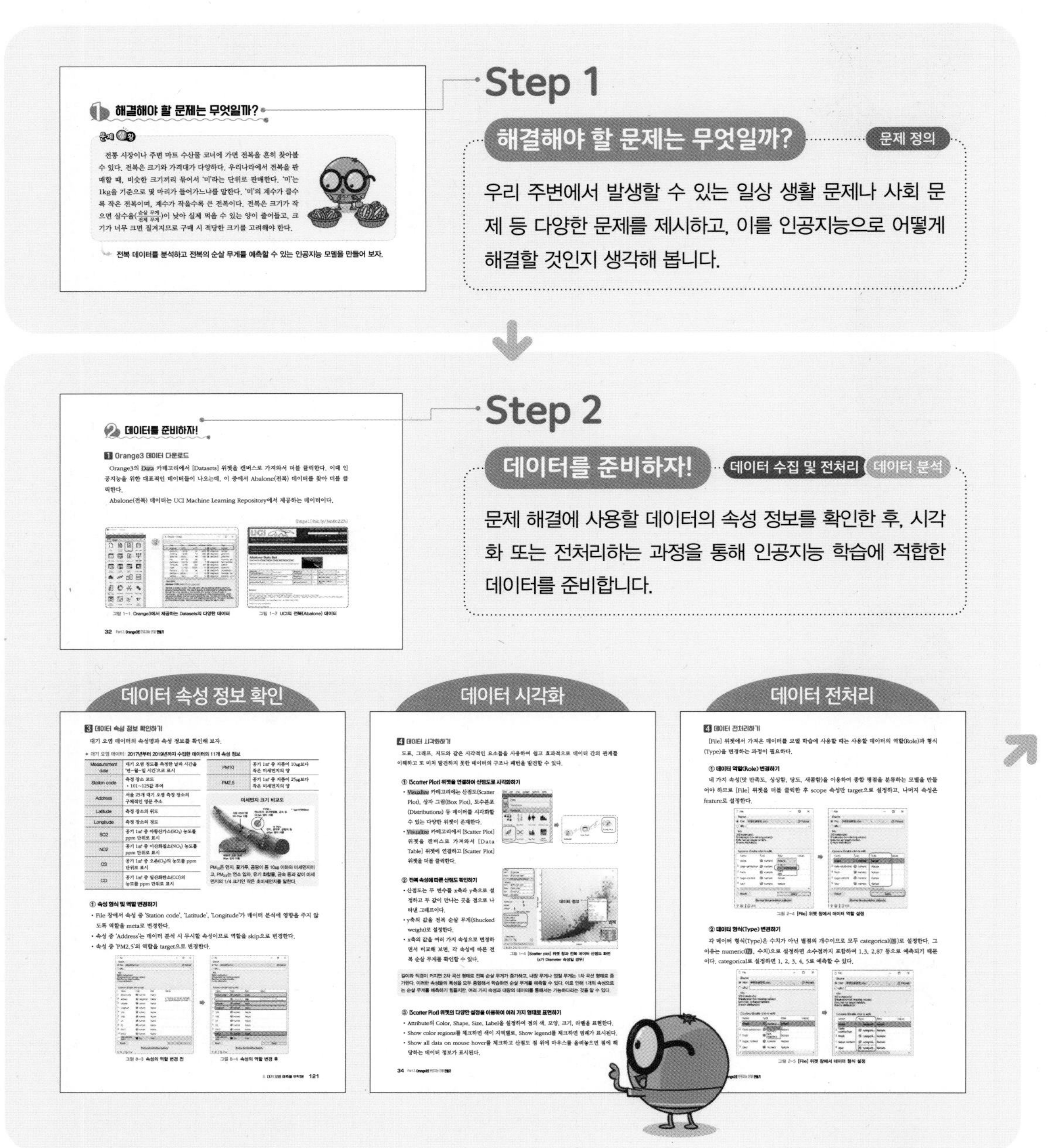

Step 1
해결해야 할 문제는 무엇일까?
문제 정의
우리 주변에서 발생할 수 있는 일상 생활 문제나 사회 문제 등 다양한 문제를 제시하고, 이를 인공지능으로 어떻게 해결할 것인지 생각해 봅니다.
Step 2
데이터를 준비하자!
데이터 수집 및 전처리
데이터 분석
문제 해결에 사용할 데이터의 속성 정보를 확인한 후, 시각화 또는 전처리하는 과정을 통해 인공지능 학습에 적합한 데이터를 준비합니다.
데이터 속성 정보 확인
데이터 시각화
데이터 전처리

3 어떤 모델을 선택하고 학습시킬까?

모델의 성능을 분석 및 비교하기 위해 여러 가지 모델 위젯을 동시에 연결하여 학습시킨다.

1 학습 모델 선택하기

Model 카테고리에서 [Neural Network] 위젯과 [Logistic Regression] 위젯, 스팸 메일 필터, 텍스트 분류, 감정 분석, 추천 시스템 등에 광범위하게 활용되는 분류 모델인 [Naive Bayes] 위젯을 캔버스로 가져와 [File] 위젯에 연결한다.

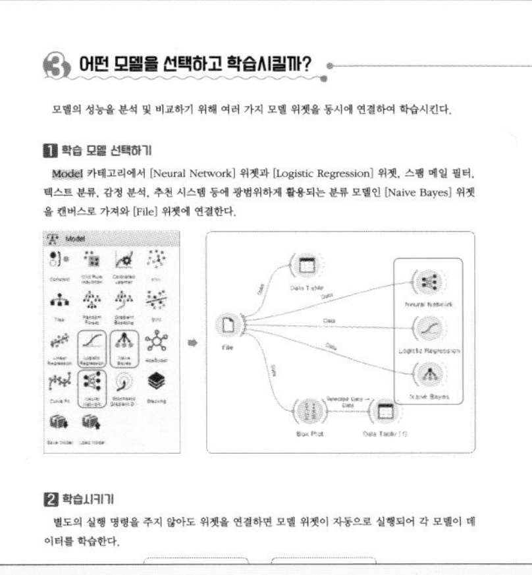

2 학습시키기

별도의 실행 명령을 주지 않아도 위젯을 연결하면 모델 위젯이 자동으로 실행되어 각 모델이 데이터를 학습한다.

Step 3

어떤 모델을 선택하고 학습시킬까? 모델 학습

모델의 성능을 분석 및 비교하기 위해 여러 가지 모델 위젯을 연결하여 학습시킵니다.

활동에서 사용할 모델 위젯

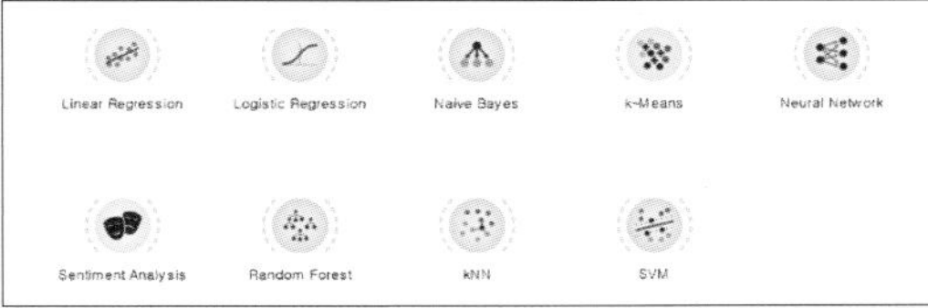

2 성능 평가하기

Evaluate 카테고리의 [Confusion Matrix] 위젯을 가져와서 [Predictions] 위젯과 연결한다.

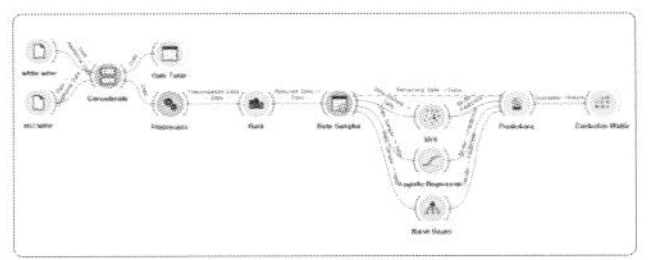

[Confusion Matrix] 위젯을 더블 클릭하여 나온 Confusion Matrix(혼동 행렬) 창의 성능 평가 지표를 살펴보자.

- 세 가지 모델 중 가장 성능이 좋은 k-NN 모델의 혼동 행렬을 살펴보면, 테스트 데이터(1,949개)에서 실제 화이트 와인 1,476개 중 1,474개를 화이트 와인으로 분류하였고, 실제 레드 와인 473개 중 466개를 레드 와인으로 분류하였다.
- 화이트 와인을 제대로 분류한 것이 1,474개, 레드 와인을 제대로 분류한 것이 466개이므로 분류 정확도(CA) = $\frac{1474+466}{1474+2+7+466}$ = 0.995로 계산된다.

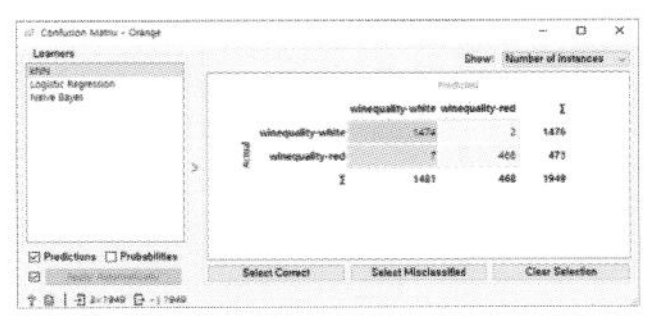

- 새로운 와인의 속성값을 안다면 이렇게 만들어진 모델을 활용하여 레드 와인인지 화이트 와인인지 예측할 수 있다.

150

Step 4

모델의 성능을 확인해 보자! 모델 성능 평가

만든 모델의 성능을 분석하여 비교하고, 가장 좋은 성능의 모델은 무엇이며 얼마만큼 잘 예측하는지 평가합니다. 그리고 정리하기를 통해 활동을 마무리합니다.

정리하기

앞서 만든 C 사 별점 테러 방지 분류 모델의 결과를 살펴보았을 때 맛 만족도, 싱싱함, 당도, 새콤함 중 만족도만 보통이고 나머지는 아주 괜찮았지만, 실제 껍질을 까기 귀찮아서 평점 2를 주었던 사례가 분류 모델을 적용하여 평점 5로 나온 것을 볼 수 있었다. 이처럼 우리는 실생활에서 데이터를 직접 수집한 후 인공지능 분류 모델을 적용하여 사회 문제를 해결할 수 있음을 경험하였다.

학습 요소 소개

AI랑 친해지기

각 활동 과정에서 짚고 넘어가야 할 기계학습의 주요 개념을 친절하게 설명합니다.

인공지능 교육용 도구 중 orange3만이 가지고 있는 장점이 무엇인지 알려 줍니다.

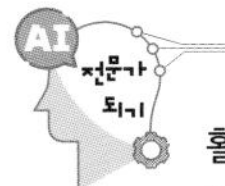

활동 내용과 관련하여 심화된 내용을 학습하며 인공지능 사고의 폭을 확장할 수 있도록 안내합니다.

Part 1 Orange3 제대로 시작하기

Part 2 Orange3로 인공지능 모델 만들기

Part 1

Orange3 제대로 시작하기

Orange3가 어떤 도구인지 알아보고,
Orange3에서 제공하는 주요 기능을 살펴보자.

Orange3란?

Orange3가 어떤 도구인지 알아보자.

Orange3는 기계학습과 데이터를 분석하기 위한 오픈소스 소프트웨어로 슬로베니아의 류블랴나 대학교에서 개발되었다. Orange3에서는 어려운 수학 공식과 복잡한 텍스트 코딩 없이 캔버스 위로 위젯을 드래그하고 드롭하는 간단한 과정을 통해 데이터를 분석할 수 있기 때문에 처음 인공지능을 배우는 학습자가 그 원리를 시각적으로 쉽게 이해할 수 있다는 장점이 있다.

Orange3는 2차원 데이터 셋뿐만 아니라 산점도, 박스 플롯, 도수 분포표 등 데이터를 직관적으로 시각화할 수 있는 도구를 제공한다. 또한 회귀, 분류, 군집 등 기계학습 모델과 모델의 성능을 평가할 수 있는 위젯을 통해 실제 데이터에 기반하여 직접 다양한 모델을 만들고 성능을 평가해 볼 수 있다.

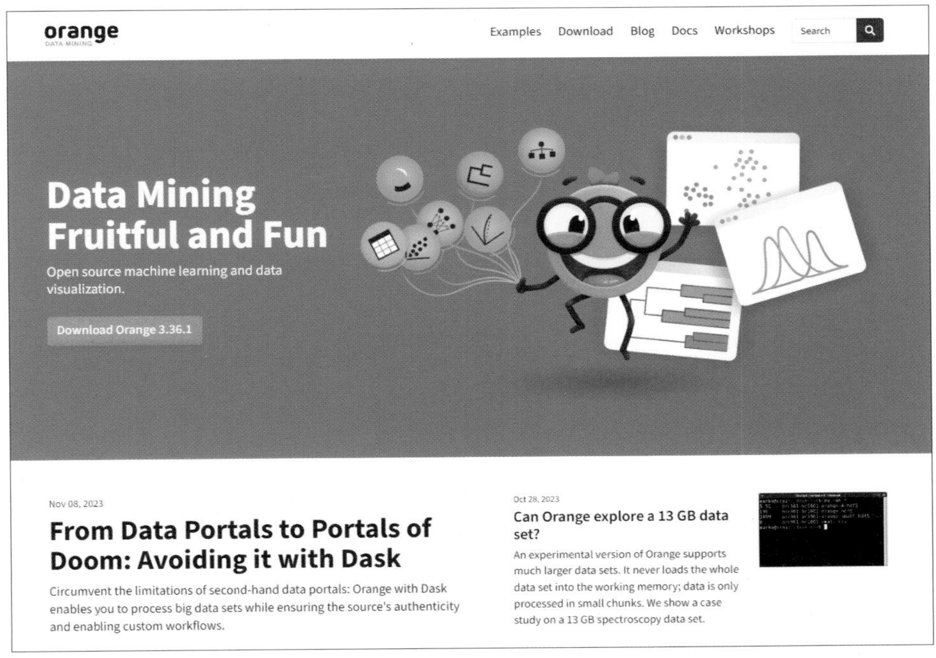

Orange3 홈페이지 초기 화면

Orange3 설치

Orange3 설치 파일을 다운로드하고 직접 설치해 보자.

1. 프로그램 파일 다운로드하기

① 주소 창에 URL을 입력하거나 포털 사이트 검색창에 Orange3 download를 입력하여 홈페이지에 접속한다.(https://orangedatamining.com/download/#windows)

② Download Orange 3.36.1 를 클릭하여 자신의 운영체제에 해당하는 설치 파일을 다운로드한다. 개발팀에서 지속적으로 프로그램을 업그레이드하고 있다.

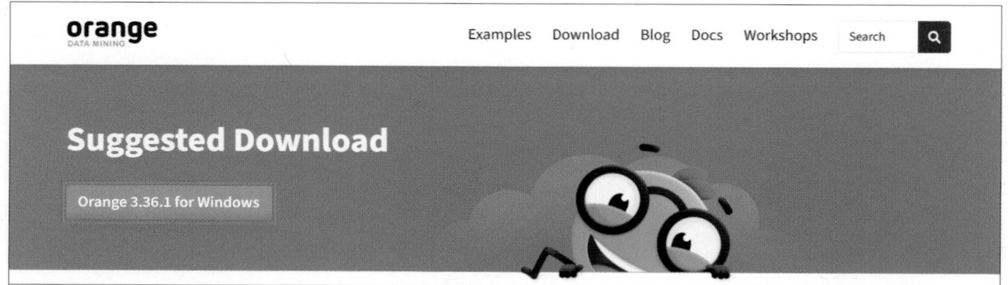

※ 현재 책에서 사용하고 있는 버전은 3.36.1이며, 버전에 따라 책과 화면이 다를 수 있습니다.

2. 프로그램 파일 설치하기

① 다운로드한 설치 파일 아이콘을 [관리자 권한]으로 실행하면 설치가 진행된다.

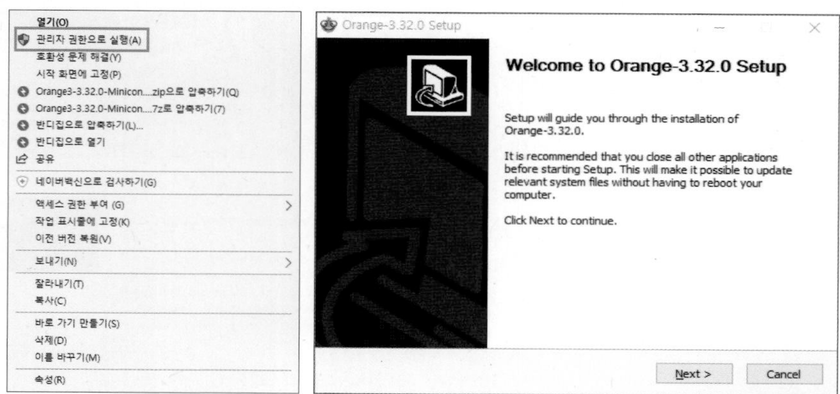

❷ License Agreement 창에서 [I Agree] 버튼 클릭 → Choose Users 창에서 'Install for anyone using this computer'나 'Install just for me' 중 한 가지를 선택 → [Next] 버튼을 클릭한다.

❸ Choose Components 창에서 'Shortcuts'에 체크한 후 [Next] 버튼을 클릭한다.

❹ Choose Install Location 창에서 설치 폴더를 확인한 후 [Next] 버튼을 클릭한다.

❺ Choose Start Menu Folder 창에서 폴더 이름을 지정한 후 [Install] 버튼을 클릭하여 설치한다.

❻ 컴퓨터에 anaconda가 설치되어 있지 않으면 Miniconda3 py38_4.9.2(64−bit) 설치 여부를 묻는다. 설치하려면 [Next] 버튼을 클릭하여 설치한다.

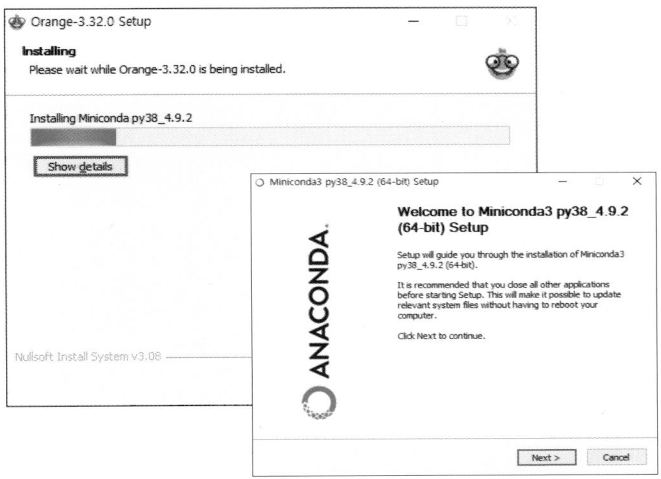

❼ Orange3와 anaconda 설치까지 완료된 후 아래 창이 나타나면 [Finish] 버튼을 클릭하여 Orange3 설치를 완료한다.

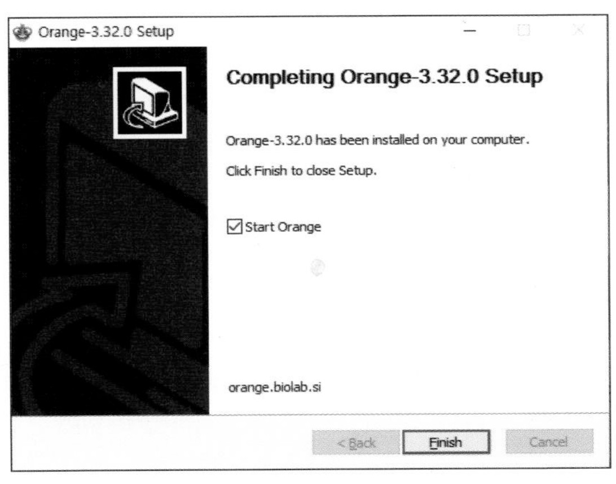

Orange3 플랫폼

Orange3 화면이 어떻게 구성되어 있는지 살펴보자.

1. Orange3의 기본 화면 구성

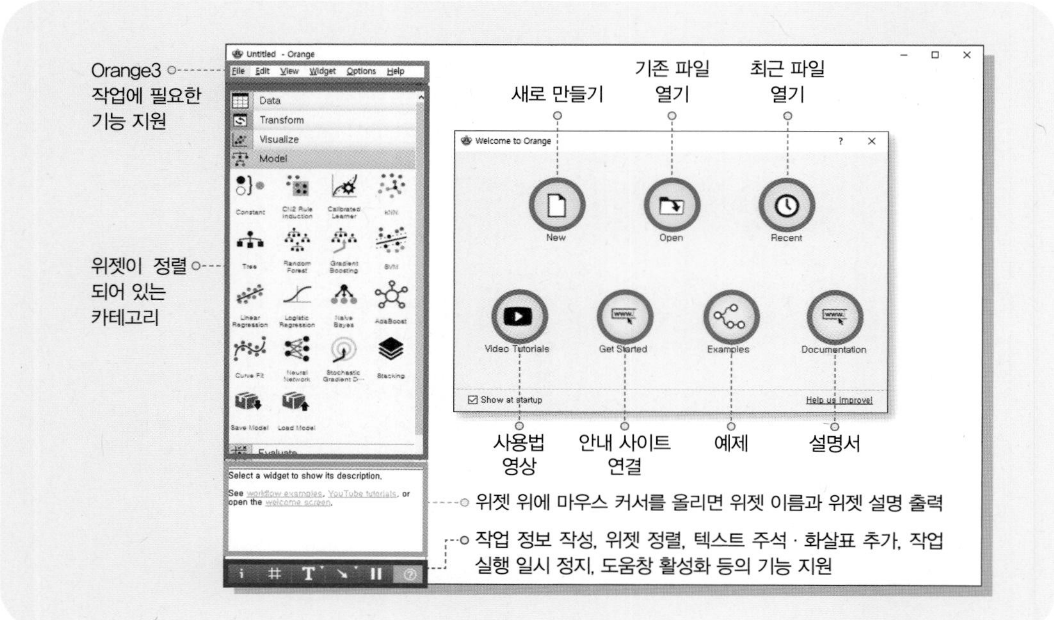

2. 새로운 작업 창 열기

Welcome to Orange 창에서 [New]를 클릭하면 새로운 작업을 할 수 있는 캔버스가 나타난다.

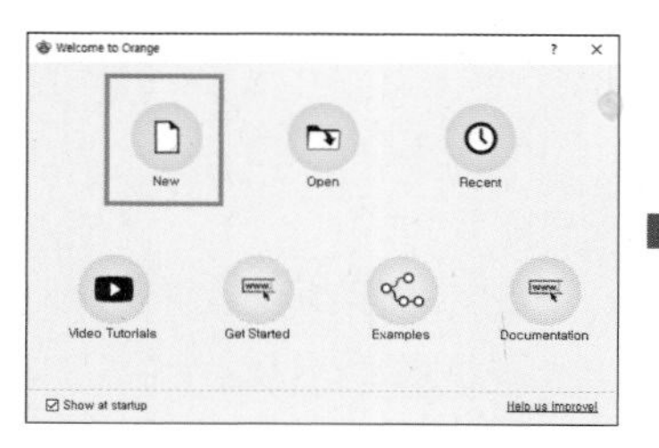

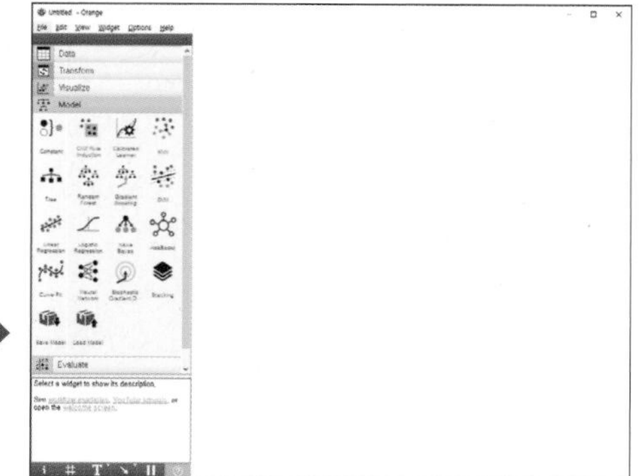

3. 위젯 카테고리

위젯 카테고리는 각각의 위젯을 사용하기 쉽게 기능별로 묶어놓은 것이다. Orange3 공식 홈페이지에서 소개하는 17개의 카테고리는 다음과 같다.

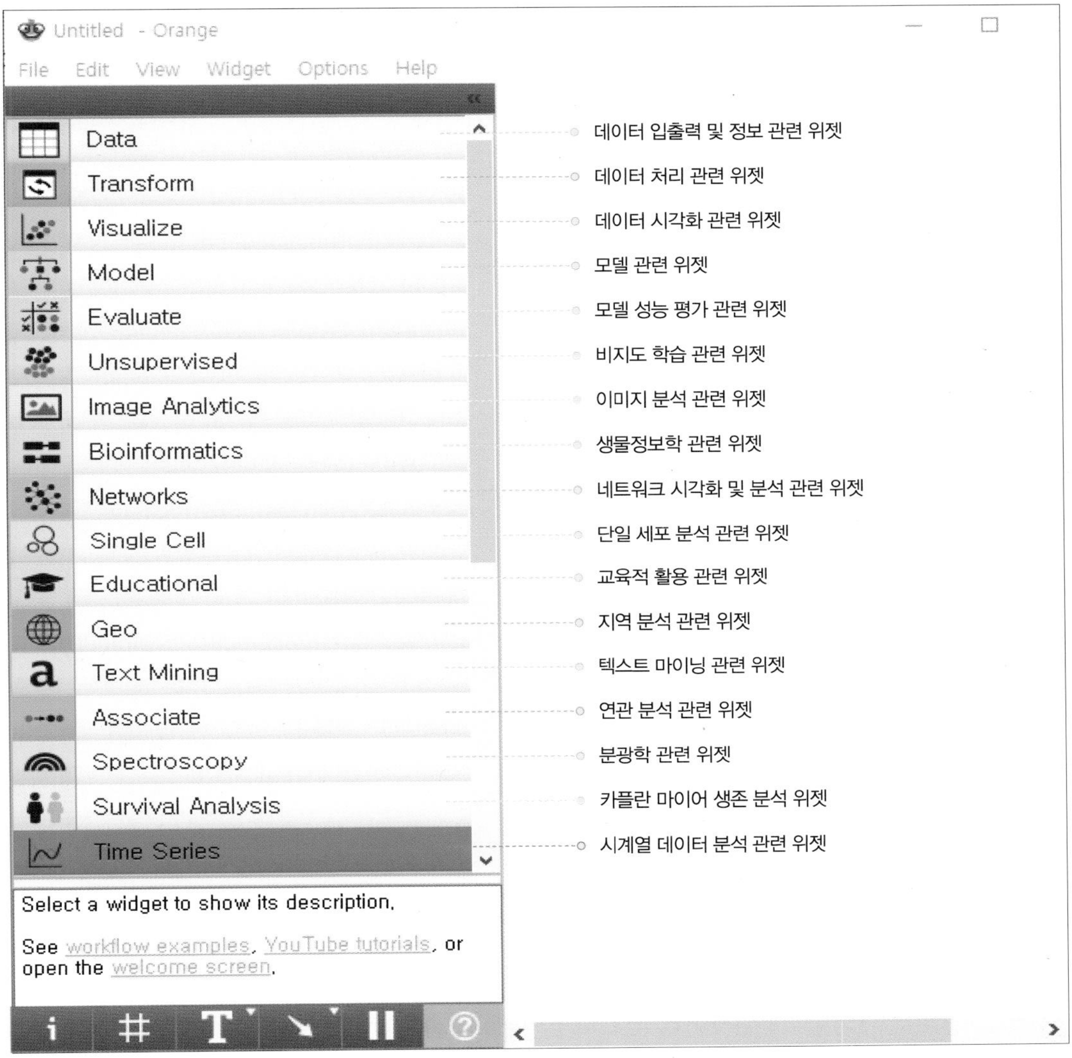

Untitled - Orange
File Edit View Widget Options Help
Data
데이터 입출력 및 정보 관련 위젯
Transform
데이터 처리 관련 위젯
Visualize
데이터 시각화 관련 위젯
Model
모델 관련 위젯
Evaluate
모델 성능 평가 관련 위젯
Unsupervised
비지도 학습 관련 위젯
Image Analytics
이미지 분석 관련 위젯
Bioinformatics
생물정보학 관련 위젯
Networks
네트워크 시각화 및 분석 관련 위젯
Single Cell
단일 세포 분석 관련 위젯
Educational
교육적 활용 관련 위젯
Geo
지역 분석 관련 위젯
Text Mining
텍스트 마이닝 관련 위젯
Associate
연관 분석 관련 위젯
Spectroscopy
분광학 관련 위젯
Survival Analysis
카플란 마이어 생존 분석 위젯
Time Series
시계열 데이터 분석 관련 위젯
Select a widget to show its description.
See workflow examples, YouTube tutorials, or open the welcome screen.

Orange3 공식 홈페이지에서 소개하지 않은 일부 카테고리는 프로그램의 [Options]-[Add-ons...]에서 추가할 수 있다.

Prototypes
프로토 타입의 위젯
Textable
텍스트 분석 관련 위젯
Explain
시계열 데이터 분석 관련 위젯
World Happiness
사회 경제적 지표 관련 데이터 위젯

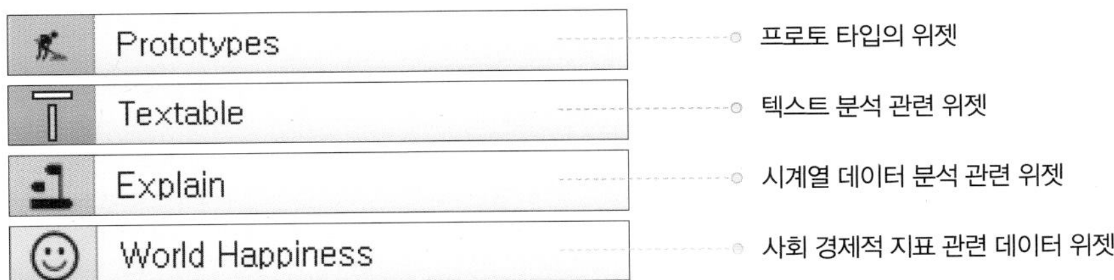

Orange3 기본 사용법

활동을 수행하기 위한 Orange3 사용 방법을 알아보자.

1. 위젯 다루기

❶ 위젯이란?

위젯은 Orange3 카테고리 안에 있는 각각의 아이콘을 가리키는 단어로 캔버스에 위젯을 불러와 추가하고 연결하는 과정을 통해 데이터 처리, 데이터 시각화, 인공지능 모델 적용 등의 작업을 수행할 수 있다.

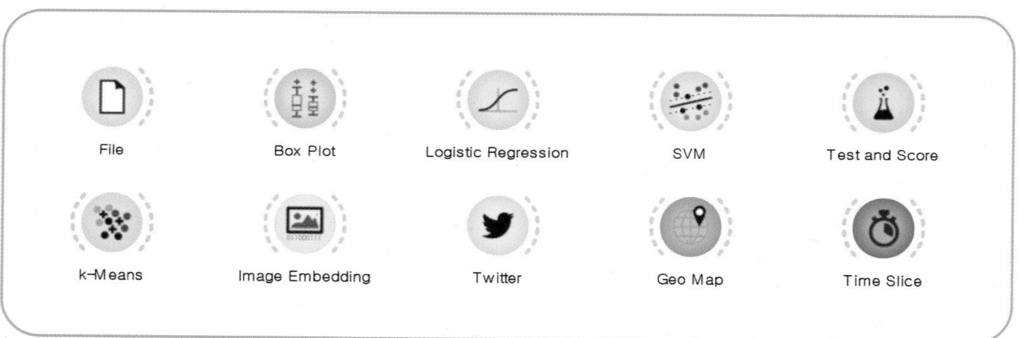

❷ 위젯의 입출력 가능 표시

위젯을 캔버스에 추가하면 아래와 같이 위젯의 오른쪽과 왼쪽에 다른 위젯을 연결할 수 있는 표시가 나타난다. 위젯끼리 연결되면 점선이 실선으로 바뀐다.

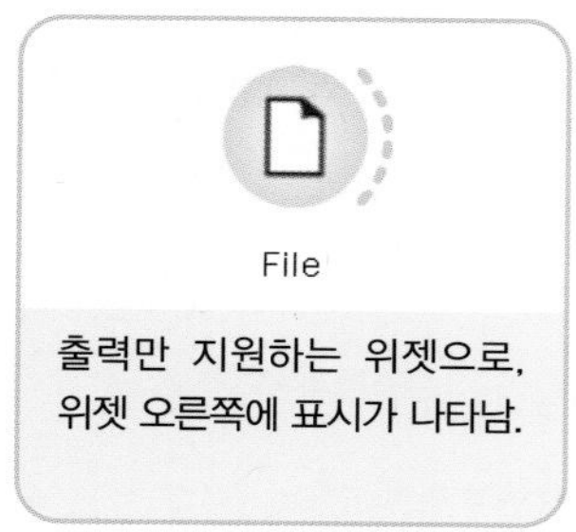

출력만 지원하는 위젯으로, 위젯 오른쪽에 표시가 나타남.

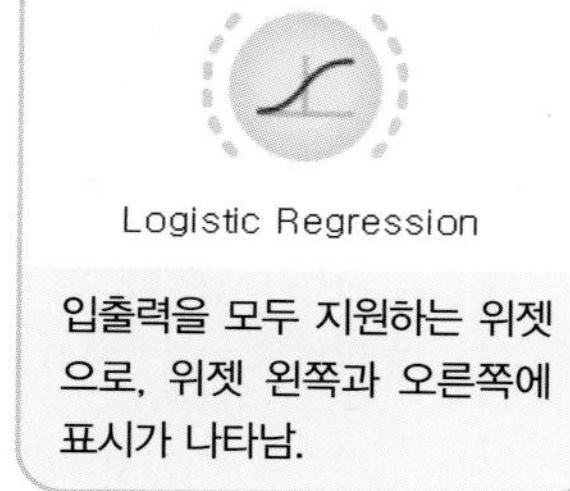

입출력을 모두 지원하는 위젯으로, 위젯 왼쪽과 오른쪽에 표시가 나타남.

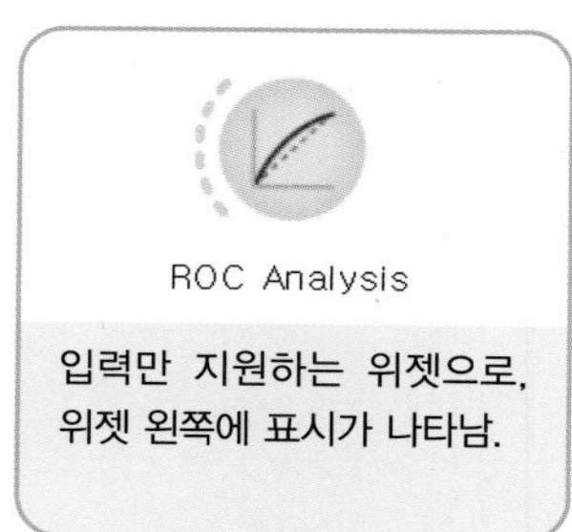

입력만 지원하는 위젯으로, 위젯 왼쪽에 표시가 나타남.

이러한 표시를 통해 위젯의 입출력 지원 여부를 시각적으로 쉽게 확인할 수 있다.

③ 위젯 추가하는 방법

위젯을 추가하는 방법은 크게 3가지가 있다.

1. 카테고리에서 위젯을 클릭하여 추가하기
2. 카테고리에서 위젯을 캔버스로 드래그해서 추가하기

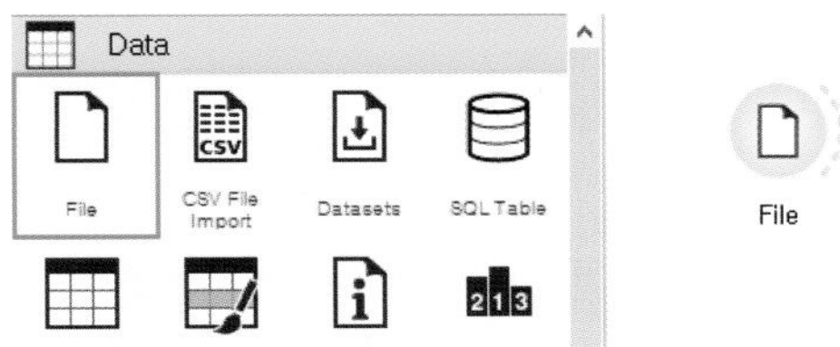

3. 캔버스의 빈 공간에 오른쪽 마우스 클릭한 후, 원하는 위젯 검색하여 추가하기

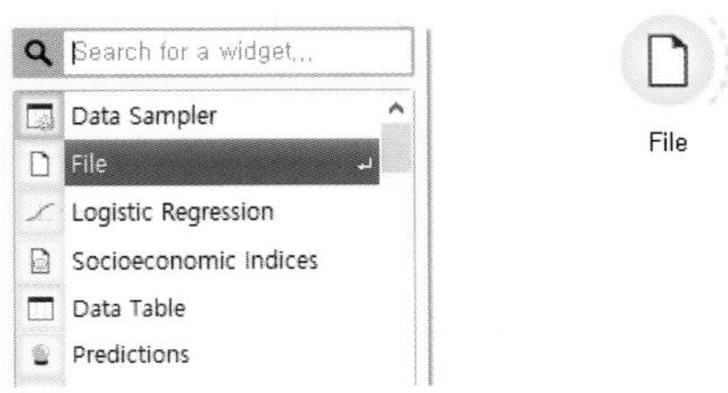

④ 위젯 연결 방법

입출력을 나타내는 표시인 점선에 마우스를 놓고, 연결하고자 하는 위젯으로 드래그하면 실선이 나타나면서 연결된다.

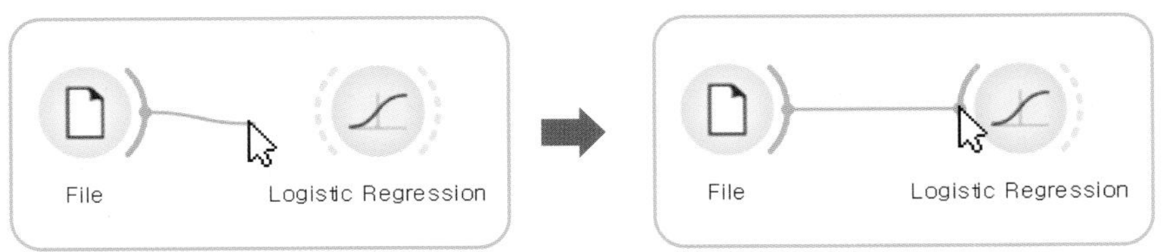

⑤ 위젯 이름 변경 및 삭제 방법

- 이름을 변경할 위젯을 오른쪽 마우스 클릭한 후, Rename을 선택하여 원하는 이름으로 변경한다.
- 삭제할 위젯을 오른쪽 마우스 클릭한 후 Remove를 선택하거나, 위젯을 직접 선택하여 Delete 또는 Backspace 키를 누른다.

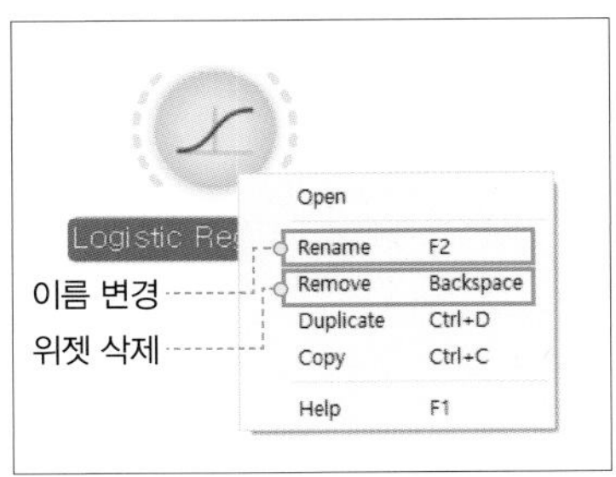

2. Orange3 맛보기

Part 2 활동에 앞서 다음 절차에 따라 인공지능 데이터 분석 과정을 체험해 보면서 Orange3 사용 방법을 알아보자.

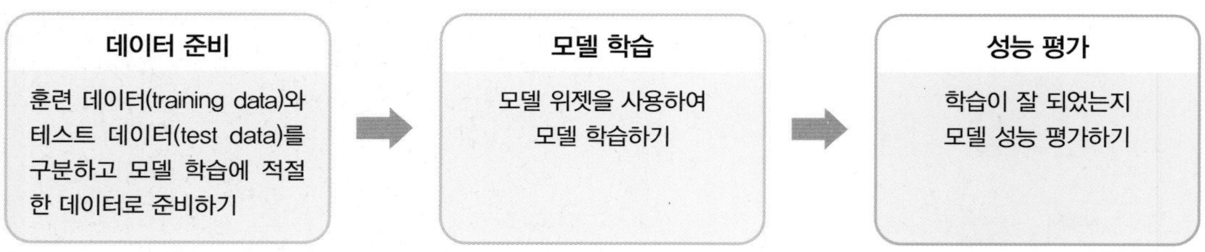

데이터 준비
훈련 데이터(training data)와 테스트 데이터(test data)를 구분하고 모델 학습에 적절한 데이터로 준비하기
모델 학습
모델 위젯을 사용하여 모델 학습하기
성능 평가
학습이 잘 되었는지 모델 성능 평가하기

Iris 데이터 셋을 활용하여 붓꽃 품종 예측 모델 만들기

1936년, 통계학자 로널드 피셔가 소개한 붓꽃 데이터 셋은 세 가지 붓꽃 종의 꽃받침 길이(sepal length), 꽃받침 너비(sepal width), 꽃잎 길이(petal length), 꽃잎 너비(petal width) 네 가지 속성을 센티미터 단위로 측정한 데이터 150개로 구성되어 있다.

데이터 준비 Orange3에서 제공하는 붓꽃 데이터 셋을 사용한다.

❶ Data 카테고리의 [File] 위젯을 캔버스로 가져와서 더블 클릭한 후, 'Browse documentation datasets'를 눌러 Iris 데이터(iris.tab)를 불러온다.

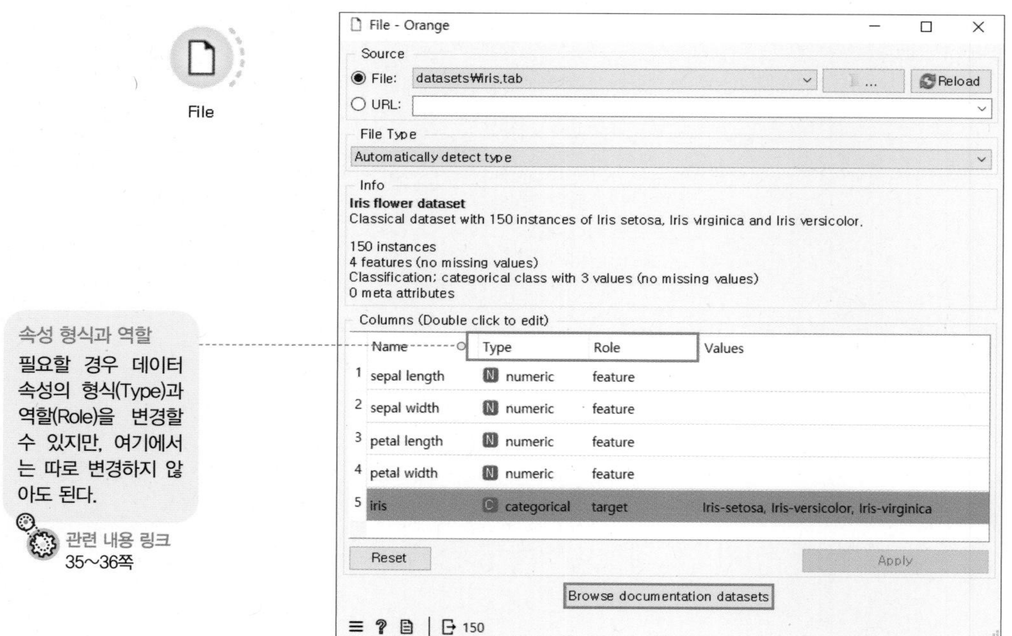

속성 형식과 역할
필요할 경우 데이터 속성의 형식(Type)과 역할(Role)을 변경할 수 있지만, 여기에서는 따로 변경하지 않아도 된다.

관련 내용 링크 35~36쪽

❷ Data 카테고리의 [Data Table] 위젯을 캔버스로 가져와서 [File] 위젯에 연결한 후 더블 클릭하면 다음과 같은 창이 나타난다.

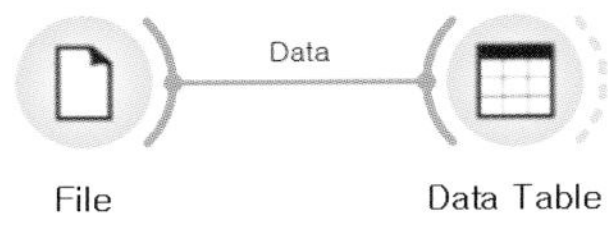

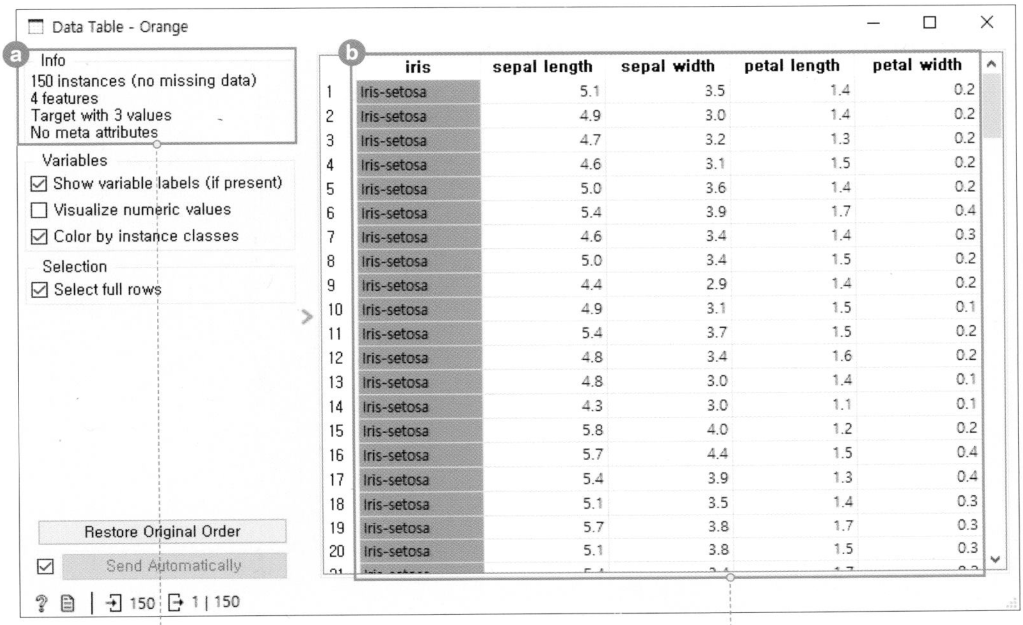

Data Table - Orange

ⓐ Info
150 instances (no missing data)
4 features
Target with 3 values
No meta attributes

Variables
☑ Show variable labels (if present)
☐ Visualize numeric values
☑ Color by instance classes

Selection
☑ Select full rows

Restore Original Order
☑ Send Automatically

150 | 1 | 150

ⓑ

	iris	sepal length	sepal width	petal length	petal width
1	Iris-setosa	5.1	3.5	1.4	0.2
2	Iris-setosa	4.9	3.0	1.4	0.2
3	Iris-setosa	4.7	3.2	1.3	0.2
4	Iris-setosa	4.6	3.1	1.5	0.2
5	Iris-setosa	5.0	3.6	1.4	0.2
6	Iris-setosa	5.4	3.9	1.7	0.4
7	Iris-setosa	4.6	3.4	1.4	0.3
8	Iris-setosa	5.0	3.4	1.5	0.2
9	Iris-setosa	4.4	2.9	1.4	0.2
10	Iris-setosa	4.9	3.1	1.5	0.1
11	Iris-setosa	5.4	3.7	1.5	0.2
12	Iris-setosa	4.8	3.4	1.6	0.2
13	Iris-setosa	4.8	3.0	1.4	0.1
14	Iris-setosa	4.3	3.0	1.1	0.1
15	Iris-setosa	5.8	4.0	1.2	0.2
16	Iris-setosa	5.7	4.4	1.5	0.4
17	Iris-setosa	5.4	3.9	1.3	0.4
18	Iris-setosa	5.1	3.5	1.4	0.3
19	Iris-setosa	5.7	3.8	1.7	0.3
20	Iris-setosa	5.1	3.8	1.5	0.3

데이터 정보
- 데이터 150개(데이터에 누락된 값이 없음.)
- 결과에 영향을 주는 속성(feature) 4개
- 3개의 값이 있는 target(품종)
- 메타 속성* 없음.

*메타 속성: 데이터 훈련 및 예측에서 제외되지만, 데이터의 내용을 참고하는 데 사용될 속성

붓꽃 데이터의 속성

target
- 품종(iris)
  - Iris–setosa
  - Iris–versicolor
  - Iris–virginica

feature
- 꽃받침 길이(sepal length)
- 꽃받침 너비(sepal width)
- 꽃잎 길이(petal length)
- 꽃잎 너비(petal width)

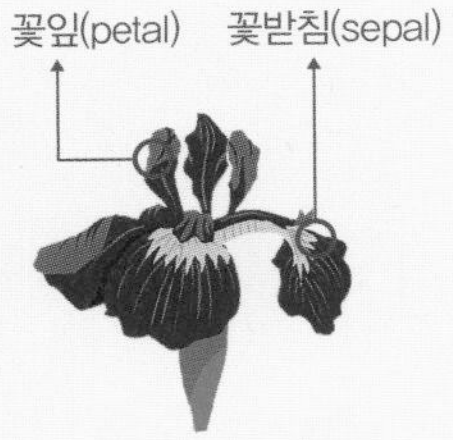

꽃잎(petal) 꽃받침(sepal)

ⓐ에서는 불러온 데이터 셋의 크기, 속성 수 및 유형, 이상치 유무 등의 정보를 확인할 수 있다. ⓑ에서는 ❶에서 불러온 Iris 데이터 셋을 테이블(스프레드시트) 형태로 볼 수 있다.

Orange3에서 제공하는 Iris 데이터 셋은 데이터에서 누락된 값(결측치)이나 정상 범위를 크게 벗어난 값(이상치)이 없으므로 바로 훈련 데이터와 테스트 데이터로 나누는 단계로 넘어간다.

③ Orange3는 데이터를 분석하는 데 도움이 되는 다양한 데이터 시각화 기능을 제공한다. 여기에서는 Iris 데이터 셋을 산점도(Scatter Plot)로 시각화해 보자.

Visualize 카테고리의 [Scatter Plot] 위젯을 가져와 [File] 위젯에 연결한 후 더블 클릭하여 아래와 같이 설정한다.

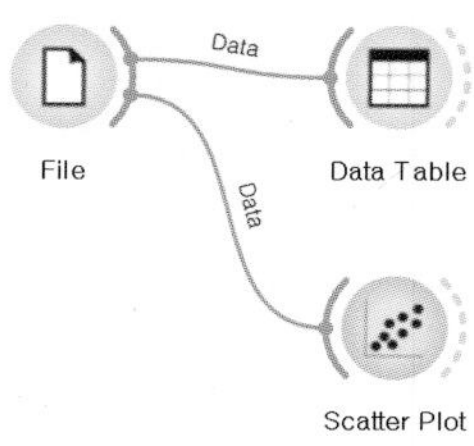

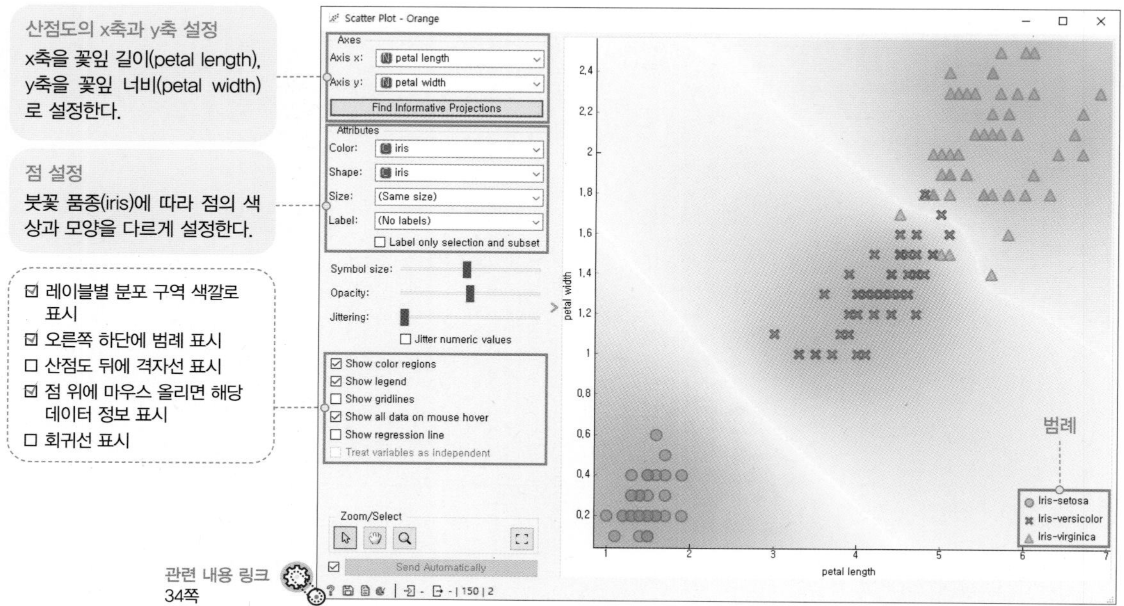

산점도의 x축과 y축 속성을 다양하게 조합해 보면 붓꽃 데이터의 품종을 분류하는 데 많은 영향을 미치는 속성이 무엇인지 확인할 수 있다.

④ Transform 카테고리의 [Data Sampler] 위젯으로 전체 데이터 셋에서 무작위로 훈련 데이터와 테스트 데이터를 나눈다. [Data Sampler] 위젯을 [Data Table] 위젯에 연결한 후 더블 클릭하여 'Fixed proportion of data'를 아래와 같이 설정한다.

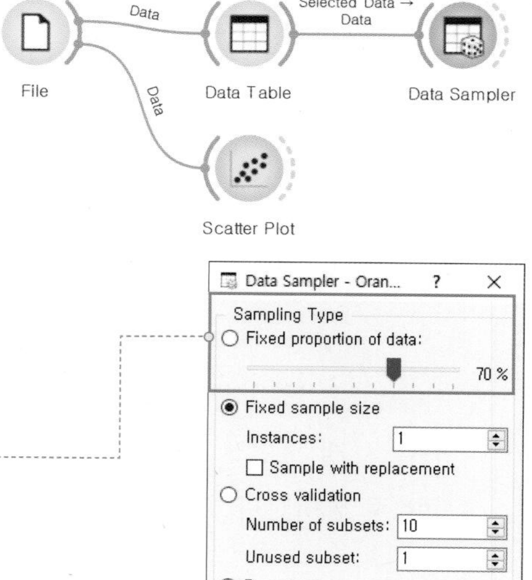

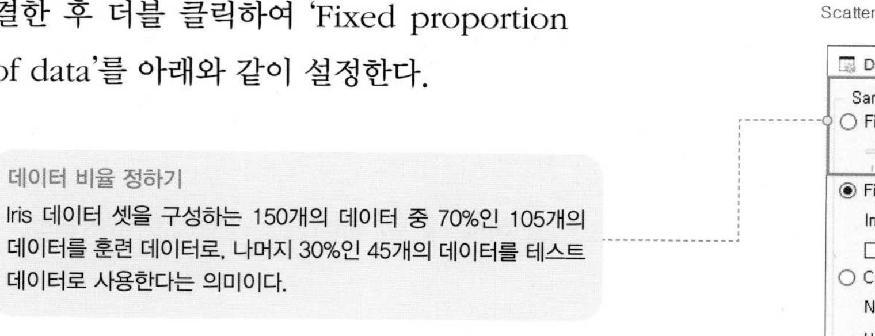

데이터 비율 정하기
Iris 데이터 셋을 구성하는 150개의 데이터 중 70%인 105개의 데이터를 훈련 데이터로, 나머지 30%인 45개의 데이터를 테스트 데이터로 사용한다는 의미이다.

모델 학습 > 모델 위젯을 사용하여 모델을 학습시킨다.

❶ Model 카테고리의 [kNN], [Logistic Regression], [Linear Regression] 위젯을 캔버스로 가져와서 [Data Sampler] 위젯에 연결한다.

❷ Orange3에서는 모델 위젯만 연결하면 모델이 자동으로 실행되어 데이터를 학습한다.

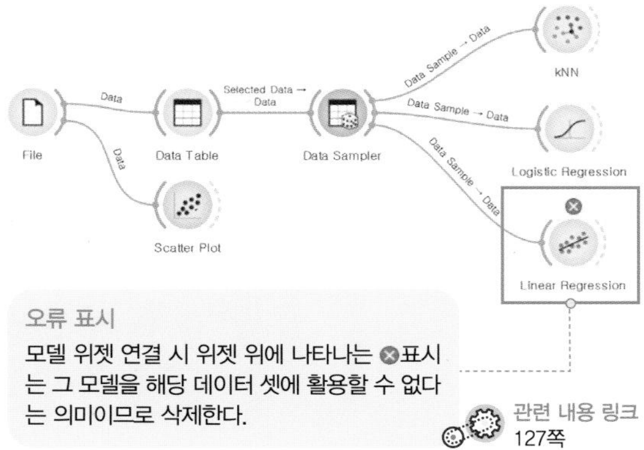

오류 표시
모델 위젯 연결 시 위젯 위에 나타나는 ⊗표시는 그 모델을 해당 데이터 셋에 활용할 수 없다는 의미이므로 삭제한다.

관련 내용 링크 127쪽

성능 평가 > 평가 위젯을 사용하여 모델의 성능을 평가한다.

❶ Evaluate 카테고리의 [Predictions] 위젯을 캔버스로 가져와서 [Data Sampler] 위젯과 각 모델 위젯에 연결한다.

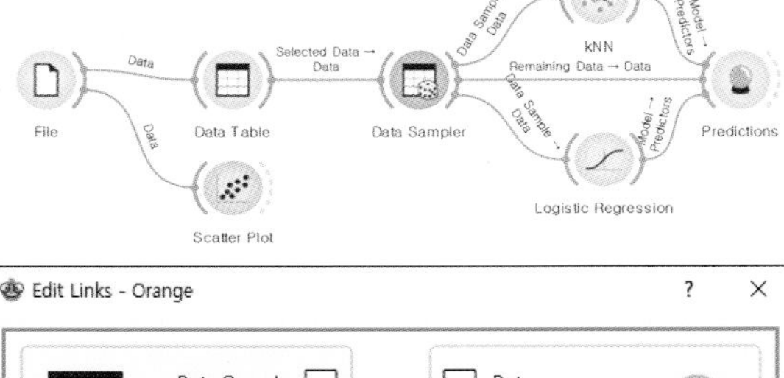

❷ 테스트 데이터로 모델의 성능을 평가하기 위해 [Data Sampler] 위젯과 [Predictions] 위젯의 연결선을 더블 클릭하여 오른쪽 그림과 같이 링크를 수정한다.

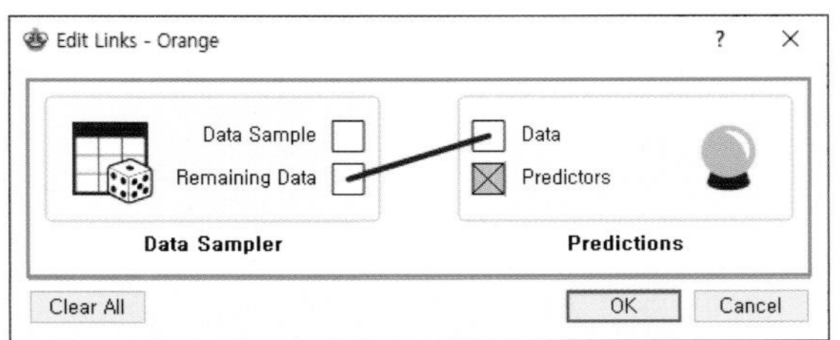

❸ [Predictions] 위젯을 더블 클릭하여 분류 결과(평가 지표)를 확인한다. 평가 지표 중 두 모델의 분류 정확도(CA)를 살펴보면 모두 0.978인데 이는 모델이 45개의 테스트 데이터 중 97.8%인 44개의 붓꽃 품종을 정확히 분류했음을 의미한다.

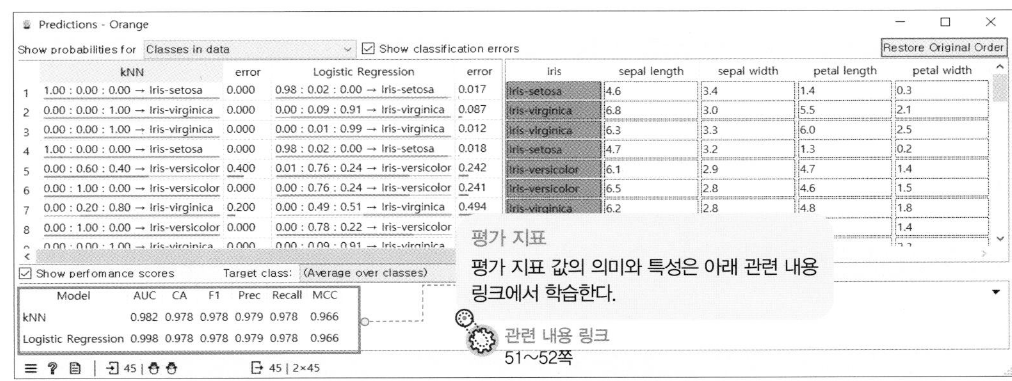

Model	AUC	CA	F1	Prec	Recall	MCC
kNN	0.982	0.978	0.978	0.979	0.978	0.966
Logistic Regression	0.998	0.978	0.978	0.979	0.978	0.966

평가 지표
평가 지표 값의 의미와 특성은 아래 관련 내용 링크에서 학습한다.

관련 내용 링크 51~52쪽

Part 2

Orange3로 인공지능 모델 만들기

Orange3로 데이터를 분석하고,
인공지능 모델을 만들어
문제를 해결해 보자.

다양한 학자들은 기계학습을 어떻게 정의하였는지 알아보자.

기계학습이 뭐지?
누가 기계학습을 생각해 낸 건가요?

1950년대, 아서 사무엘(Arthur Samuel)은 기계가 일일이 코드로 명시하지 않은 동작을 데이터로부터 학습하여 실행할 수 있는 알고리즘을 개발하는 연구 분야를 기계학습이라고 했어요.

아서 사무엘

orange
기계학습

기계학습이란 용어가 굉장히 오래전에 나왔네요.

와! 대단해요.
또 다른 사람이 이에 대해 이야기하지는 않았나요?

1990년대, 톰 미첼(Tom Mitchell)은 어떤 프로그램이 작업 T(Task)를 수행할 때, 경험 E(Experience)로부터 학습하여 성능 P(Performance)를 향상시킨다면 이 프로그램은 학습(기계학습)을 한 것이라고 했어요.

톰 미첼

기계학습은 컴퓨터가 데이터를 바탕으로 학습하여 문제를 해결하는 기술이에요. 사람이 일일이 규칙을 입력하지 않아도 기계 스스로 학습하여 규칙을 찾아낼 수 있어요. 여기서 중요한 용어는 '데이터'와 '학습'이죠.

아하! 기계학습은 컴퓨터가 데이터를 스스로 학습하여 규칙을 찾아내어 문제를 해결하는 기술을 말하는 거군요.

사람이 일일이 규칙을 입력하지 않아도 스스로 학습할 수 있다는 점에서 자동화 기술과 차이가 있어요.

기계학습은 어디에 활용될까?

기계학습은 우리 생활 속에서도 쉽게 찾아볼 수 있다. 어느 곳에서 활용되고 있는지 알아보자.

우리가 사용하는 이메일에서 찾아볼 수 있어요. 스팸 메일 필터는 기계학습이 적용된 대표적인 사례예요. 스팸 메일 필터는 어떤 단어와 특징이 있는지 스스로 학습하여 데이터로부터 패턴을 분류하지요.

스팸 메일 필터 외에도 아래 제시한 사례처럼 생활 속 많은 곳에서 기계학습이 활용된 사례를 찾아볼 수 있다.

과일 선별기
똑똑해진 과일 선별기는 과일을 인식하여 과일의 등급을 분류한다.
7cm
10cm
자율 주행 자동차
자율 주행 자동차는 자동차, 사람, 신호등과 같은 주변의 물체를 스스로 인식한다.
승용차
승용차
트럭
웹사이트 이용
평소 사용하지 않는 기기 또는 다른 방식으로 웹사이트에 로그인하면 본인이 맞는지 확인한다.
본인이 맞습니까?
예
영화 리뷰 분석
영화 리뷰의 텍스트를 분석하여 영화에 대한 감정이 긍정적인지 부정적인지 분류한다.
REVIEWS
긍정
30%
부정
70%

그밖에 우리 생활 속에서 기계학습이 활용된 사례는 무엇이 있을까?

2 기계는 어떤 방식으로 학습할까?

기계학습 유형은 학습 방식의 관점에서 지도 학습, 비지도 학습, 강화 학습으로 구분할 수 있다.

기계학습(Machine Learning)

지도 학습 (Supervised Learning)	비지도 학습 (Unsupervised Learning)	강화 학습 (Reinforcement Learning)
레이블(정답)이 있는 데이터로 학습한 후 새로운 데이터의 예측 회귀, 분류	레이블(정답)이 없는 데이터로 학습하여 데이터의 숨겨진 패턴, 특징 발견, 군집화	성공과 실패의 경험으로부터 바람직한 행동 패턴 학습

지도 학습, 비지도 학습, 강화 학습을 정리하면 다음과 같다.

1. 지도 학습

지도 학습(Supervised Learning)은 레이블(정답)이 있는 데이터를 학습하는 방법으로 레이블이 있는 데이터로부터 규칙을 찾아내는 학습 방식이다. 결괏값이 연속형인 회귀와 결괏값이 범주형인 분류가 있다.

Q 지도 학습에서 회귀(Regression)는 무엇일까?

지도 학습의 회귀를 이용하여 집값을 예측해 보자.

입력 데이터가 어느 레이블에 속하는지를 식별하는 분류와 달리 지도 학습의 회귀는 변수들 간의 관계를 함수로 나타내고, 새로운 값을 예측하는 기법이다. 교통, 면적, 학군, 층수, 건축 연도, 방 개수 등이 집값과 어떤 관계가 있는지를 알면 이를 통해 미래의 집값을 예측할 수 있다.

집값에 영향을 미치는 요소에는 교통, 면적, 학군, 층수, 건축 연도, 방 개수 등이 있다. 이러한 다양한 요소(독립 변수)와 집값(종속 변수)의 관계를 통해 비슷한 위치의 집값을 예측하는 모델은 회귀에 해당한다.

집값에 영향을 미치는 요인들

기계학습에서 모델은 실세계를 수학적으로 추상화하여 표현한 것이다. 이 모델을 이용하면 새로운 데이터에 대한 집값을 예측할 수 있다.

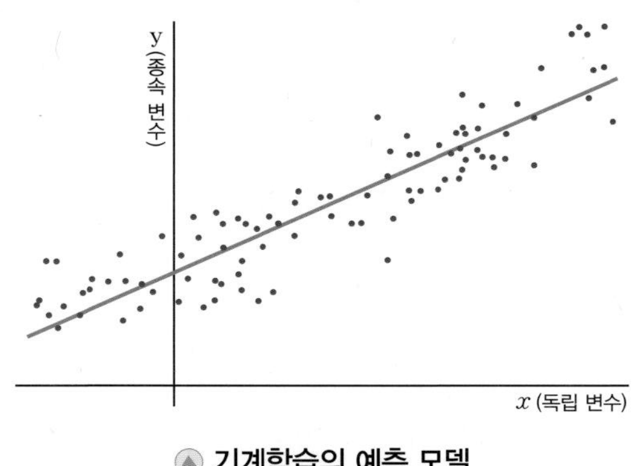

기계학습의 예측 모델

Q 지도 학습에서 분류(Classification)는 무엇일까?

지도 학습의 분류는 레이블이 있는 데이터를 학습한 후 모델을 만들고, 새로운 데이터가 입력되면 어떤 레이블에 해당하는지 예측하는 것이다.

지도 학습의 분류를 이용하여 기린과 사자를 분류해 보자.
기린과 사자 두 가지 레이블을 가진 데이터를 학습한 분류 모델에 새로운 데이터를 입력하면 기린이나 사자 둘 중 하나로 분류된다.

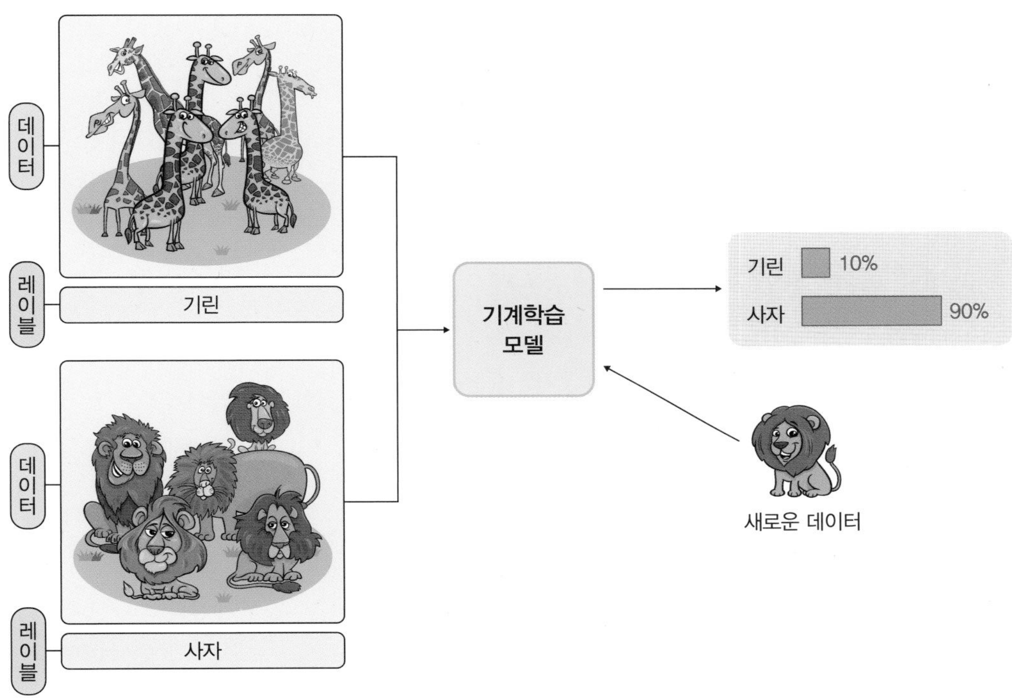

▲ 기린과 사자를 분류하는 기계학습 모델

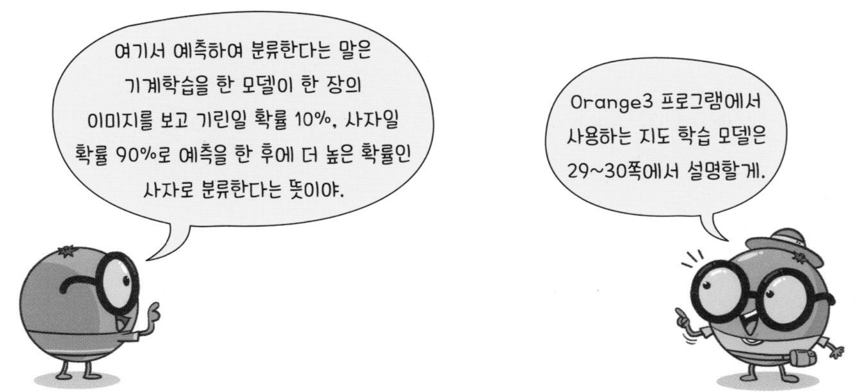

여기서 예측하여 분류한다는 말은 기계학습을 한 모델이 한 장의 이미지를 보고 기린일 확률 10%, 사자일 확률 90%로 예측을 한 후에 더 높은 확률인 사자로 분류한다는 뜻이야.
Orange3 프로그램에서 사용하는 지도 학습 모델은 29~30쪽에서 설명할게.

2. 비지도 학습

비지도 학습(Unsupervised Learning)은 레이블이 없는 데이터를 학습하는 방법으로 레이블이 없는 데이터로부터 스스로 규칙을 찾아내는 방식이다. 대표적으로 군집화가 있다.

군집화(clustering)는 레이블이 없는 데이터의 특성을 분석해서 서로 비슷한 특성을 가진 데이터끼리 그룹으로 묶어 주는 것이다. 고객의 구매 이력이나 웹 사이트 내 행동 등을 기반으로 유사한 것끼리 군집화하고 군집에 따라 다른 서비스를 제공할 수 있다. 또한 제조 분야에서 결함이나 웹 사이트에서의 부정 거래 등을 감지할 때 활용된다.

Q FIFA 축구 선수들을 태클과 골 결정력 능력에 따라 군집화할 수 있을까?

FIFA 축구 선수들의 태클과 골 결정력의 관계를 FIFA19 데이터(fifa_data.csv)와 k-Means 모델을 이용하여 3개의 군집으로 나누어 보면 그림과 같이 나타낼 수 있다.

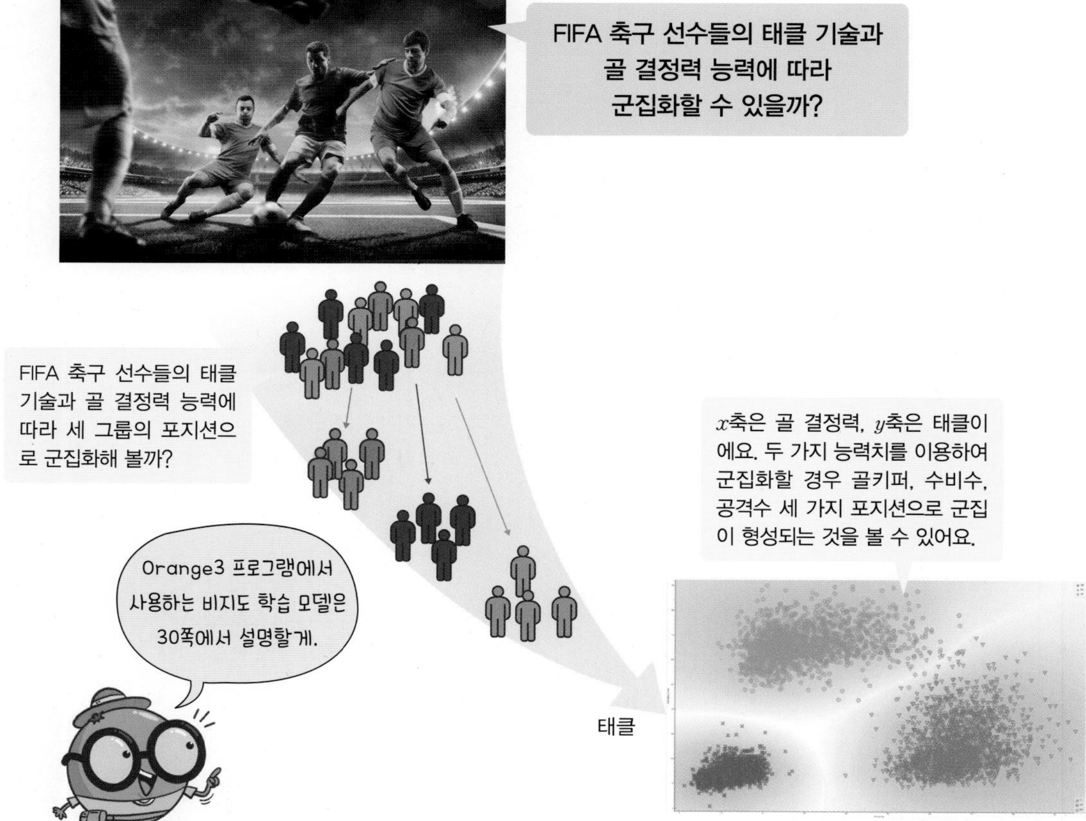

FIFA 축구 선수들의 태클 기술과 골 결정력 능력에 따라 군집화할 수 있을까?
FIFA 축구 선수들의 태클 기술과 골 결정력 능력에 따라 세 그룹의 포지션으로 군집화해 볼까?
x축은 골 결정력, y축은 태클이에요. 두 가지 능력치를 이용하여 군집화할 경우 골키퍼, 수비수, 공격수 세 가지 포지션으로 군집이 형성되는 것을 볼 수 있어요.
Orange3 프로그램에서 사용하는 비지도 학습 모델은 30쪽에서 설명할게.
태클
골 결정력

▲ FIFA 축구 선수의 태클과 골 결정력 군집화

3. 강화 학습

강화 학습(Reinforcement Learning)은 에이전트가 환경을 인지하고 판단하여 행동할 때, 상과 벌을 주어 최고의 보상을 얻는 쪽으로 전략을 수정하는 학습 방식이다. 강화 학습에서 문제를 해결하는 에이전트(agent)는 환경(environment)에서 얻은 경험과 보상(reward)에 기반하여 현재 상태(state)에서 취할 수 있는 최선의 행동(action)을 배워나가는 것을 목표로 한다.

Q 강화 학습을 게임과 비교하여 설명해 볼까?

에이전트가 게임을 한다면 게임 속 현재 상태(캐릭터, 장애물의 위치와 점수)를 먼저 인지한다. 에이전트의 행동을 통해서 점수가 높아지게 되면 보상을 받고, 장애물에 부딪혀 게임이 끝나게 되면 벌을 받는다. 에이전트는 벌을 받는 행동을 줄이고 보상을 받는 행동을 늘리기 위한 최적의 행동을 한다.

레이블은 무엇일까?

길을 걷다가 보게 되는 꽃을 스마트폰으로 찍으면 인공지능 앱이 무슨 꽃인지 알려 주는데, 이 인공지능 앱에도 지도 학습의 분류가 적용되어 있다.

예를 들어, 붓꽃 데이터마다 해당하는 품종값을 붙여 지도 학습으로 분류 모델을 만들면 붓꽃의 세 가지 품종을 예측하여 분류할 수 있는데 여기서 Iris-setosa, Iris-versicolor, Iris-virginica와 같은 품종값을 레이블이라고 한다.

붓꽃 데이터 셋(품종)

Iris-setosa

Iris-versicolor

Iris-virginica

양질의 데이터가 많을수록 학습의 정확도가 높아지고 예측을 더 정확하게 할 수 있다. 특정한 작업을 위해서 관련 있는 데이터를 모아 놓은 것을 데이터 셋이라고 한다.

일반적으로 기계학습 모델을 만들 때 전체 데이터 중 70% 정도를 훈련 데이터로 사용하고, 나머지 30% 정도를 테스트 데이터로 사용한다.

훈련 데이터(training data)는 학습에 사용되는 데이터이고, 테스트 데이터(test data)는 성능 평가에 사용되는 데이터를 말해요.

정형 데이터와 비정형 데이터

기계학습에 이용할 수 있는 데이터는 정형 데이터와 비정형 데이터로 구분할 수 있다.

정형 데이터는 csv 파일, 스프레드시트 데이터 등으로 정해진 형식과 구조에 맞게 저장되도록 구성된 데이터로서 특징을 쉽게 찾을 수 있다. 반면에 데이터의 대부분을 차지하는 비정형 데이터는 이미지, 동영상, 텍스트, 음성 등으로 데이터 구조가 정해지지 않아 특징을 쉽게 찾을 수 없다. 이 중 비정형 데이터는 전체 데이터의 80% 이상을 차지하고 많이 사용되기 때문에 이를 처리하는 기술의 발전이 요구되고 있다.

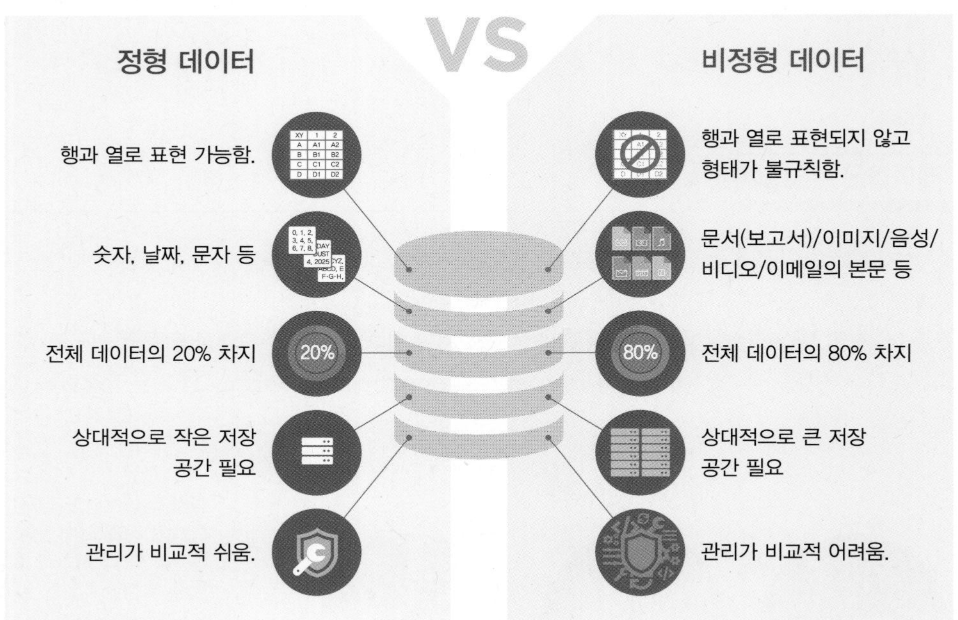

이 책에서 제시한 활동 11개 중에서 활동 1 ~ 활동 4, 활동 8 ~ 활동 9에서 사용한 데이터는 정형 데이터, 활동 5 ~ 활동 7, 활동 10 ~ 활동 11에서 사용한 데이터는 비정형 데이터야.

4 기계학습 모델

데이터 기반 인공지능은 많은 데이터를 이용하여 규칙과 패턴을 찾아 학습하고, 새로운 데이터를 모델에 입력하면 그것이 무엇인지 예측한다. 이를 위해 많은 데이터와 기계학습 모델이 필요하다.

Orange3로 인공지능 모델을 구현하기 위해, 이 책에서 사용하는 Orange3의 Model 위젯의 개념과 적용 분야를 간단히 소개하면 다음과 같다.

Model 위젯	개념	적용 분야
선형 회귀 Linear Regression	선형 회귀(Linear Regression)는 수치로 이루어진 변수들의 관계를 함수로 나타내고 새로운 값(수치)을 예측하는 모델이다.	(지도 학습) 회귀
최근접 이웃 kNN	k-NN(k-Nearest Neighbors)은 새로운 데이터가 들어왔을 때 데이터 간의 거리가 가까운 데이터를 확인하여 분류하는 기계학습 모델이다. 일반적으로 기계학습 모델은 훈련 데이터로 '학습'하고, 이렇게 만들어진 모델로 새로운 데이터를 예측한다. 그런데 k-NN은 학습하는 부분이 없고 새로운 데이터를 분류하기 위해 저장된 데이터와의 거리를 계산하여 근처에 있는 k개의 데이터 레이블을 확인한 후 많은 쪽으로 분류한다.	(지도 학습) 분류
로지스틱 회귀 Logistic Regression	로지스틱 회귀(Logistic Regression)는 입력값을 결합하여 어떤 사건의 발생 가능성을 확률적으로 예측하여 분류하는 모델이다. 선형 회귀의 결과는 수치값으로 예측하는데, 로지스틱 회귀는 독립 변수를 입력받아 종속 변수의 레이블이 두 범주 중 어디에 해당하는지 분류한다.	(지도 학습) 분류
서포트 벡터 머신 SVM	서포트 벡터 머신(Support Vector Machine)은 집단 사이의 마진(margin)을 최대화하는 결정 경계를 찾는 학습 모델이다. 만들어진 분류 모델은 데이터를 표현한 공간에서 결정 경계(Decision Boundary)를 찾는데 그중 가장 큰 폭을 가진 경계를 찾는다. 서포트 벡터(support vector)는 이 결정 경계선을 찾는 데 사용하는 개념이다. 서포트 벡터는 결정 경계선과 가장 가까이 맞닿은 데이터 포인트를 의미한다. 마진은 서포트 벡터와 결정 경계 사이의 거리를 말한다.	(지도 학습) 분류

나이브 베이즈 Naive Bayes	나이브 베이즈(Naive Bayes) 분류기는 데이터 특성들이 나이브(단순)하게 독립적으로 영향을 미친다는 베이즈 이론을 기반으로 특정 레이블로 분류되는 조건부 확률을 계산하는 모델이다.	(지도 학습) 분류
랜덤 포레스트 Random Forest	랜덤 포레스트(Random Forest)는 의사결정트리를 여러 개 사용하여, 의사결정트리 하나를 사용하는 것보다 정확도를 높이는 지도 학습 모델로 회귀와 분류에 사용한다. 의사결정트리(Decision Tree)는 조건 분기에 따라 훈련 데이터를 나누면서 분류 문제를 해결하는데, 훈련 데이터를 나눌 때에는 불확실성을 줄여가는 방식으로 데이터를 나눈다.	(지도 학습) 회귀, 분류
신경망 Neural Network	인공 신경망(Artificial Neural Network)은 입력층(Input layer)과 출력층(Output layer) 사이에 은닉층을 정의해 학습하는 모델이다. 다층 신경망은 입력층과 출력층 사이에 여러 개의 은닉층들로 이루어져 있으며, 입력 데이터를 기반으로 기대하는 출력에 가깝게 만들기 위해 여러 개의 층(layer)을 두어 학습한다.	(지도 학습) 회귀, 분류
k-Means	k-Means는 비지도 학습 모델로, 주어진 데이터를 k개의 클러스터로 묶어, 데이터를 중심점에서 가장 가까운 군집에 할당하고, 군집의 중심을 계산하여 그 값이 바뀌지 않을 때까지 계속 반복하는 방식으로 데이터를 군집화한다.	(비지도 학습) 군집화

지금부터 활동을 직접 실습해 보면서 어떤 데이터에 어떤 모델을 사용하면 성능 평가가 우수하게 나오는지 차근차근 알아보도록 합시다!

1

전복 순살의 무게를 맞혀 봐!

Linear Regression을 사용하여
전복 순살의 무게를 예측해 보자.

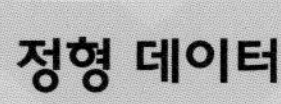

해결해야 할 문제는 무엇일까?

문제 상황

전통 시장이나 주변 마트 수산물 코너에 가면 전복을 흔히 찾아볼 수 있다. 전복은 크기와 가격대가 다양하다. 우리나라에서 전복을 판매할 때, 비슷한 크기끼리 묶어서 '미'라는 단위로 판매한다. '미'는 1kg을 기준으로 몇 마리가 들어가느냐를 말한다. '미'의 계수가 클수록 작은 전복이며, 계수가 작을수록 큰 전복이다. 전복은 크기가 작으면 살수율($\frac{\text{순살 무게}}{\text{전체 무게}}$)이 낮아 실제 먹을 수 있는 양이 줄어들고, 크기가 너무 크면 질겨지므로 구매 시 적당한 크기를 고려해야 한다.

전복 데이터를 분석하고 전복의 순살 무게를 예측할 수 있는 인공지능 모델을 만들어 보자.

데이터를 준비하자!

1 Orange3 데이터 다운로드

Orange3의 Data 카테고리에서 [Datasets] 위젯을 캔버스로 가져와서 더블 클릭한다. 이때 인공지능을 위한 대표적인 데이터들이 나오는데, 이 중에서 Abalone(전복) 데이터를 찾아 더블 클릭한다.

Abalone(전복) 데이터는 UCI Machine Learning Repository에서 제공하는 데이터이다.

(https://bit.ly/3mBcZZb)

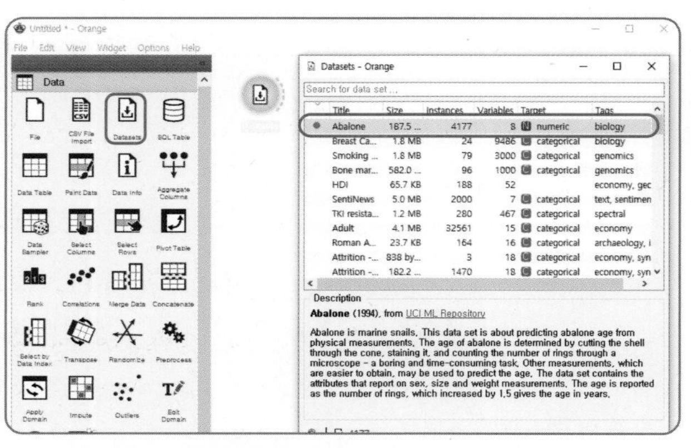

그림 1-1 Orange3에서 제공하는 Datasets의 다양한 데이터

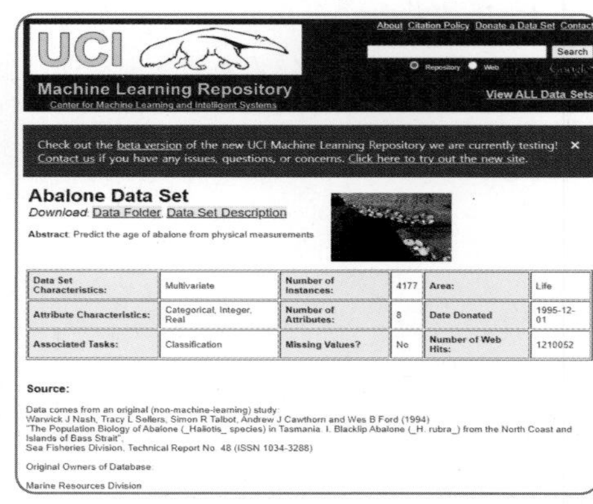

그림 1-2 UCI의 전복(Abalone) 데이터

2 데이터 불러오기

Data 카테고리에서 [Data Table] 위젯을 캔버스로 가져와서 [Datasets] 위젯과 연결한 후 [Data Table] 위젯을 더블 클릭하면, 각각 9개의 속성으로 구성된 4,177개의 전복 데이터를 확인할 수 있다.

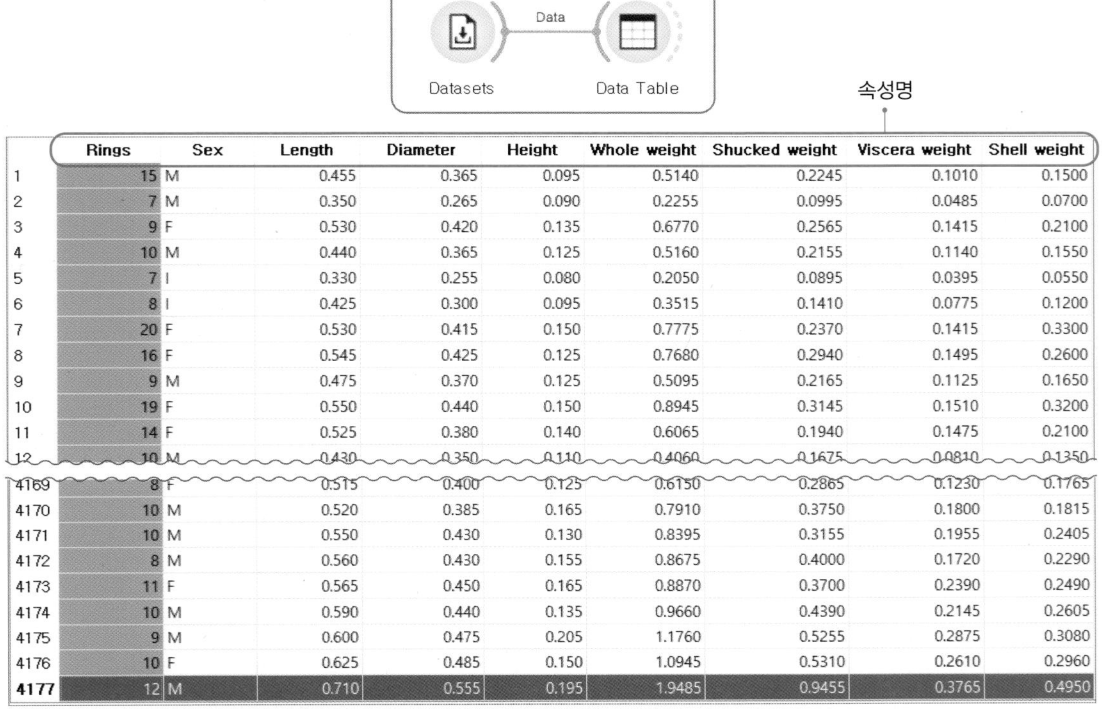

	Rings	Sex	Length	Diameter	Height	Whole weight	Shucked weight	Viscera weight	Shell weight
1	15	M	0.455	0.365	0.095	0.5140	0.2245	0.1010	0.1500
2	7	M	0.350	0.265	0.090	0.2255	0.0995	0.0485	0.0700
3	9	F	0.530	0.420	0.135	0.6770	0.2565	0.1415	0.2100
4	10	M	0.440	0.365	0.125	0.5160	0.2155	0.1140	0.1550
5	7	I	0.330	0.255	0.080	0.2050	0.0895	0.0395	0.0550
6	8	I	0.425	0.300	0.095	0.3515	0.1410	0.0775	0.1200
7	20	F	0.530	0.415	0.150	0.7775	0.2370	0.1415	0.3300
8	16	F	0.545	0.425	0.125	0.7680	0.2940	0.1495	0.2600
9	9	M	0.475	0.370	0.125	0.5095	0.2165	0.1125	0.1650
10	19	F	0.550	0.440	0.150	0.8945	0.3145	0.1510	0.3200
11	14	F	0.525	0.380	0.140	0.6065	0.1940	0.1475	0.2100
12	10	M	0.430	0.350	0.110	0.4060	0.1675	0.0810	0.1350
4169	8	F	0.515	0.400	0.125	0.6150	0.2865	0.1230	0.1765
4170	10	M	0.520	0.385	0.165	0.7910	0.3750	0.1800	0.1815
4171	10	M	0.550	0.430	0.130	0.8395	0.3155	0.1955	0.2405
4172	8	M	0.560	0.430	0.155	0.8675	0.4000	0.1720	0.2290
4173	11	F	0.565	0.450	0.165	0.8870	0.3700	0.2390	0.2490
4174	10	M	0.590	0.440	0.135	0.9660	0.4390	0.2145	0.2605
4175	9	M	0.600	0.475	0.205	1.1760	0.5255	0.2875	0.3080
4176	10	F	0.625	0.485	0.150	1.0945	0.5310	0.2610	0.2960
4177	12	M	0.710	0.555	0.195	1.9485	0.9455	0.3765	0.4950

그림 1-3 [Data Table] 위젯으로 본 전복(Abalone) 데이터

3 데이터 속성 정보 확인하기

데이터의 각 정보에 관한 배경 지식을 정확히 알 필요는 없지만, 인공지능 모델을 만들기 위해서는 데이터의 속성을 잘 살펴보아야 한다. 먼저 [그림 1-3]처럼 [Data Table] 위젯을 통해 데이터를 종합적으로 살펴보고, 아래 데이터 속성 정보를 바탕으로 전복 데이터를 시각화하면 데이터의 내용과 구조를 잘 파악할 수 있다.

전복 데이터의 속성명과 속성 정보를 확인해 보자.

◆ Abalone Dataset: 4,177개 전복 데이터의 9개 속성 정보

속성명	속성 정보	속성명	속성 정보
Rings	나이테 개수: 연도를 나타냄.	Whole weight	전체 무게: 그램 단위(g)
Sex	성별: M(수컷), F(암컷), I(유아)	Shucked weight	순살 무게: 그램 단위(g)
Length	길이: 최장 껍질 측정(mm)	Viscera weight	내장 무게: 피를 뺀 후 장 무게(g)
Diameter	직경: 길이에 수직(mm)	Shell weight	껍질 무게: 건조 후(g)
Height	두께: 껍질과 살 포함(mm)		

4 데이터 시각화하기

도표, 그래프, 지도와 같은 시각적인 요소들을 사용하여 쉽고 효과적으로 데이터 간의 관계를 이해하고 또 미처 발견하지 못한 데이터의 구조나 패턴을 발견할 수 있다.

① [Scatter Plot] 위젯을 연결하여 산점도로 시각화하기

- Visualize 카테고리에는 산점도(Scatter Plot), 상자 그림(Box Plot), 도수분포(Distributions) 등 데이터를 시각화할 수 있는 다양한 위젯이 존재한다.
- Visualize 카테고리에서 [Scatter Plot] 위젯을 캔버스로 가져와서 [Data Table] 위젯에 연결하고 [Scatter Plot] 위젯을 더블 클릭한다.

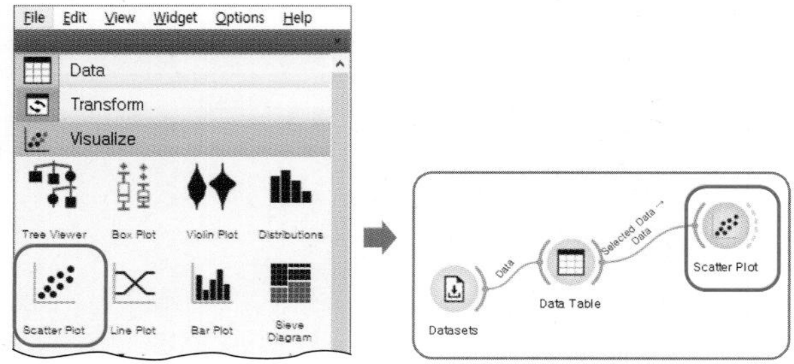

② 전복 속성에 따른 산점도 확인하기

- 산점도는 두 변수를 x축과 y축으로 설정하고 두 값이 만나는 곳을 점으로 나타낸 그래프이다.
- y축의 값을 전복 순살 무게(Shucked weight)로 설정한다.
- x축의 값을 여러 가지 속성으로 변경하면서 비교해 보면, 각 속성에 따른 전복 순살 무게를 확인할 수 있다.

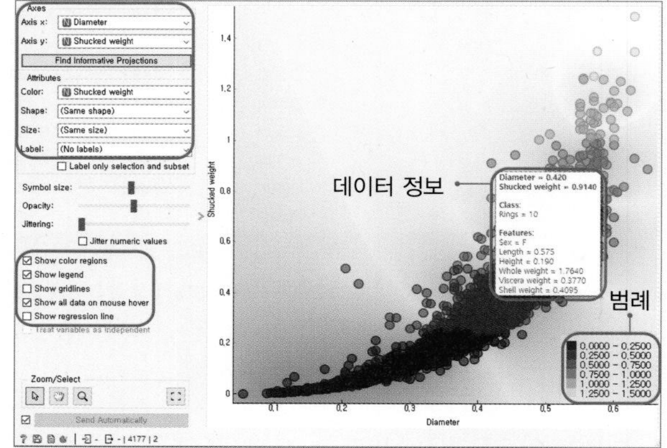

그림 1-4 [Scatter Plot] 위젯 창과 전복 데이터 산점도 화면
(x가 Diameter 속성일 경우)

길이와 직경이 커지면 2차 곡선 형태로 전복 순살 무게가 증가하고, 내장 무게나 껍질 무게는 1차 곡선 형태로 증가한다. 이러한 속성들의 특성을 모두 종합해서 학습하면 순살 무게를 예측할 수 있다. 이로 인해 1개의 속성으로는 순살 무게를 예측하기 힘들지만, 여러 가지 속성과 대량의 데이터를 통해서는 가능하다라는 것을 알 수 있다.

③ [Scatter Plot] 위젯의 다양한 설정을 이용하여 여러 가지 형태로 표현하기

- Attribute의 Color, Shape, Size, Label을 설정하여 점의 색, 모양, 크기, 라벨을 표현한다.
- Show color regions를 체크하면 색이 지역별로, Show legend를 체크하면 범례가 표시된다.
- Show all data on mouse hover를 체크하고 산점도 점 위에 마우스를 올려놓으면 점에 해당하는 데이터 정보가 표시된다.

5 데이터 전처리하기

[Datasets] 위젯으로 가져온 데이터를 모델 학습에 사용하기 위해서는 [Select Columns] 위젯으로 필요한 속성의 데이터만 선택하는 과정이 필요하다.

① [Select Columns] 위젯을 이용하여 Target 정하기

- 성별, 길이, 전체 무게 등의 속성을 이용하여 전복의 순살 무게를 예측하는 모델을 만들기 위해, [그림 1-5]와 같이 Transform 카테고리의 [Select Columns] 위젯을 [Datasets] 위젯에 연결하고, [Data Table] 위젯을 추가하여 [Select Columns] 위젯과 연결한다.
- Target을 정하기 위해 [Select Columns] 위젯을 더블 클릭하여 전복 순살 무게(Shucked weight)를 Features에서 Ignored로 옮긴 후(①), 다시 Target으로 옮긴다(②).

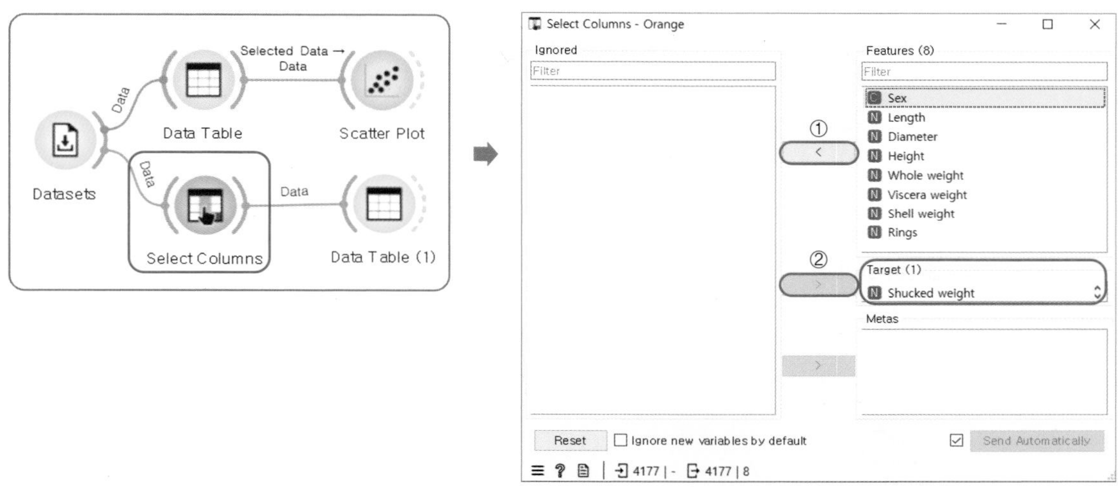

그림 1-5 [Select Columns]과 [Data Table(1)] 위젯 연결 및 [Select Columns] 위젯 설정 화면

② [Select Columns] 위젯을 이용하여 데이터 형식(Type) 알아보기

[그림 1-5]처럼 [Select Columns] 위젯을 더블 클릭하면 속성 이름과 데이터 형식이 나타난다. 형식에는 남자와 여자, 식물과 동물 등과 같은 범주형 데이터를 나타내는 categorical(C), 수치형 데이터를 나타내는 numeric(N)이 있고, 그 외 문자 또는 문자열 데이터를 나타내는 text(S), '2020-06-01'과 같은 날짜형 데이터를 나타내는 datetime(T)이 있다. 초기에 자동으로 지정된 데이터 형식을 확인하고 필요하면 수정한다.

데이터 종류		형식(Type)	예시
범주형(같은 특성 부류)	categorical	C **categorical**	있다/없다, 남자/여자, 식물/동물
수치형(정수, 소수)	numeric	N numeric	1, -3, 0.5346
문자형	text	S text	school, apple
날짜형	datetime	T datetime	2020-06-01/ 2020-08-03 00:03:45

③ 속성과 결과를 정하기 위한 역할(Role) 설정하기

- 독립 변수인 x(원인)를 Feature로 설정하고 종속 변수인 y(결과)를 Target으로 설정한다. 쉽게 말해, Feature로 설정된 데이터가 원인이 되어 결과인 Target을 예측한다는 의미이다.
- 만약 데이터 분석 시 사용되지는 않지만 참고만 하기 위해 보여져야 할 데이터는 Meta로 설정하고, 사용되지 않아 무시하고 싶은 데이터가 있다면 Ignored로 설정한다.
- Target이나 Meta로 설정하면 [Data Table] 위젯에서 확인 시 배경색이 구별되고, Ignored로 설정한 속성은 [Data Table] 위젯에서 제외된다.

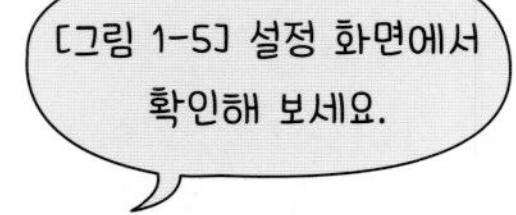

[그림 1-5] 설정 화면에서
확인해 보세요.

- **Features:** 기계학습에 영향을 미치는 원인이 되는 속성(독립 변수)
- **Target:** 예측하고자 하는 결과가 되는 속성(종속 변수)
- **Metas:** 사용되지는 않지만, 참고만 하기 위해 보여지는 데이터
- **Ignored:** 분석에 사용되지 않아 무시할 데이터

데이터 전처리 작업 정리하기

[그림 1-6]은 [그림 1-5]의 [Data Table] 위젯을 더블 클릭한 결과이다. 전복의 순살 무게를 예측하기 위해 [그림 1-5]처럼 순살 무게인 Shucked weight(회색 부분)을 Target으로 설정하고, 나머지 속성은 Feature(8개)로 설정하였다.

Data Table (1) - Orange

Info
4177 instances (no missing data)
8 features
Numeric outcome
No meta attributes

Variables
☑ Show variable labels (if present)
☐ Visualize numeric values
☑ Color by instance classes

Selection
☑ Select full rows

	Shucked weight	Sex	Length	Diameter	Height	Whole weight	Viscera weight	Shell weight	Rings
1	0.2245	M	0.455	0.365	0.095	0.5140	0.1010	0.1500	15
2	0.0995	M	0.350	0.265	0.090	0.2255	0.0485	0.0700	7
3	0.2565	F	0.530	0.420	0.135	0.6770	0.1415	0.2100	9
4	0.2155	M	0.440	0.365	0.125	0.5160	0.1140	0.1550	10
5	0.0895	I	0.330	0.255	0.080	0.2050	0.0395	0.0550	7
6	0.1410	I	0.425	0.300	0.095	0.3515	0.0775	0.1200	8
7	0.2370	F	0.530	0.415	0.150	0.7775	0.1415	0.3300	20
8	0.2940	F	0.545	0.425	0.125	0.7680	0.1495	0.2600	16
9	0.2165	M	0.475	0.370	0.125	0.5095	0.1125	0.1650	9
10	0.3145	F	0.550	0.440	0.150	0.8945	0.1510	0.3200	19
11	0.1940	F	0.525	0.380	0.140	0.6065	0.1475	0.2100	14
12	0.1675	M	0.430	0.350	0.110	0.4060	0.0810	0.1350	10
13	0.2175	M	0.490	0.380	0.135	0.5415	0.0950	0.1900	11
14	0.2725	F	0.535	0.405	0.145	0.6845	0.1710	0.2050	10
15	0.1675	F	0.470	0.355	0.100	0.4755	0.0805	0.1850	10
16	0.2580	M	0.500	0.400	0.130	0.6645	0.1330	0.2400	12
17	0.0950	I	0.355	0.280	0.085	0.2905	0.0395	0.1150	7
18	0.1880	F	0.440	0.340	0.100	0.4510	0.0870	0.1300	10
19	0.0970	M	0.365	0.295	0.080	0.2555	0.0430	0.1000	7
20	0.1705	M	0.450	0.320	0.100	0.3810	0.0750	0.1150	9
21	0.0955	M	0.355	0.280	0.095	0.2455	0.0620	0.0750	11
22	0.0800	I	0.380	0.275	0.100	0.2255	0.0490	0.0850	10
23	0.4275	F	0.565	0.440	0.155	0.9395	0.2140	0.2700	12
24	0.3180	F	0.550	0.415	0.135	0.7635	0.2100	0.2000	9
25	0.5130	F	0.615	0.480	0.165	1.1615	0.3010	0.3050	10
26	0.3825	F	0.560	0.440	0.140	0.9285	0.1880	0.3000	11
27	0.3945	F	0.580	0.450	0.185	0.9955	0.2720	0.2850	11
28	0.3560	M	0.590	0.445	0.140	0.9310	0.2340	0.2800	12
29	0.3940	M	0.605	0.475	0.180	0.9365	0.2190	0.2950	15
30	0.3930	M	0.575	0.425	0.140	0.8635	0.2270	0.2000	11
31	0.3935	M	0.580	0.470	0.165	0.9975	0.2420	0.3300	10
32	0.6055	F	0.680	0.560	0.165	1.6390	0.2805	0.4600	15
33	0.5515	M	0.665	0.525	0.165	1.3380	0.3575	0.3500	18

Restore Original Order
☑ Send Automatically

4177 4177 | 4177

그림 1-6 Target 설정 후 [Data Table(1)] 위젯으로 확인한 전복 데이터

어떤 모델을 선택하고 학습시킬까?

1 학습 모델 선택하기

① 훈련 데이터와 테스트 데이터 나누기

- **[Data Sampler] 위젯 이용하기:** 인공지능 모델을 만들기 위해서는 데이터를 훈련(Train) 데이터와 테스트(Test) 데이터로 나누어 진행한다. 이는 학습(Train)을 하고 모의고사(Test)를 보는 것과 같다고 생각하면 된다. 이를 위해 Transform 카테고리의 [Data Sampler] 위젯을 캔버스로 가져온다.
- **훈련 데이터와 테스트 데이터 비율 정하기:** [Data Sampler] 위젯을 더블 클릭하여 일반적으로 Fixed proportion of data를 70%로 설정한다. 이는 전체 데이터 중 70%는 훈련 데이터로, 30%는 테스트 데이터로 사용한다는 의미로, Fixed proportion of data 비율을 조정할 수 있다. [그림 1-7]의 오른쪽 부분 아래를 보면 4,177개의 데이터가 입력되었고, 70%인 2,924개의 훈련 데이터와 30%인 1,253개의 테스트 데이터로 나누어진 것을 확인할 수 있다.

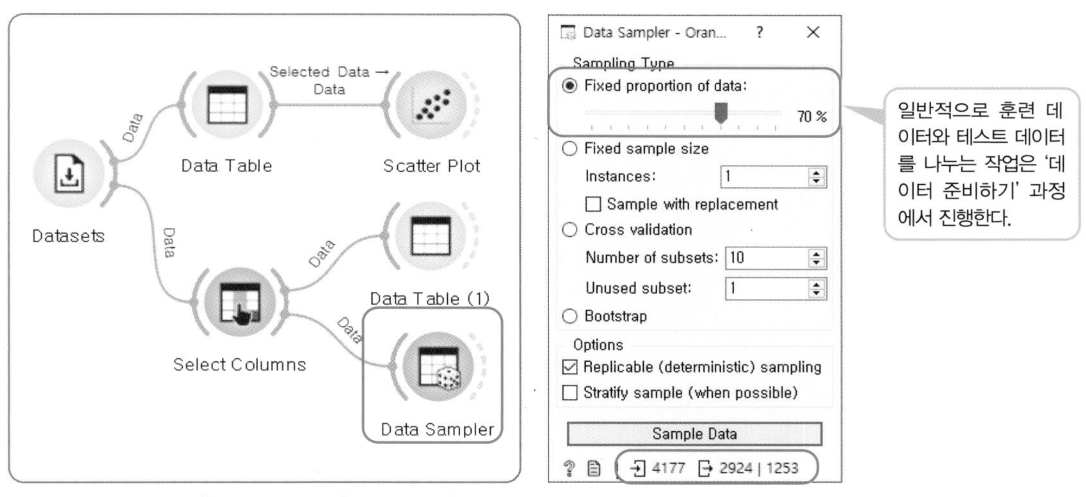

그림 1-7 [Data Sampler] 위젯으로 훈련 데이터와 테스트 데이터 분할

② 모델 선택하기

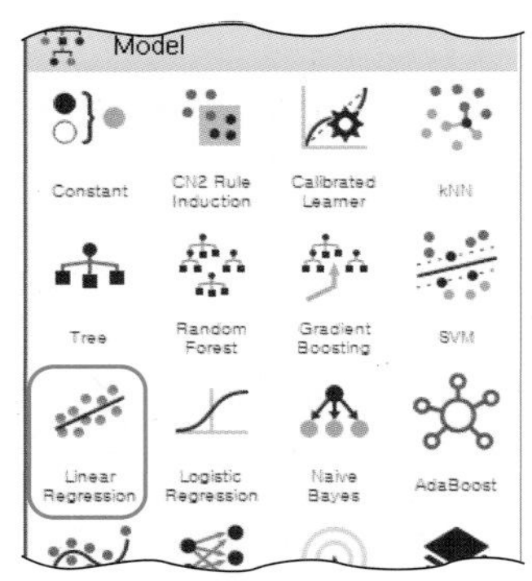

- Model 카테고리에는 많은 인공지능 모델 위젯이 있다. 이 위젯에 데이터를 연결해 주면 원하는 인공지능 모델을 만들 수 있다.
- 연속적인 값을 예측하는 모델인 [Linear Regression] 위젯을 [Data Sampler] 위젯과 연결하면 전복 데이터(2,924개의 훈련 데이터)를 이용한 선형 회귀 모델을 구현할 수 있다.

2 학습시키기

[Data Sampler] 위젯에 [Linear Regression] 위젯을 연결하면 모델 위젯이 자동으로 실행되어 데이터를 학습한다. 이때 [Linear Regression] 위젯을 더블 클릭하면 [그림 1-8]의 오른쪽 부분이 나타난다.

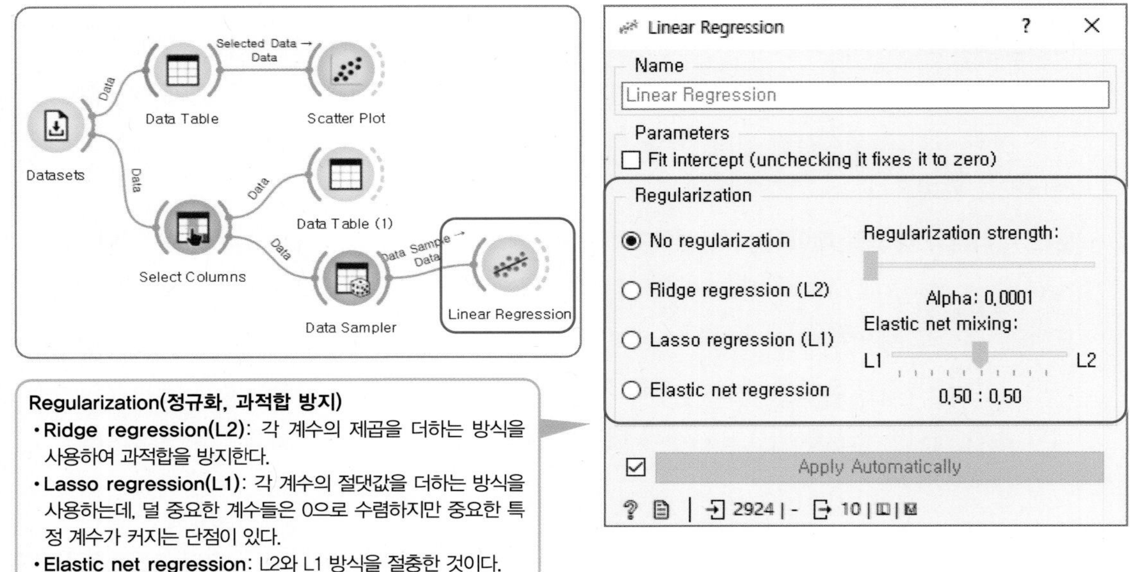

그림 1-8 훈련 데이터로 선형 회귀 모델 학습시키기

기계학습에서는 학습 정도에 따라서 인공지능 모델의 성능이 달라질 수 있다. 예를 들어 훈련 데이터를 과하게 학습하면 과적합(Overfitting)이 일어난다. 이 경우 훈련 데이터에서는 올바른 결과를 출력하지만 실제 데이터가 입력되었을 때 올바른 결과를 출력하지 못하는 경우가 발생하여 모델의 성능을 떨어뜨릴 수 있다.

선형 회귀 모델은 이를 해결하기 위해 정규화(Regularization) 방법을 사용하기도 한다.

AI랑 친해지기

선형 회귀(Linear Regression)

- 직선의 방정식은 기본적으로 $y = ax + b$와 같다. 선형 회귀는 이러한 직선 형태의 함수를 이용하여 입력 데이터를 통해 오차가 가장 작은 방정식을 연속적으로 찾는다. 이때 a(기울기)와 b(절편)가 필요한데 기계학습에서 기울기는 가중치란 용어로 사용하고 절편은 바이어스라는 용어로 사용한다.
- x와 y 간의 관계가 선형 관계라고 가정할 때 데이터를 잘 나타내는 선을 찾는 것이 선형 회귀 모델의 핵심이다. 데이터를 가장 잘 나타내느냐의 판단은 실제 데이터와의 오차를 이용한다. 오차가 작은 선을 찾게 되고, 이 오차는 음수가 나올 수 있으므로 예측값과 실젯값의 차이를 제곱하거나 절댓값을 취하는 등의 방법으로 평가한다.

4 모델의 성능을 확인해 보자!

1 학습 결과 확인하기

데이터를 불러와 선형 회귀 모델을 만든 후 학습을 완료하였다. 만든 선형 회귀 모델이 얼마만큼 예측을 잘하는지 평가할 필요가 있다.

① Evaluate 카테고리 열기

- Evaluate 카테고리에는 [그림 1-9] 왼쪽 부분처럼 인공지능 모델을 확인 및 평가할 수 있는 여러 개의 위젯이 있다.

② 위젯 연결하기

- Evaluate 카테고리에서 [Predictions] 위젯을 캔버스로 가져와서 [Linear Regression] 위젯과 [Data Sampler] 위젯에 각각 연결한다.
- [Data Sampler] 위젯과 [Linear Regression] 위젯 연결선을 더블 클릭하여 나온 창에서는 Data Sample(훈련 데이터)를 연결한다.
- [Data Sampler] 위젯과 [Predictions] 위젯 연결선을 더블 클릭하여 나온 창에서는 Remaining Data(테스트 데이터)를 연결한다.

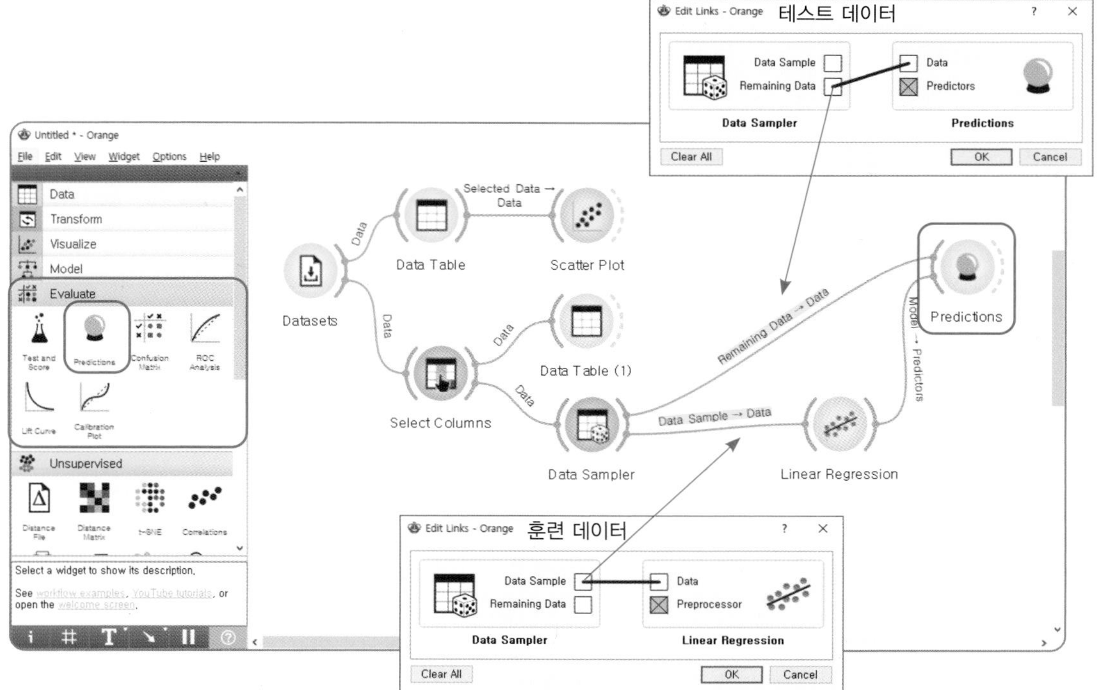

그림 1-9 선형 회귀 모델 데이터 연결

2 성능 결과 확인하기

전복 데이터를 이용해서 얼마나 순살 무게를 정확히 예측했는지 확인한다.

① [Predictions] 위젯을 더블 클릭하여 성능 결과 확인하기

[Predictions] 위젯을 더블 클릭하면 [그림 1-10] 창이 나타난다. [그림 1-10]에서 회색 바탕의 Shucked weight 열이 테스트 데이터의 실제 순살 무게(실젯값)이고, Linear Regression 열이 선형 회귀 모델로 예측한 순살 무게(예측값)이다. 대체로 실젯값과 예측한 값이 유사한 것을 알 수 있다.

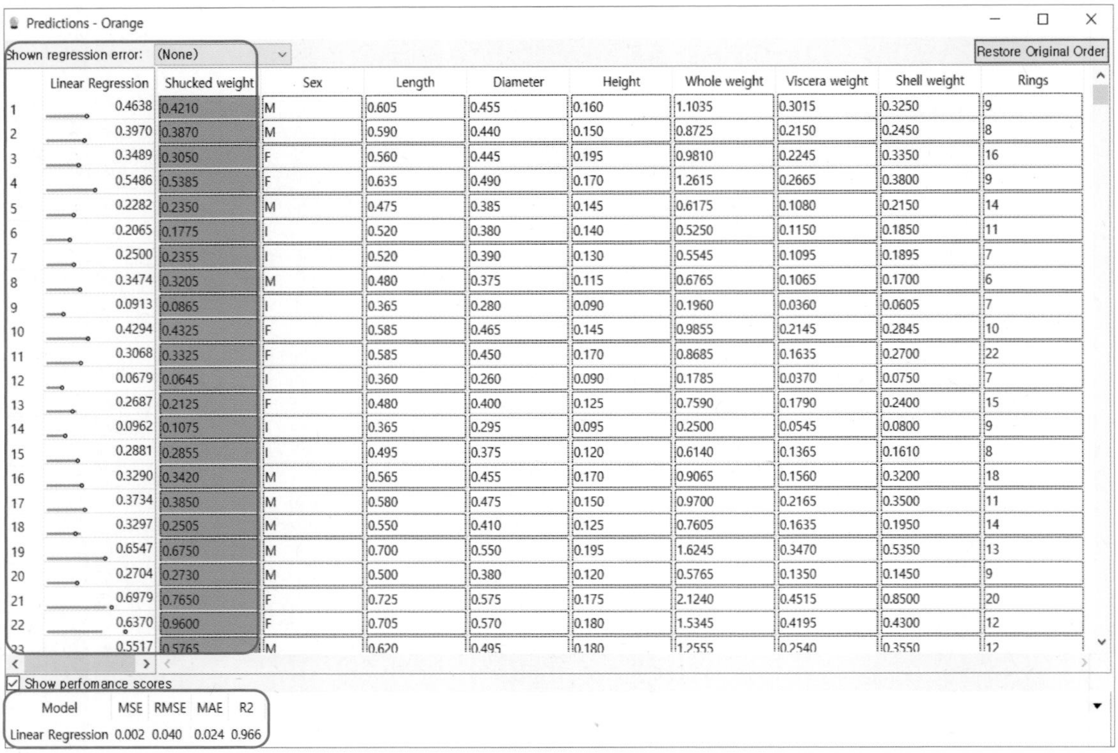

Predictions - Orange

Shown regression error: (None)　　Restore Original Order

	Linear Regression	Shucked weight	Sex	Length	Diameter	Height	Whole weight	Viscera weight	Shell weight	Rings
1	0.4638	0.4210	M	0.605	0.455	0.160	1.1035	0.3015	0.3250	9
2	0.3970	0.3870	M	0.590	0.440	0.150	0.8725	0.2150	0.2450	8
3	0.3489	0.3050	F	0.560	0.445	0.195	0.9810	0.2245	0.3350	16
4	0.5486	0.5385	F	0.635	0.490	0.170	1.2615	0.2665	0.3800	9
5	0.2282	0.2350	M	0.475	0.385	0.145	0.6175	0.1080	0.2150	14
6	0.2065	0.1775	I	0.520	0.380	0.140	0.5250	0.1150	0.1850	11
7	0.2500	0.2355	I	0.520	0.390	0.130	0.5545	0.1095	0.1895	7
8	0.3474	0.3205	M	0.480	0.375	0.115	0.6765	0.1065	0.1700	6
9	0.0913	0.0865	I	0.365	0.280	0.090	0.1960	0.0360	0.0605	7
10	0.4294	0.4325	F	0.585	0.465	0.145	0.9855	0.2145	0.2845	10
11	0.3068	0.3325	F	0.585	0.450	0.170	0.8685	0.1635	0.2700	22
12	0.0679	0.0645	I	0.360	0.260	0.090	0.1785	0.0370	0.0750	7
13	0.2687	0.2125	F	0.480	0.400	0.125	0.7590	0.1790	0.2400	15
14	0.0962	0.1075	I	0.365	0.295	0.095	0.2500	0.0545	0.0800	9
15	0.2881	0.2855	I	0.495	0.375	0.120	0.6140	0.1365	0.1610	8
16	0.3290	0.3420	M	0.565	0.455	0.170	0.9065	0.1560	0.3200	18
17	0.3734	0.3850	M	0.580	0.475	0.150	0.9700	0.2165	0.3500	11
18	0.3297	0.2505	M	0.550	0.410	0.125	0.7605	0.1635	0.1950	14
19	0.6547	0.6750	M	0.700	0.550	0.195	1.6245	0.3470	0.5350	13
20	0.2704	0.2730	M	0.500	0.380	0.120	0.5765	0.1350	0.1450	9
21	0.6979	0.7650	F	0.725	0.575	0.175	2.1240	0.4515	0.8500	20
22	0.6370	0.9600	F	0.705	0.570	0.180	1.5345	0.4195	0.4300	12
23	0.5517	0.5765	M	0.620	0.495	0.180	1.2555	0.2540	0.3550	12

☑ Show perfomance scores

Model	MSE	RMSE	MAE	R2
Linear Regression	0.002	0.040	0.024	0.966

그림 1-10 **선형 회귀 모델 성능 확인**

다음 과정에서 [그림 1-10] 하단에 나타난 예측 결과의 수치가 무엇을 의미하는지 알아보자.

orange3 장점

Q Orange3의 Data 카테고리의 [Datasets] 위젯에 있는 데이터들은 사용하기 적절한가요?

A [Datasets] 위젯에는 70여 개의 데이터가 있으며, 붓꽃 품종 데이터, 타이타닉 생존자 데이터, 와인 품질 데이터, 보스턴 집값 예측 데이터 등 널리 알려진 데이터가 많습니다. 인공지능을 처음 시작하는 사람들이 사용하기 적합한 데이터로 구성되어 있습니다.

② 전복 순살 무게 예측 인공지능 모델 확인하기

마우스 몇 번으로 순식간에 전복 순살을 예측하는 인공지능 모델을 완성하였다. 어느 정도의 정확도로 예측하였는지 예측 모델의 성능을 평가하는 4개의 평가 지표를 살펴보기로 하자.

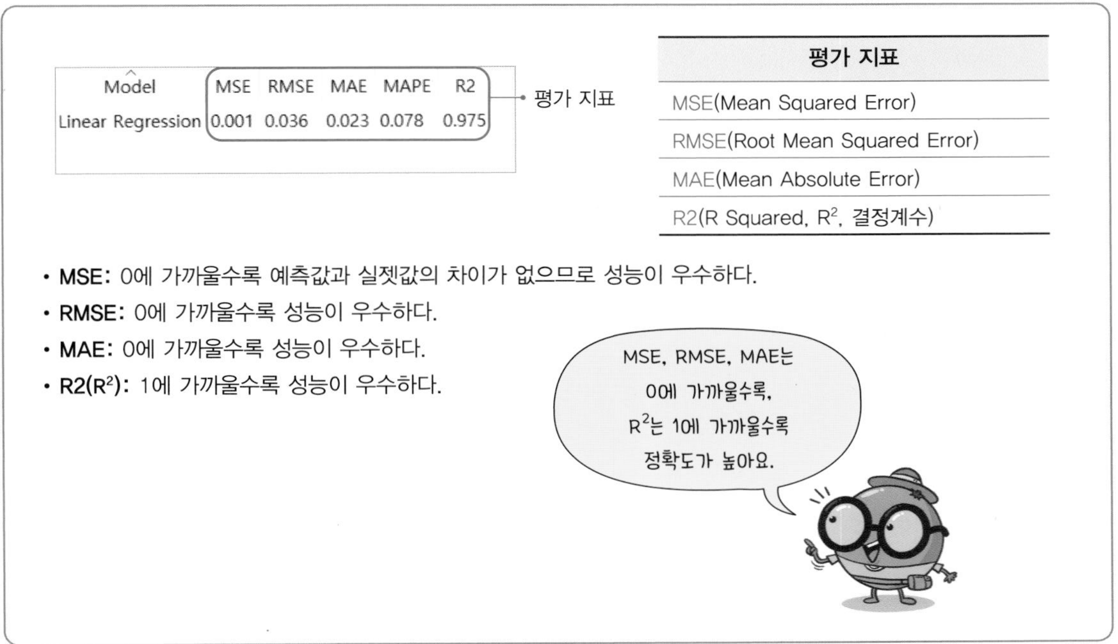

Model
MSE RMSE MAE MAPE R2
Linear Regression 0.001 0.036 0.023 0.078 0.975
평가 지표
평가 지표
MSE(Mean Squared Error)
RMSE(Root Mean Squared Error)
MAE(Mean Absolute Error)
R2(R Squared, R², 결정계수)
• MSE: 0에 가까울수록 예측값과 실젯값의 차이가 없으므로 성능이 우수하다.
• RMSE: 0에 가까울수록 성능이 우수하다.
• MAE: 0에 가까울수록 성능이 우수하다.
• R2(R²): 1에 가까울수록 성능이 우수하다.
MSE, RMSE, MAE는 0에 가까울수록, R²는 1에 가까울수록 정확도가 높아요.

그림 1-11 **예측 모델 평가 지표**

[그림 1-11]의 성능 결과로 보아 Linear Regression은 정확도가 매우 높은 모델이다.

예측(회귀) 모델 평가 지표

지금까지 배운 내용을 바탕으로 성능 평가를 한 후 4개의 평가 지표를 정리해 보자.

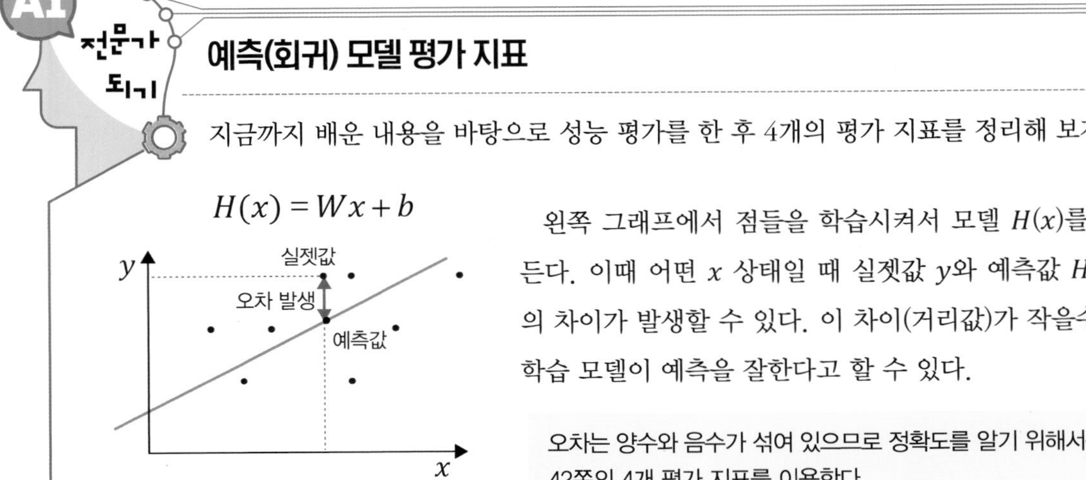

AI 전문가 되기
$H(x) = Wx + b$
y
실젯값
오차 발생
예측값
x

왼쪽 그래프에서 점들을 학습시켜서 모델 $H(x)$를 만든다. 이때 어떤 x 상태일 때 실젯값 y와 예측값 $H(x)$의 차이가 발생할 수 있다. 이 차이(거리값)가 작을수록 학습 모델이 예측을 잘한다고 할 수 있다.

오차는 양수와 음수가 섞여 있으므로 정확도를 알기 위해서는 42쪽의 4개 평가 지표를 이용한다.

4개의 예측 모델 성능 평가 지표를 정리해 보자.

❶ **MSE(Mean Squared Error): 예측값과 실젯값 차이(오차)의 제곱을 평균 낸 값으로, 0에 가까울수록 예측값과 실젯값의 차이가 없으므로 성능이 우수하다.**

$$MSE = \frac{1}{n}\sum_{i=1}^{n}(H(x_i) - y_i)^2$$

❷ **RMSE(Root Mean Squared Error): MSE를 Root로 처리한 값으로, 0에 가까울수록 성능이 우수하다.**

$$\mathrm{RMSE} = \sqrt{\mathrm{MSE}}$$

❸ **MAE(Mean Absolute Error): 오차의 절댓값을 평균한 값으로, 0에 가까울수록 성능이 우수하다.**

$$MAE = \frac{1}{n}\sum_{i=1}^{n}|\,H(x_i) - y_i\,|$$

❹ **R^2(R Squared, 결정계수): 적합한 정도를 재는 척도로, 1에 가까울수록 성능이 우수하고 0에 가까울수록 성능이 낮다.**

$$R^2 = \frac{\sum_{i=1}^{n}(H(x_i) - \bar{y})^2}{\sum_{i=1}^{n}(y_i - \bar{y})^2}$$

→ 예측값($H(x_i)$)과 실젯값 평균($\bar{y}$)의 차이를 제곱한 값들의 합

→ 실젯값(y_i)과 실젯값 평균($\bar{y}$)의 차이를 제곱한 값들의 합

또는

$$R^2 = 1 - \frac{\sum_{i=1}^{n}(y_i - H(x_i))^2}{\sum_{i=1}^{n}(y_i - \bar{y})^2}$$

→ 실젯값(y_i)과 예측값($H(x_i)$)의 차이를 제곱한 값들의 합

→ 실젯값(y_i)과 실젯값 평균($\bar{y}$)의 차이를 제곱한 값들의 합

정리하기

Orange3를 활용하면 별도의 프로그래밍 없이도 Orange3 데이터를 가져와 처리하고 인공지능 모델을 만들어 평가까지 할 수 있었다. 또한 Orange3 데이터로 학습하고 예측 모델의 평가 지표 수치를 확인해 보니 전반적으로 성능이 우수한 것으로 나왔다. 이처럼 Orange3에는 인공지능 모델을 학습하고 평가하는 데 유용한 데이터가 많다.

2

AI, 별점 테러 방지 부탁해!

Logistic Regression을 사용하여
상품 평점을 분류해 보자.

정형 데이터

Logistic Regression

해결해야 할 문제는 무엇일까?

문제 상황

요즘 뉴스 기사 또는 온라인 커뮤니티에 '별점 테러'에 관한 글을 쉽게 찾아볼 수 있다. 자영업자들은 이구동성으로 별점 테러에 심리적 불안감을 공유하는 글들이 대부분이라고 했다. 음식이나 제품에 문제가 있거나 판매자측 실수가 있었다면 받아들이고 개선하겠지만, 허위 또는 악성 리뷰에 관해서는 해결 방법을 찾기가 어렵다. 2020년 기준, 사용자가 2,000만 명을 넘은 C 사의 경우, 맛 만족도, 싱싱함, 당도 등의 세부 평점이 좋은 반면 총 평점이 좋지 않은 사례가 많았다.

세부 평점이 좋음에도 불구하고 터무니없는 이유로 총 평점을 나쁘게 주는 '별점 테러'를 방지하는 인공지능 모델을 만들어 보자.

데이터를 준비하자!

1 외부 데이터 다운로드

아래와 같이 훈련 데이터와 테스트 데이터를 각각 다운로드한다. 훈련 데이터인 감귤 평점 훈련 데이터(감귤평점훈련.xlsx)는 실제 C 사 감귤 판매 데이터 310개를 수집한 것이고, 테스트 데이터인 감귤 평점 테스트 데이터(감귤평점테스트.xlsx)는 모델을 만든 후 테스트하기 위한 데이터 15개를 별도로 수집한 것이다.

(훈련 데이터: https://bit.ly/39CtMVO)

	A	B	C	D	E
1	scope	Taste satis	Fresh	Sugar con	Sour
2	1	3	3	2	3
3	1	3	2	3	3
4	1	2	3	3	3
5	1	3	3	3	3
6	1	3	3	3	3
7	1	3	3	3	3
8	1	3	3	3	3
9	1	3	3	2	3
306	5	1	1	1	2
307	5	1	1	2	2
308	5	1	1	1	2
309	5	1	1	2	2
310	5	1	1	1	1
311	5	1	1	1	2

그림 2-1 훈련 데이터(감귤평점훈련.xlsx)

데이터는 구글 드라이브(위의 url) 또는 출판사 홈페이지에서 다운로드한다.

(테스트 데이터: https://bit.ly/3AOpl6f)

	A	B	C	D	E
1	scope	Taste satis	Fresh	Sugar con	Sour
2	1	2	2	2	2
3	1	2	2	2	3
4	1	1	3	1	1
5	2	1	1	1	2
6	2	1	1	2	2
7	2	2	1	1	1
8	3	2	2	2	2
9	3	2	1	1	1
10	3	1	1	1	2
11	4	3	3	3	3
12	4	2	3	3	2
13	4	3	2	2	3
14	5	2	2	2	3
15	5	1	1	2	3
16	5	2	1	2	2

그림 2-2 테스트 데이터(감귤평점테스트.xlsx)

2 데이터 불러오기

Data 카테고리에서 [File] 위젯을 캔버스로 가져와서 더블 클릭한 후 훈련 데이터(감귤평점훈련.xlsx) 파일을 연다. Data 카테고리에서 [Data Table] 위젯을 가져와서 [File] 위젯과 연결한 후 더블 클릭하면, 각각 5개의 속성으로 구성된 310개의 감귤 평점 데이터 정보를 확인할 수 있다.

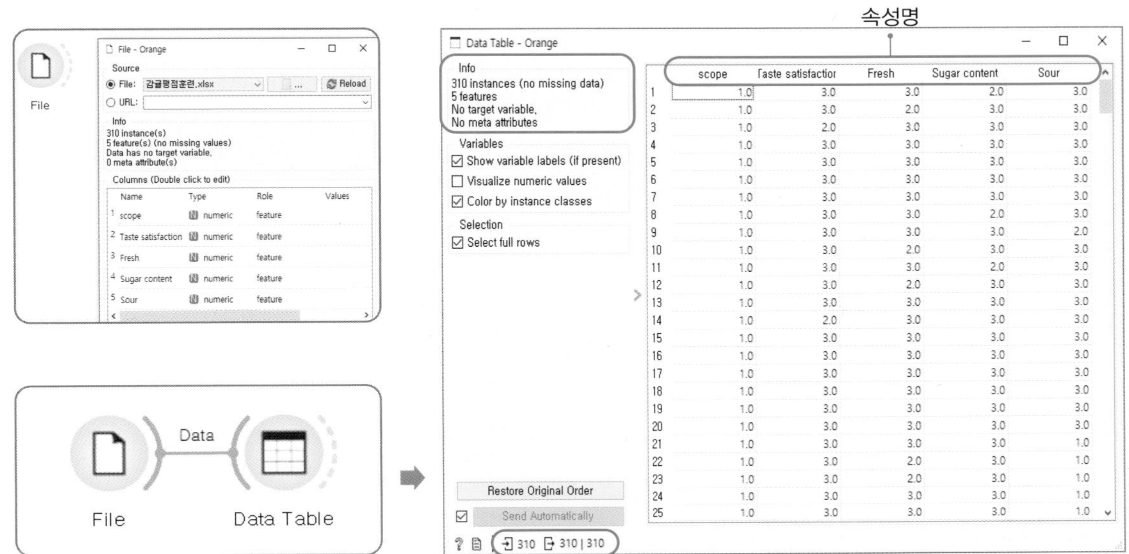

그림 2-3 [Data Table] 위젯으로 본 감귤 평점 데이터

3 데이터 속성 정보 확인하기

[그림 2-3]에서 보인 5개 속성의 의미는 다음과 같다. 이때 종합 평점(scope) 속성은 점수가 높을수록 괜찮은 상품이고, 나머지 네 가지 속성인 맛 만족도(Taste satisfaction), 싱싱함(Fresh), 당도(Sugar content), 새콤함(Sour)은 점수가 높을수록 좋지 않은 상품을 의미한다.

종합 평점(scope)	맛 만족도(Taste satisfaction), 싱싱함(Fresh), 당도(Sugar content), 새콤함(Sour)		
1~5	1. 예상보다 괜찮아요	2. 괜찮아요	3. 예상보다 별로예요

감귤 평점 데이터 속성명과 속성 정보를 확인해 보자.

◆ 감귤 평점 데이터: 310개 감귤 평점 데이터의 5개 속성 정보

속성명	속성 정보
scope	종합 평점(1~5: 점수가 높을수록 좋은 상품)
Taste satisfaction	맛 만족도(1: 예상보다 맛있어요, 2: 괜찮아요, 3: 예상보다 맛이 없어요.)
Fresh	싱싱함(1: 예상보다 싱싱해요, 2: 보통이에요, 3: 예상보다 싱싱하지 않아요.)
Sugar content	당도(1: 아주 달콤해요, 2: 적당히 달아요, 3: 달지 않아요.)
Sour	새콤함(1: 많이 새콤해요, 2: 적당히 새콤해요, 3: 새콤하지 않아요.)

4 데이터 전처리하기

[File] 위젯에서 가져온 데이터를 모델 학습에 사용할 때는 사용할 데이터의 역할(Role)과 형식(Type)을 변경하는 과정이 필요하다.

① 데이터 역할(Role) 변경하기

네 가지 속성(맛 만족도, 싱싱함, 당도, 새콤함)을 이용하여 종합 평점을 분류하는 모델을 만들어야 하므로 [File] 위젯을 더블 클릭한 후 scope 속성만 target으로 설정하고, 나머지 속성은 feature로 설정한다.

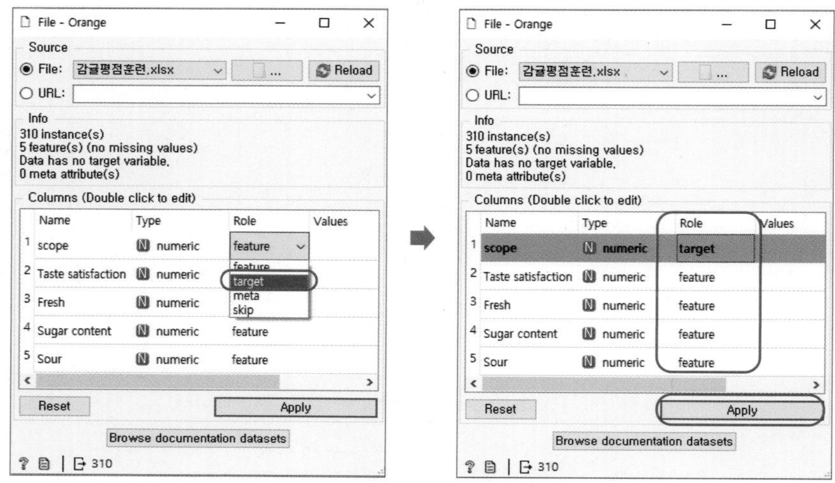

그림 2-4 [File] 위젯 창에서 데이터 역할 설정

② 데이터 형식(Type) 변경하기

각 데이터 형식(Type)은 수치가 아닌 별점의 개수이므로 모두 categorical(C)로 설정한다. 그 이유는 numeric(N, 수치)으로 설정하면 소수점까지 포함하여 1.3, 2.87 등으로 예측되기 때문이다. categorical로 설정하면 1, 2, 3, 4, 5로 예측할 수 있다.

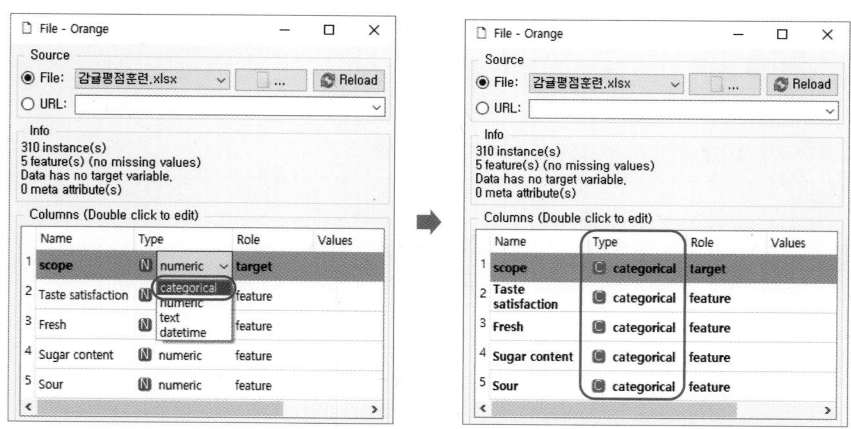

그림 2-5 [File] 위젯 창에서 데이터 형식 설정

3 어떤 모델을 선택하고 학습시킬까?

분류 모델에는 로지스틱 회귀(Logistic Regression), k-NN, SVM, 랜덤 포레스트(Random Forest) 등 여러 가지가 있는데, 여기서는 로지스틱 회귀 모델을 이용한다.

1 학습 모델 선택하기

Model 카테고리에서 로지스틱 회귀 모델인 [Logistic Regression] 위젯을 캔버스로 가져와서 [File] 위젯과 연결한다. 이때 사용하는 데이터는 훈련 데이터(감귤평점훈련.xlsx)이다.

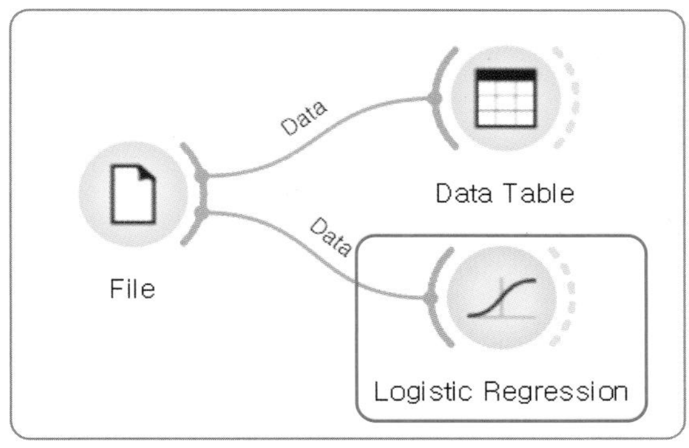

그림 2-6 로지스틱 회귀 모델 연결

2 학습시키기

[Logistic Regression] 위젯을 더블 클릭하면 [그림 2-7]과 같은 창이 나타난다. 설정 변경에 따라 인공지능 모델 성능은 달라질 수 있다. 따라서 데이터 특성에 맞게 설정하도록 한다.

과적합 방지를 위한 정규화
- **Ridge**: 분류를 위한 식의 가중치 제곱의 합(L2)
- **Lasso**: 분류를 위한 식의 가중치 절댓값의 합(L1)
- **Weak와 Strong**: 데이터를 분류할 때의 강도

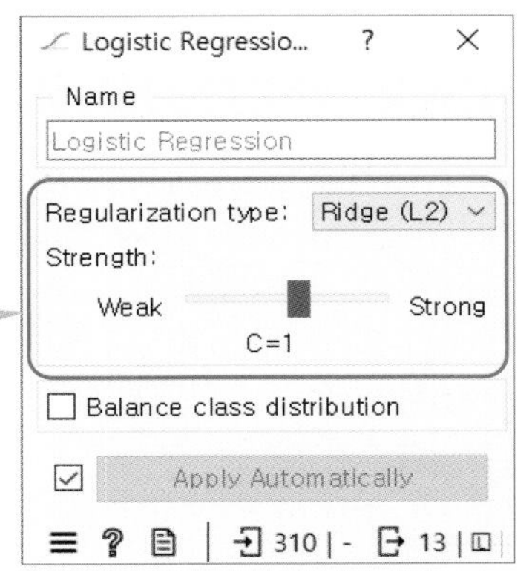

그림 2-7 [Logistic Regression] 위젯 창

AI랑 친해지기

로지스틱 회귀(Logistic Regression)

분류 모델로, 스팸 메일 필터, 텍스트 분류, 감정 분석, 추천 시스템 등에 광범위하게 활용된다. 연속적인 값을 예측하는 선형 회귀와 동일한 선형 방정식으로 학습하지만, 방정식을 통해 나온 일정한 값(연속적이지 않은 값)을 기준으로 분류하는 것이 선형 회귀와 다른 점이다.

4 모델의 성능을 확인해 보자!

1 학습 결과 확인하기

① [Predictions] 위젯 연결하기

Evaluate 카테고리에서 [Predictions] 위젯을 가져와서 [File] 위젯과 [Logistic Regression] 위젯에 각각 연결한다.

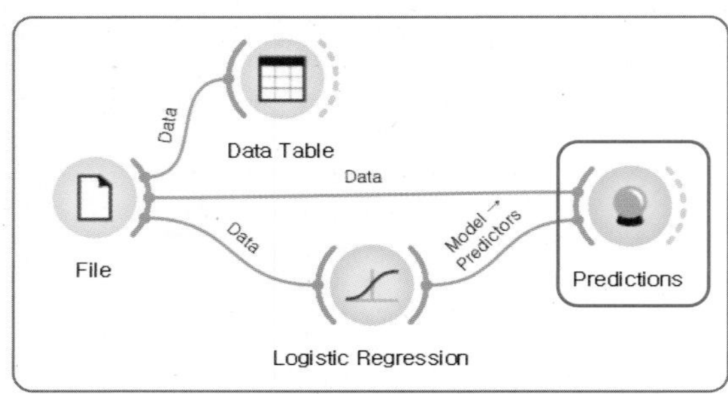

② 로지스틱 회귀 모델 평가하기

[Predictions] 위젯을 더블 클릭하면 [그림 2-8]과 같은 결과를 살펴볼 수 있다.

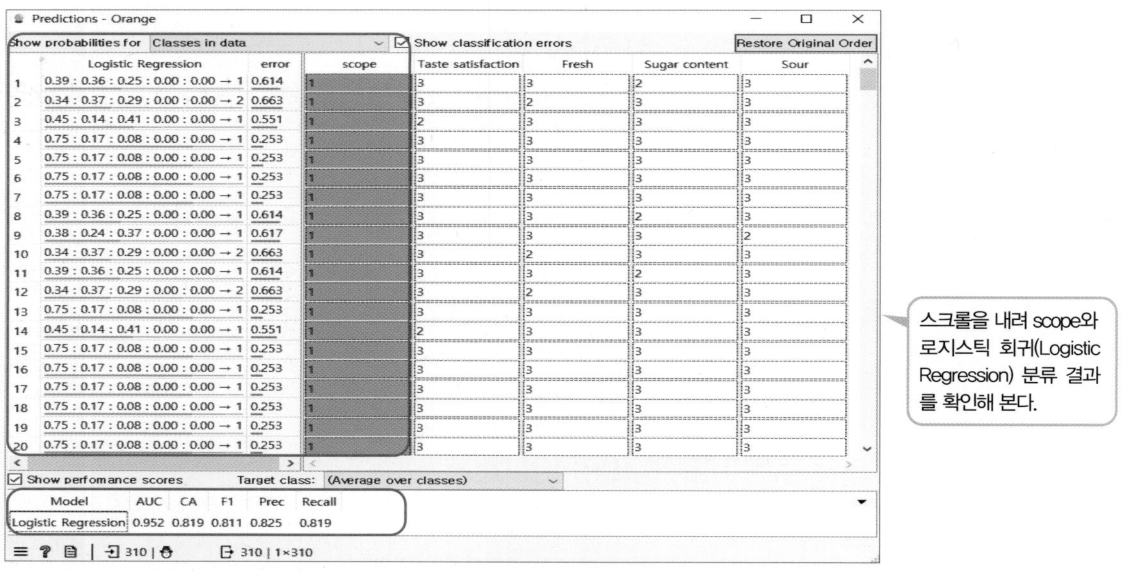

그림 2-8 로지스틱 회귀 모델 평가

[그림 2-8]을 살펴본 결과, 로지스틱 회귀(Logistic Regression)의 분류가 종합 평점(scope)과 유사하게 나온 것을 확인할 수 있다. 또한 평가 지표 중 0~1 사이의 값을 갖는 모델의 성능 지표인 AUC(교재 52쪽 참고)가 0.952로 매우 높은 정확도를 보여 주고 있다.

2 성능 결과 확인하기

우리는 지금까지 훈련 데이터인 감귤평점훈련.xlsx로 로지스틱 회귀 분류 모델을 만들고 평점을 매겨보았다. 이번에는 실제 별점 테러를 당한 몇 개의 평점들을 조사한 테스트 데이터인 감귤평점테스트.xlsx로 별점 테러를 방지해 보자.

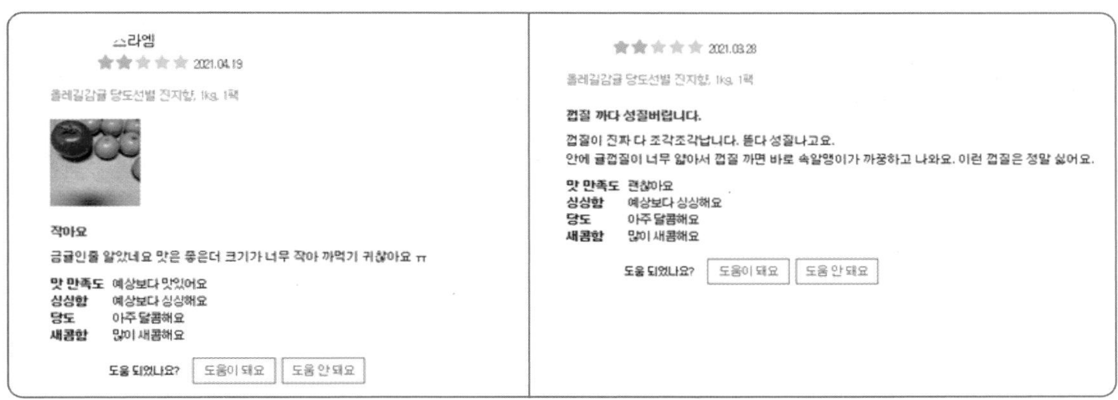

그림 2-9 **실제 C 사 감귤 평점 테러 사례 예시**

① 테스트 데이터 불러오기

[그림 2-9]를 살펴보면 실제 맛 만족도, 싱싱함, 당도, 새콤함 정도는 우수하지만, 껍질을 까기 귀찮다는 이유만으로 종합 평점이 낮은 사례이다. 이러한 사례를 앞서 만든 분류 모델에 적용하기 위해 테스트 데이터인 감귤평점테스트.xlsx를 불러와 [그림 2-10]과 같은 작업을 수행한다.

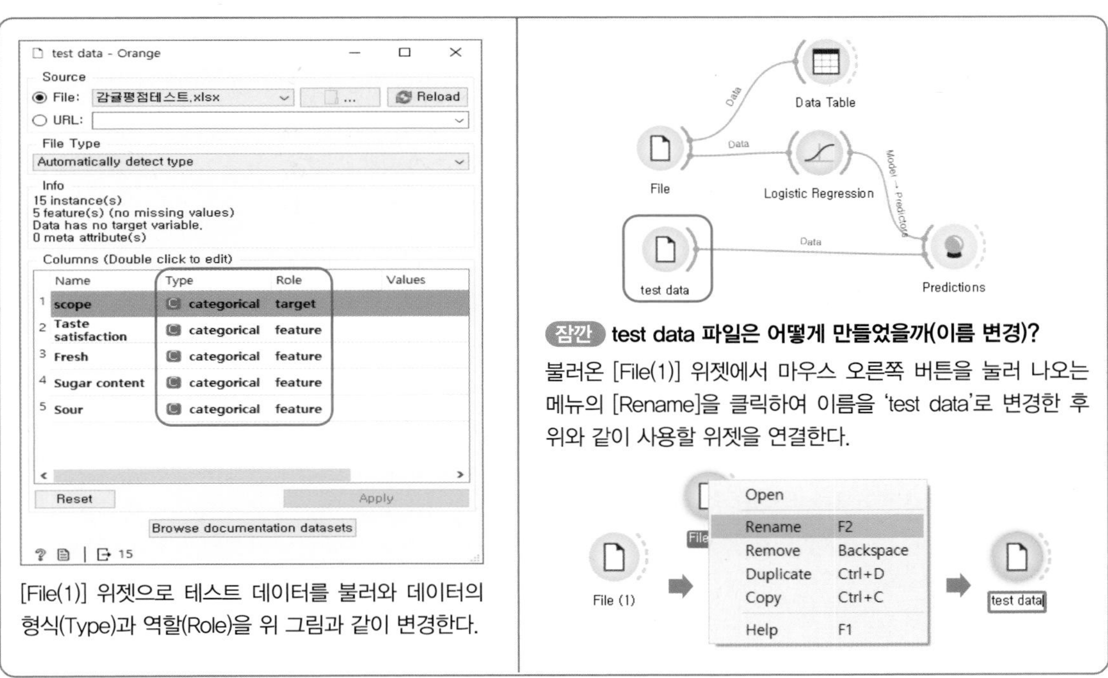

그림 2-10 **테스트 데이터 적용 후 이름 변경**

② 결과 확인하기

- 실젯값을 y라고 하고 예측 모델에 x값을 넣어 나온 예측값을 H(x)라고 할 때 그 차이를 오차라고 한다. 이 오차는 부호를 갖고 있으므로 다른 처리를 해야 모델을 평가할 수 있다.
- [그림 2-10]의 [Predictions] 위젯을 더블 클릭하면 [그림 2-11]과 같이 예측값을 확인할 수 있다.

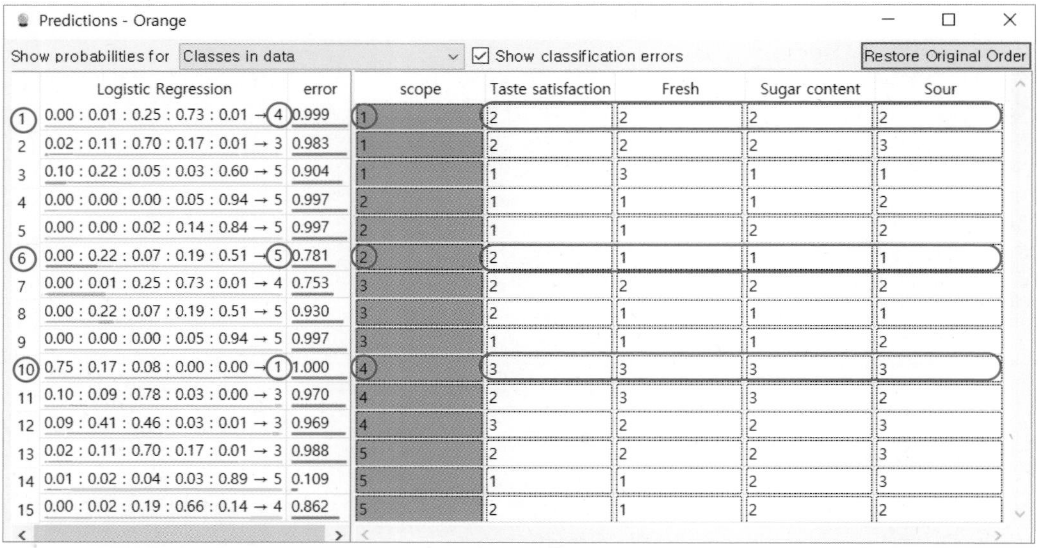

Predictions - Orange

Show probabilities for Classes in data ☑ Show classification errors Restore Original Order

	Logistic Regression	error	scope	Taste satisfaction	Fresh	Sugar content	Sour
①	0.00 : 0.01 : 0.25 : 0.73 : 0.01 → ④	0.999	①	2	2	2	2
2	0.02 : 0.11 : 0.70 : 0.17 : 0.01 → 3	0.983	1	2	2	2	3
3	0.10 : 0.22 : 0.05 : 0.03 : 0.60 → 5	0.904	1	1	3	1	1
4	0.00 : 0.00 : 0.00 : 0.05 : 0.94 → 5	0.997	2	1	1	1	2
5	0.00 : 0.00 : 0.02 : 0.14 : 0.84 → 5	0.997	2	1	1	2	2
⑥	0.00 : 0.22 : 0.07 : 0.19 : 0.51 → ⑤	0.781	②	2	1	1	1
7	0.00 : 0.01 : 0.25 : 0.73 : 0.01 → 4	0.753	3	2	2	2	2
8	0.00 : 0.22 : 0.07 : 0.19 : 0.51 → 5	0.930	3	2	1	1	1
9	0.00 : 0.00 : 0.00 : 0.05 : 0.94 → 5	0.997	3	1	1	1	2
⑩	0.75 : 0.17 : 0.08 : 0.00 : 0.00 → ①	1.000	④	3	3	3	3
11	0.10 : 0.09 : 0.78 : 0.03 : 0.00 → 3	0.970	4	2	3	3	2
12	0.09 : 0.41 : 0.46 : 0.03 : 0.01 → 3	0.969	4	3	2	2	3
13	0.02 : 0.11 : 0.70 : 0.17 : 0.01 → 3	0.988	5	2	2	2	3
14	0.01 : 0.02 : 0.04 : 0.03 : 0.89 → 5	0.109	5	1	1	2	3
15	0.00 : 0.02 : 0.19 : 0.66 : 0.14 → 4	0.862	5	2	1	2	2

그림 2-11 **테스트 데이터 적용 결과**

- [그림 2-11]에서 1번 사례는 맛 만족도, 싱싱함, 당도, 새콤함이 모두 괜찮았는데 분류 모델로 적용해 보니 평점 4가 나왔다.
- 6번 사례는 맛 만족도만 보통이었고 나머지는 아주 괜찮았지만, [그림 2-9]에 제시한 사례처럼 실제 껍질을 까기 귀찮아서 별점 2를 주어 분류 모델에서 평점 5가 나왔다.
- 10번 사례는 전체적으로 상품이 불만족스럽지만, 낮은 별점을 주기 곤란하여 별점 4를 주어 분류 모델에서 평점 1이 나왔다.

이렇게 우리는 실생활에서 데이터를 직접 수집하여 인공지능 분류 모델을 만든 다음, 이를 통해 주어진 문제를 해결할 수 있음을 알 수 있다.

orange3 장점

Ⓠ Orange3 평가 시 나타나는 색은 무슨 의미인가요?

Ⓐ [그림 2-11]과 같이 [Predictions] 위젯에서 로지스틱 회귀(Logistic Regression) 모델로 분류 결과를 나타낼 때 값들 밑에 색 막대가 나타나는데 이것은 각각의 예측 정도를 나타냅니다. 예를 들어, 빨간색 막대가 가장 길면 이 빨간색이 예측 결과에 해당합니다. 또한 다른 각각의 값을 얼마만큼의 확률로 예측하는지도 알 수 있습니다. 이 밖에도 Orange3에서는 산점도의 점, 지역 등을 여러 가지 색으로 표현하여 우리가 보기 쉽게 해 줍니다.

AI 전문가 되기

분류 모델 평가 지표

분류 모델 학습에서 예측(Predictions) 위젯이나 성능 평가(Test&Score) 위젯을 실행하면 아래와 같은 평가 지표가 나타난다. 이 값들은 무엇을 의미할까?

Model	AUC	CA	F1	Precision	Recall
Logistic Regression	0.992	0.960	0.960	0.960	0.960

그림 2-12 **평가 지표**

평가 지표를 이해하기 위해서는 기계학습 분류 모델의 모델 성능을 평가하는 지표인 혼동 행렬(Confusion Matrix)을 이해해야 한다.

		예측값	
		Positive	Negative
실젯값	True	TP	FN
	False	FP	TN

Positive: 1로 예측, Negative: 0으로 예측

- **TP(True Positive):** 실젯값이 True(참)인 것을 Positive(참)라고 예측한 것이다.
- **TN(True Negative):** 실젯값이 False(거짓)인 것을 Negative(거짓)라고 예측한 것이다.
- **FP(False Positive):** 실젯값이 False(거짓)인 것을 Positive(참)라고 예측한 것이다.
- **FN(False Negative):** 실젯값이 True(참)인 것을 Negative(거짓)라고 예측한 것이다.

그림 2-13 **혼동 행렬의 의미**

예를 들어, 붓꽃(Iris) 데이터를 k-NN 모델로 분류한 후 혼동 행렬을 살펴보면 다음과 같다.

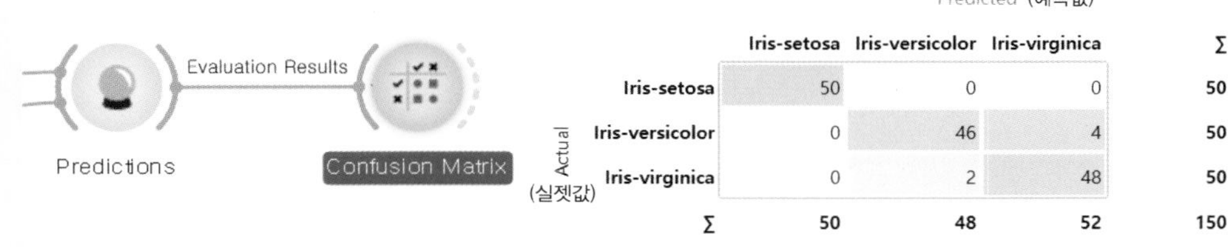

Predicted (예측값)

Actual (실젯값)	Iris-setosa	Iris-versicolor	Iris-virginica	Σ
Iris-setosa	50	0	0	50
Iris-versicolor	0	46	4	50
Iris-virginica	0	2	48	50
Σ	50	48	52	150

그림 2-14 **붓꽃 데이터를 k-NN 모델로 분류하여 만들어진 혼동 행렬**

실제 데이터 Iris-setosa는 50개 모두를 정확히 Iris-setosa로 분류하였고, Iris-versicolor는 실제 50개 중 46개는 Iris-versicolor로, 4개는 Iris-virginica로 잘못 분류하였다. 마지막으로 Iris-virginica는 실제 50개 중 48개를 Iris-virginica로, 2개는 Iris-versicolor로 잘못 분류하였다.

[그림 2-12]의 분류 평가 지표에 표시된 값은 다음과 같은 의미를 가진다.

지표	의미	그래프 또는 식
AUC	재현율(Recall, 실제 True인 것 중에서 모델이 True라고 분류한 것)과 위양성률(Fall-out, 실제 False인 것 중에서 모델이 True라고 분류한 것)의 비율 관계를 나타낸 ROC 그래프의 아래쪽 면적을 나타낸다.	1 ROC 재현율 (Recall) AUC (Area Under the ROC Curve) 0 0 위양성률 (Fall-out) 1
분류 정확도 (CA)	모델이 입력된 데이터에 대해 얼마나 정확하게 분류하는지를 나타내는 값이다.	정확도 $= \dfrac{TP+TN}{TP+FP+TN+FN}$
정밀도 (Precision)	모델이 True라고 분류한 것 중에서 실제 True인 것의 비율이다.	정밀도 $= \dfrac{TP}{TP+FP}$
재현율(Recall)	실제 True인 것 중에서 모델이 True라고 분류한 것의 비율이다	재현율 $= \dfrac{TP}{TP+FN}$
F1	정밀도와 재현율, 두 값의 조화 평균으로 하나의 수치로 나타낸 지표이다.	

그러면 기계학습 모델의 성능이 '좋다' 또는 '나쁘다'는 무엇을 기준으로 판단할까?

평가 지표 중 CA(Classification Accuracy)는 가장 일반적인 성능 평가 지표로, '맞게 분류한 경우의 수'를 '전체 경우의 수'로 나눈 정확도이다. 1에 가까울수록 정확도가 높다.

- 정밀도의 이해를 돕기 위해 스팸 메일을 분류하는 경우를 예로 들어 보자. 스팸을 스팸 메일로 분류하지 않는 것(FN)은 큰 문제가 없다. 반면에 스팸 메일이 아닌 것을 스팸 메일로 분류하면(FP) 업무에 차질이 발생한다. 이는 FN보다 FP를 줄이는 것이 중요한 경우로 정밀도를 사용한다.
- 재현율의 이해를 돕기 위해 악성 코드를 판별할 경우를 예로 들어 보자. 악성 코드가 아닌데 악성 코드로 분류하면(FP) 사용자가 확인하여 예외 처리를 하면 된다. 반면에 악성 코드인데 악성 코드가 아닌 것으로 분류하면(FN) 악성 코드에 감염되어 위험이 노출될 가능성이 높다. 이는 FP보다 FN을 줄이는 것이 중요한 경우로 재현율을 사용한다. 질병이나 산불 진단 등의 경우에도 적용할 수 있다.

정리하기

앞서 만든 C 사 별점 테러 방지 분류 모델의 결과를 살펴보았을 때 맛 만족도, 싱싱함, 당도, 새콤함 중 만족도만 보통이고 나머지는 아주 괜찮았지만, 실제 껍질을 까기 귀찮아서 평점 2를 주었던 사례가 분류 모델을 적용하여 평점 5로 나온 것을 볼 수 있었다. 이처럼 우리는 실생활에서 데이터를 직접 수집한 후 인공지능 분류 모델을 적용하여 사회 문제를 해결할 수 있음을 경험하였다.

3

내 심장은 건강할까?

Naive Bayes를 사용하여 심장 마비가 발생할 사람을 예측해 보자.

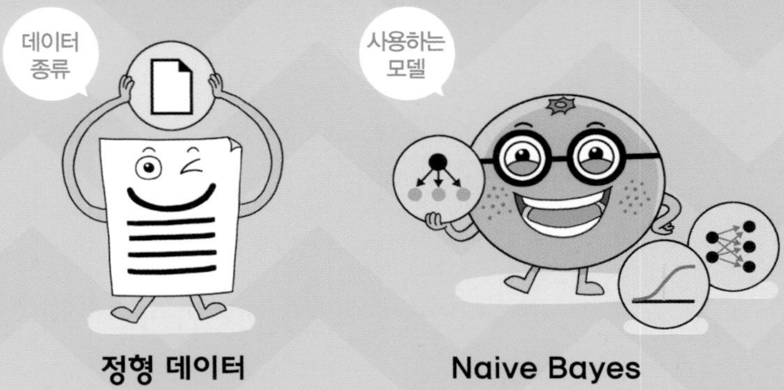

해결해야 할 문제는 무엇일까?

문제 상황

미국에서는 매년 90만 명 이상의 사람이 심장 질환으로 사망한다. 미국보다 그 수는 많지 않지만 우리나라도 많은 이들이 심장 마비나 급성 심근 경색 등의 심장 질환으로 사망하고 있다. 이러한 상황에서 심장 질환으로 인한 사망자 수를 줄이기 위해 환자의 건강 정보를 활용하여 환자에게 심장 마비가 발생할 확률을 예측해 보는 것은 어떨까?

환자의 건강 정보 데이터를 분석하고 심장 마비가 발병할지를 예측할 수 있는 인공지능 모델을 만들어 보자.

데이터를 준비하자!

1 외부 데이터 다운로드

① 캐글 데이터 다운로드하기

- 캐글(Kaggle)은 2010년에 설립된 데이터 분석 대회 플랫폼이다. 기업이나 단체가 데이터와 해결 과제를 캐글에 등록하면 세계 각지의 데이터 과학자들이 데이터를 분석하여 문제를 해결하는 모델을 개발하고, 데이터 분석에 대해 토론하거나 함께 학습할 수 있다.
- 캐글에서 'Heart Attack Analysis & Prediction'을 검색하여 데이터를 다운로드하거나, 출판사 홈페이지에 접속하여 데이터를 다운로드한다. (https://bit.ly/3RiKUW1)

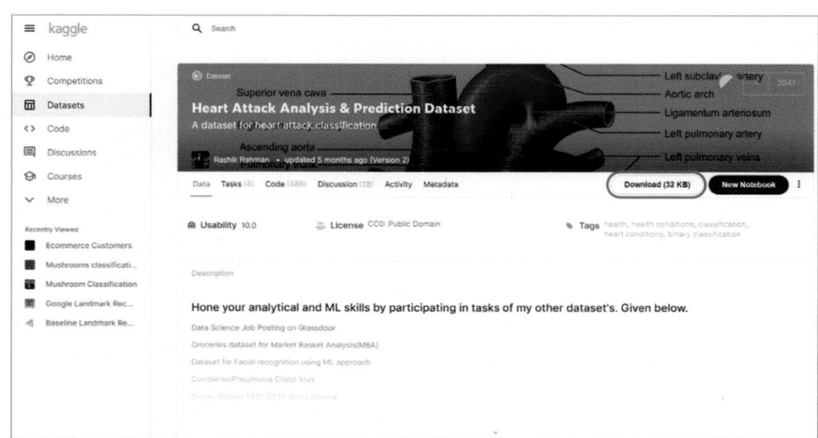

그림 3-1 캐글의 Heart Attack Analysis & Prediction 데이터

② 훈련 데이터와 테스트 데이터 나누기

archive.zip 파일을 풀어 heart.csv 파일을 열고, 훈련 데이터와 테스트 데이터 파일로 나누어 저장한다.

- 쉬운 데이터 정보 확인을 위해 A열 앞에 새로운 열을 삽입한 후, id 속성을 만들어 입력한다.

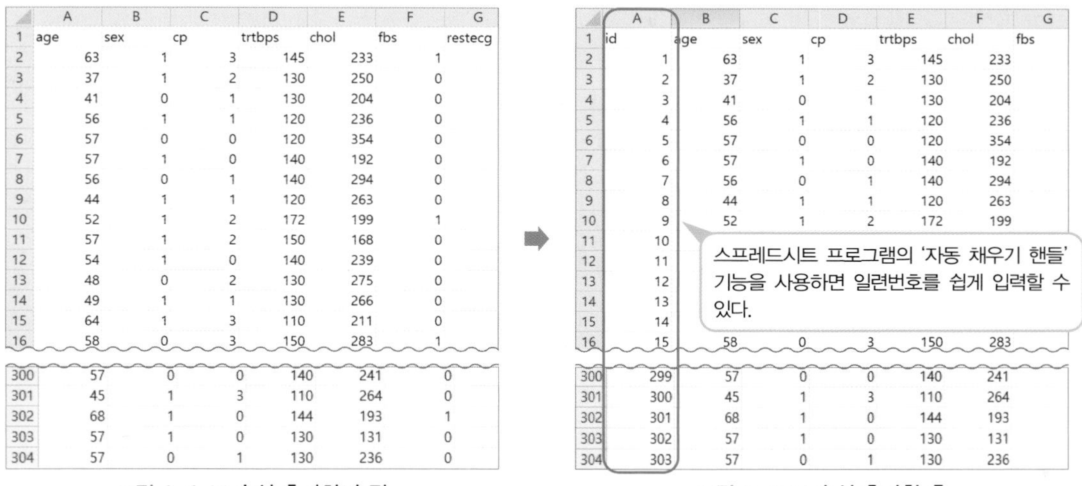

	A	B	C	D	E	F	G
1	age	sex	cp	trtbps	chol	fbs	restecg
2	63	1	3	145	233	1	
3	37	1	2	130	250	0	
4	41	0	1	130	204	0	
5	56	1	1	120	236	0	
6	57	0	0	120	354	0	
7	57	1	0	140	192	0	
8	56	0	1	140	294	0	
9	44	1	1	120	263	0	
10	52	1	2	172	199	1	
11	57	1	2	150	168	0	
12	54	1	0	140	239	0	
13	48	0	2	130	275	0	
14	49	1	1	130	266	0	
15	64	1	3	110	211	0	
16	58	0	3	150	283	1	
300	57	0	0	140	241	0	
301	45	1	3	110	264	0	
302	68	1	0	144	193	1	
303	57	1	0	130	131	0	
304	57	0	1	130	236	0	

그림 3-2 id 속성 추가하기 전

	A	B	C	D	E	F	G
1	id	age	sex	cp	trtbps	chol	fbs
2	1	63	1	3	145	233	
3	2	37	1	2	130	250	
4	3	41	0	1	130	204	
5	4	56	1	1	120	236	
6	5	57	0	0	120	354	
7	6	57	1	0	140	192	
8	7	56	0	1	140	294	
9	8	44	1	1	120	263	
10	9	52	1	2	172	199	
11	10						
12	11						
13	12						
14	13						
15	14						
16	15	58	0	3	150	283	
300	299	57	0	0	140	241	
301	300	45	1	3	110	264	
302	301	68	1	0	144	193	
303	302	57	1	0	130	131	
304	303	57	0	1	130	236	

스프레드시트 프로그램의 '자동 채우기 핸들' 기능을 사용하면 일련번호를 쉽게 입력할 수 있다.

그림 3-3 id 속성 추가한 후

- 새 파일을 열어 heart.csv 파일 1행의 속성명을 복사하여 붙여넣는다.

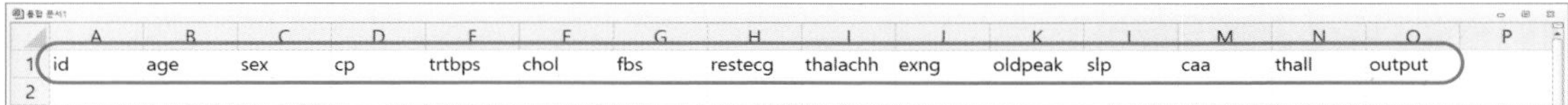

	A	B	C	D	E	F	G	H	I	J	K	L	M	N	O	P
1	id	age	sex	cp	trtbps	chol	fbs	restecg	thalachh	exng	oldpeak	slp	caa	thall	output	
2																

- heart.csv 파일에서 id 160~171까지의 데이터를 복사하여 새 파일에 붙여넣은 후, output의 내용을 삭제한다. 새 파일의 이름을 heart_test로 설정하고 csv 파일로 저장한다.

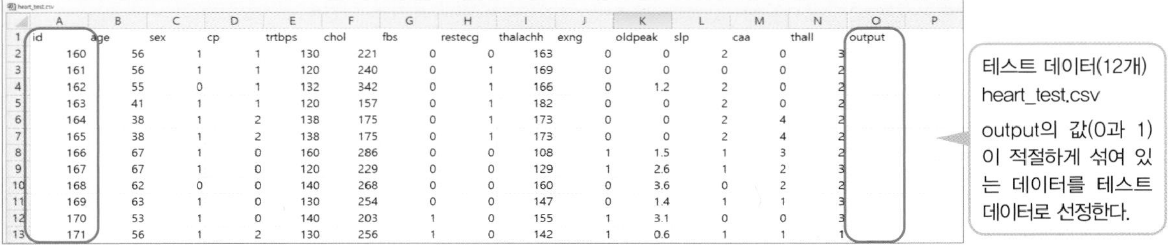

	A	B	C	D	E	F	G	H	I	J	K	L	M	N	O
1	id	age	sex	cp	trtbps	chol	fbs	restecg	thalachh	exng	oldpeak	slp	caa	thall	output
2	160	56	1	1	130	221	0	0	163	0	0	2	0	3	
3	161	56	1	1	120	240	0	1	169	0	0	0	0	2	
4	162	55	0	1	132	342	0	1	166	0	1.2	2	0	2	
5	163	41	1	1	120	157	0	1	182	0	0	2	0	2	
6	164	38	1	2	138	175	0	1	173	0	0	2	4	2	
7	165	38	1	2	138	175	0	1	173	0	0	2	4	2	
8	166	67	1	0	160	286	0	0	108	1	1.5	1	3	2	
9	167	67	1	0	120	229	0	0	129	1	2.6	1	2	3	
10	168	62	0	0	140	268	0	0	160	0	3.6	0	2	2	
11	169	63	1	0	130	254	0	0	147	0	1.4	1	1	3	
12	170	53	1	0	140	203	1	0	155	1	3.1	0	0	3	
13	171	56	1	2	130	256	1	0	142	1	0.6	1	1	1	

테스트 데이터(12개)
heart_test.csv
output의 값(0과 1)이 적절하게 섞여 있는 데이터를 테스트 데이터로 선정한다.

- heart.csv 파일에서 id 160~171까지의 데이터를 삭제한 후, 파일명을 heart_train으로 바꾸고 csv 파일로 저장한다.

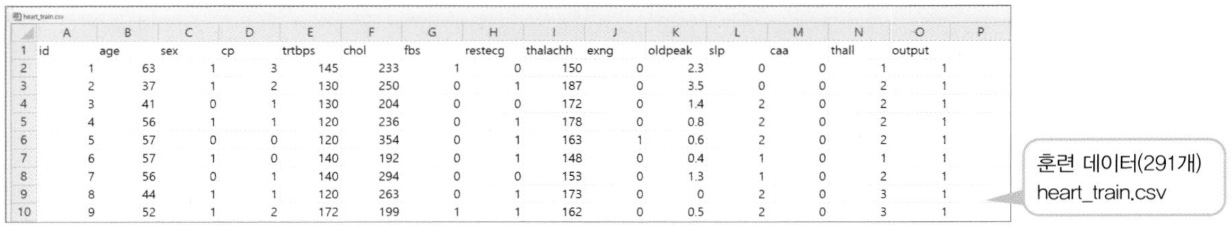

	A	B	C	D	E	F	G	H	I	J	K	L	M	N	O
1	id	age	sex	cp	trtbps	chol	fbs	restecg	thalachh	exng	oldpeak	slp	caa	thall	output
2	1	63	1	3	145	233	1	0	150	0	2.3	0	0	1	1
3	2	37	1	2	130	250	0	1	187	0	3.5	0	0	2	1
4	3	41	0	1	130	204	0	0	172	0	1.4	2	0	2	1
5	4	56	1	1	120	236	0	1	178	0	0.8	2	0	2	1
6	5	57	0	0	120	354	0	1	163	1	0.6	2	0	2	1
7	6	57	1	0	140	192	0	1	148	0	0.4	1	0	1	1
8	7	56	0	1	140	294	0	0	153	0	1.3	1	0	2	1
9	8	44	1	1	120	263	0	1	173	0	0	2	0	3	1
10	9	52	1	2	172	199	1	1	162	0	0.5	2	0	3	1

훈련 데이터(291개)
heart_train.csv

2 데이터 불러오기

- Data 카테고리의 [File] 위젯을 캔버스로 가져와서 더블 클릭한 후, 미리 준비한 데이터(heart_train.csv)를 불러온다.
- Data 카테고리의 [Data Table] 위젯을 가져와서 [File] 위젯과 연결한다.
- [Data Table] 위젯을 통해 전체 데이터를 한눈에 살펴보고, Info 탭에서 데이터 정보를 확인할 수 있다.

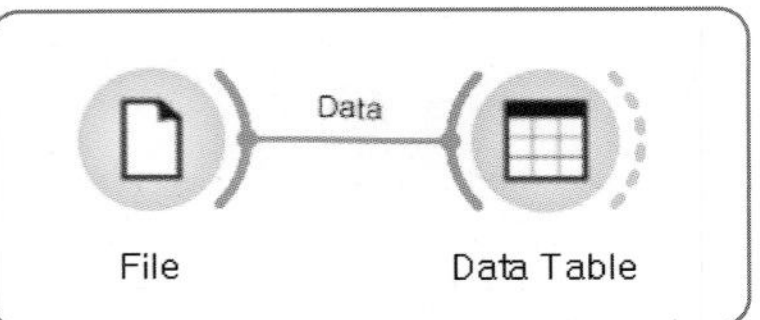

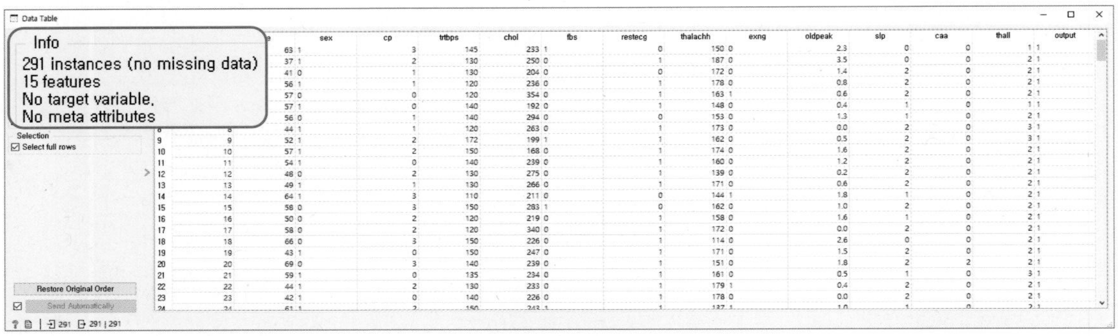

그림 3-4 Data Table 창에서 본 데이터

3 데이터 속성 정보 확인하기

심장 마비 데이터의 속성명과 속성의 의미를 확인해 보자.

의료 정보에 대한 데이터 분석을 시행할 때는 의료 데이터에 대한 의학적 지식이 풍부한 의료 전문가의 도움을 받는 것이 좋다.

◆ 심장 마비 데이터: 291명에 대한 15개 속성 정보

속성	의미
id	일련번호
age	환자 나이
sex	성별 • 0: 여성 • 1: 남성
cp	가슴 통증 유형 • 0: 무증상 • 1: 전형적 협심증 • 2: 비정형적 협심증 • 3: 비협심증이나 통증 있음.
trtbps	안정 시 혈압(mmHg)
chol	혈청 콜레스테롤
fbs	공복 혈당 • 0: 120미만 • 1: 120 이상
restecg	휴식 중 심전도 결과 • 0: 정상 • 1: ST−T파 이상 • 2: 비대

속성	의미
thalachh	최대 심박수
exng	운동으로 인한 협심증 • 0: 무증상 • 1: 증상
oldpeak	심전도 결과 ST 분절 하강 정도
slp	심전도 결과 최고 ST 분절 기울기 • 0: 하향 경사 • 1: 평평함. • 2: 상승 경사
caa	플루로 스코피(투시 조영)로 인해 착색된 주요 혈관 수(0−3)
thall	탈륨 스트레스 검사 결과 • 1: 비가역적 결함 • 2: 정상 • 3: 가역적 결함
output	심장 마비 가능성 • 0: 가능성 낮음. • 1: 가능성 높음.

① 속성 형식 및 역할 변경하기

- File 창에서 데이터 정보를 확인한다.
- **형식 변경하기:** 속성 중 'cp', 'restecg', 'slp', 'thall'의 값은 몇 개의 범주나 항목으로 나타나는 범주형 데이터이므로 형식을 categorical로 변경한다.
- **역할 변경하기:** 속성 중 'id'는 훈련 및 예측에서 제외하고, 데이터의 내용을 참고하는 데에만 사용하기 때문에 역할을 meta로 변경한다. 건강 정보 데이터를 바탕으로 심장 마비를 예측하기 위해 속성 중 'output'의 역할을 target으로 변경한다.

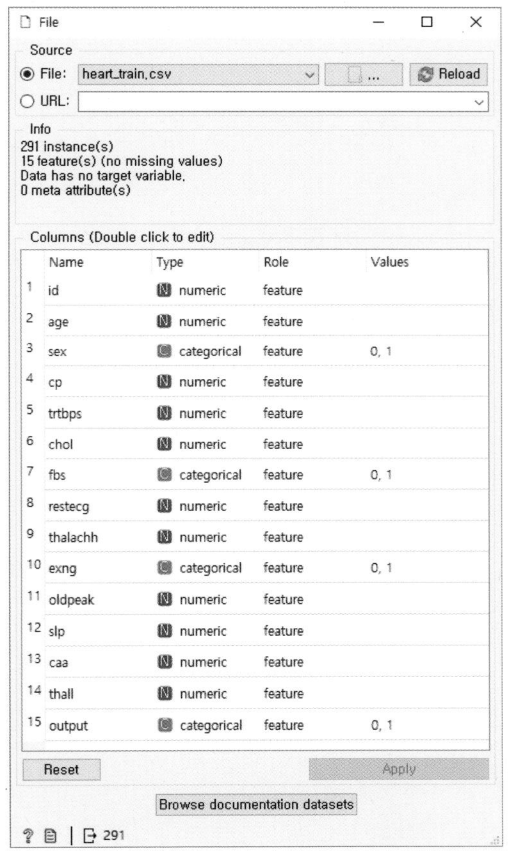

그림 3-5 **속성의 형식과 역할 변경 전**

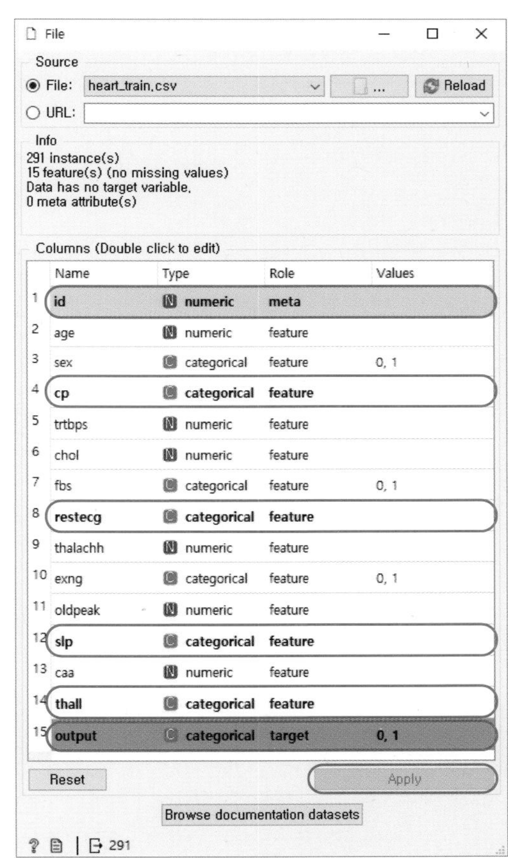

그림 3-6 **속성의 형식과 역할 변경 후**

AI랑 친해지기

속성의 역할(Role)

feature: 학습에 영향을 미치는 속성(독립 변수)
target: 예측하고자 하는 속성(종속 변수)
meta: 훈련 및 예측에서 제외하고 데이터의 내용을 참고하는 데 사용될 속성
skip: 분석 시 무시하고 싶은 속성

4 데이터 시각화하기

심장 마비 데이터를 시각화하여 이상치의 유무를 확인하고, 통계적으로 어떤 속성이 심장 마비 결과에 유의미한 영향을 주는지 확인한다.

① 값의 분포 확인하기

- Visualize 카테고리의 [Box Plot] 위젯을 가져와서 [File] 위젯에 연결한다.
- [Box Plot] 위젯을 더블 클릭하면 선택한 속성(Variable)의 값의 분포를 확인할 수 있고, 하위 그룹(Subgroups)으로 나누어서 그룹별로 속성의 차이값을 확인할 수 있다.

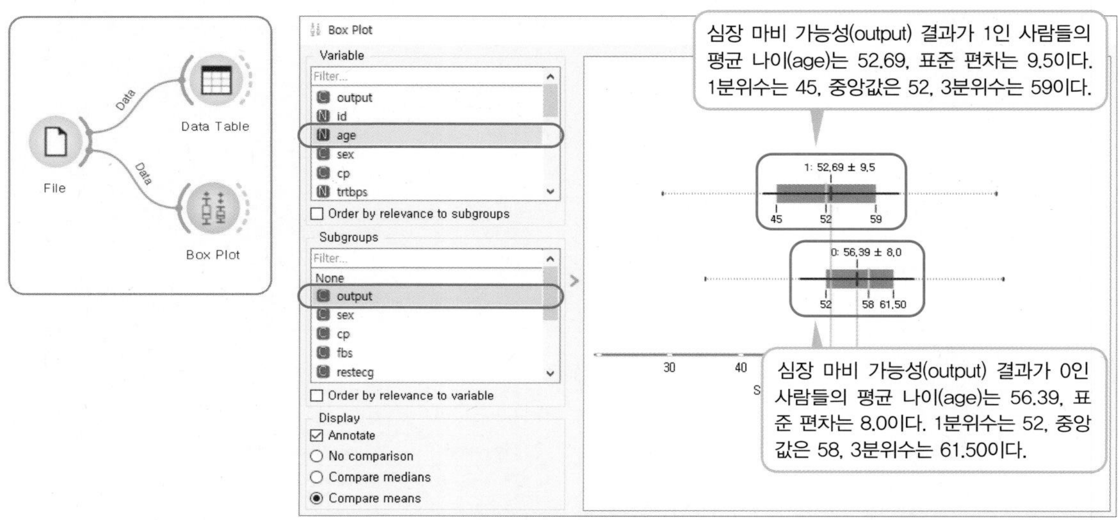

그림 3-7 나이(age) 속성을 심장 마비 가능성(output) 그룹으로 나누어 시각화한 결과

- 심장 마비 데이터의 각 속성들의 Box Plot을 확인하여 이상치와 통계적 특성을 파악한다.

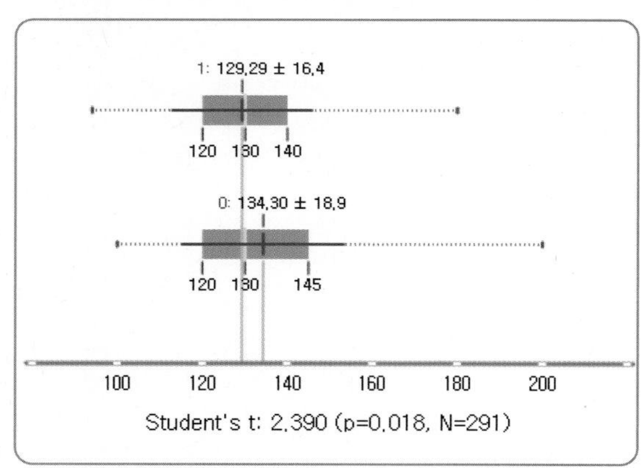

그림 3-8 안정 시 혈압(trtbps) 속성을 심장 마비 가능성(output) 그룹으로 나누어 시각화한 결과

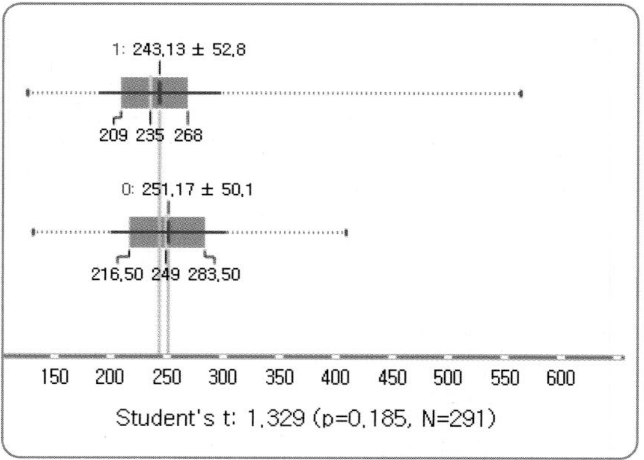

그림 3-9 혈청 콜레스테롤(chol) 속성을 심장 마비 가능성(output) 그룹으로 나누어 시각화한 결과

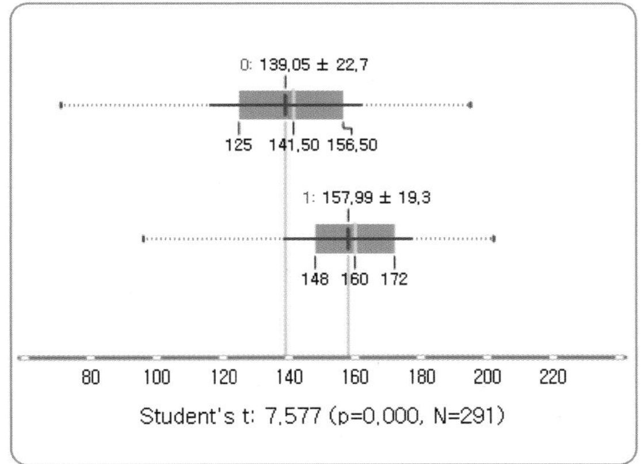

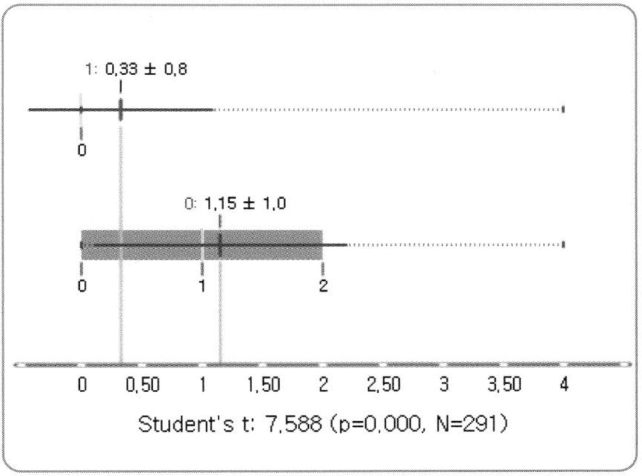

그림 3-10 **최대 심박수(thalachh) 속성을 심장 마비 가능성(output) 그룹으로 나누어 시각화한 결과**

그림 3-11 **착색된 주요 혈관 수(caa) 속성을 심장 마비 가능성(output) 그룹으로 나누어 시각화한 결과**

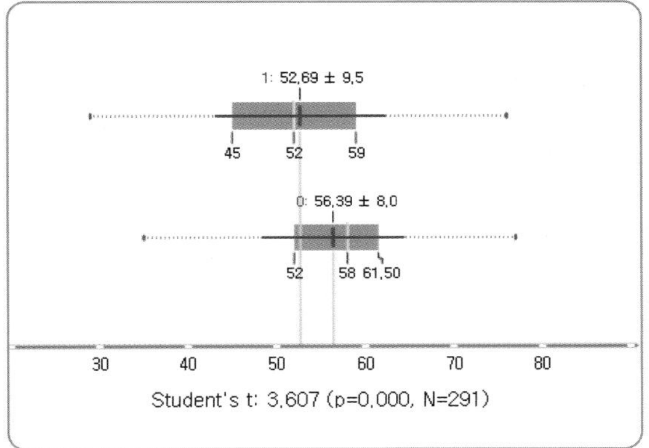

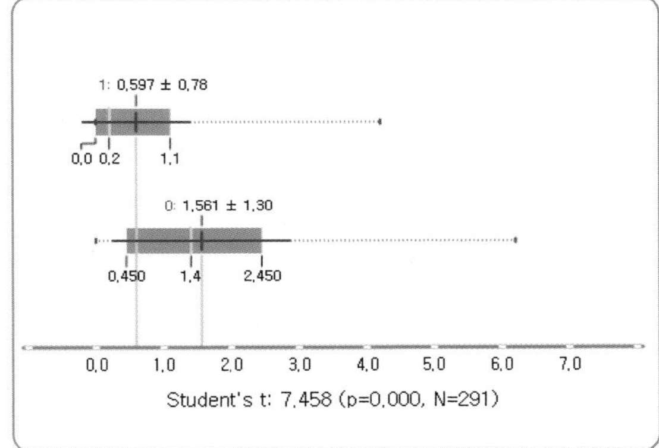

그림 3-12 **나이(age) 속성을 심장 마비 가능성(output) 그룹으로 나누어 시각화한 결과**

그림 3-13 **심전도 결과(oldpeak) 속성을 심장 마비 가능성(output) 그룹으로 나누어 시각화한 결과**

- [그림 3-8]과 [그림 3-9]에서 안정 시 혈압(trtbps) 속성과 혈청 콜레스테롤(chol) 속성은 심장 마비 가능성(output) 그룹과의 차이가 두드러지지 않는다.
  반면, [그림 3-10]과 [그림 3-11]에서 최대 심박수(thalachh) 속성이나 착색된 주요 혈관 수(caa) 속성은 심장 마비 가능성(output) 그룹과의 차이가 두드러진다.

박스 플롯을 통해 데이터 분석에서 속성의 통계적 특성과 그룹별 차이를 확인할 수 있어요.

AI랑 친해지기

박스 플롯(Box Plot)과 박스 플롯값의 의미

- 박스 플롯은 데이터의 대략적인 분포와 개별적인 이상치를 동시에 보여 주며, 서로 다른 데이터 뭉치를 쉽게 비교할 수 있는 시각화 기법이다.

- **박스 플롯 작성법**

사분위수 범위(1사분위수 – 3사분위수)를 구하고, 사분위범위로부터 1.5배 떨어진 점을 안울타리로 설정한다. 안울타리는 데이터의 이상치를 판단하는 기준이다.

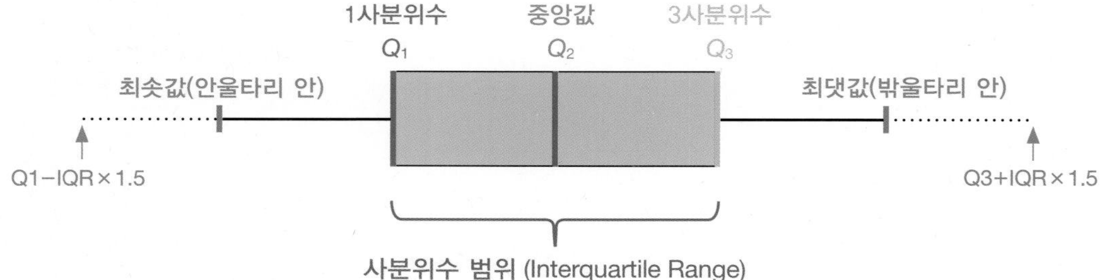

❶ 다음과 같은 데이터가 있다고 가정했을 때 mode, mean, median, range는 다음과 같다.

1	4	5	10	10	25	35	40	50

- mode(가장 빈번한 값) = 10
- mean(평균값) = 20
- median(중앙값) = 10
- range(범위) = 49

❷ 박스 플롯을 그리기 위해 중앙값 Q2를 찾고, 하위 25%값 Q1과 상위 25%값 Q3을 찾아서 IQR을 계산하여 정상 범위의 경계값을 구한다. 정상 범위 안에서 최솟값과 최댓값을 구하여 박스 플롯을 그릴 수 있다.

- 사분위수 범위(IQR; Interquartile Range) ➔ Q3−Q1 ➔ 37.5−4.5 = 33
- 안울타리값 ➔ Q1−IQR×1.5 ➔ 4.5−33×1.5 = −45
- 바깥울타리값 ➔ Q3+IQR×1.5 ➔ 37.5+33×1.5 = 87

−45에서 87의 범위를 벗어나는 값을 이상치로 파악할 수 있다.

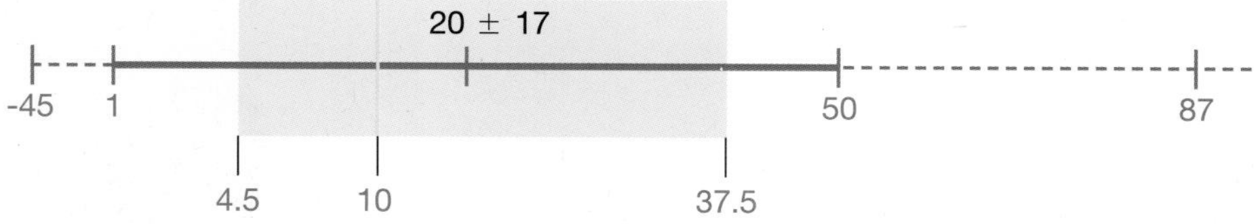

② 이상치 유무 확인하기

- 이상치를 가진 데이터가 있는지 확인하기 위해 [Box Plot] 위젯을 더블 클릭하여 Box Plot 창을 띄운 후 Variable과 Subgroups를 다음과 같이 설정하고 박스 플롯을 분석하여 chol 속성 데이터의 이상치 유무를 확인해 보자.

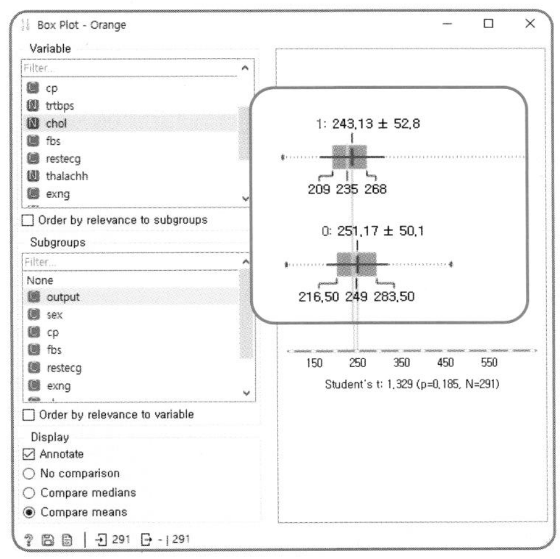

- **output이 1인 경우**

사분위수 범위					
Q1	Q3	IQR	IQR×1.5	안	바깥
209	268	59	88.5	120.5	356.5

⇨ output이 1인 데이터 중 chol값이 120.5보다 작거나 356.5보다 큰 값이 있으면 이상치로 파악한다.

- **output이 0인 경우**

사분위수 범위					
Q1	Q3	IQR	IQR×1.5	안	바깥
216.50	283.50	67	100.5	116	384

⇨ output이 0인 데이터 중 chol값이 116보다 작거나 384보다 큰 값이 있으면 이상치로 파악한다.

- 위와 같은 방법으로 속성별 데이터의 이상치 유무를 확인했을 때 heart_train.csv 파일에서 이상치가 있는 id는 다음과 같다.

속성	이상치가 있는 id	
	output: 0	output: 1
trtbps	224, 249	9, 102, 111
chol	221, 247	29, 40, 86, 97
thalachh	273	96, 137, 140
oldpeak	205, 222	2, 43, 102
caa	252	93, 159
합계	22	

caa는 박스 플롯으로 확인했을 때에는 이상치가 없지만 0~3이 아닌 데이터를 이상치로 파악하였다.

23개의 중 id 102번은 중복되는 id이므로 이상치가 있는 id의 합계는 22개이다.

- 이상치가 있는 데이터를 확인했다면 heart_train.csv 파일을 열어서 해당 id의 행을 모두 삭제한 후, 캔버스에 있는 [File] 위젯을 더블 클릭하여 창을 열고 파일을 다시 불러온다.

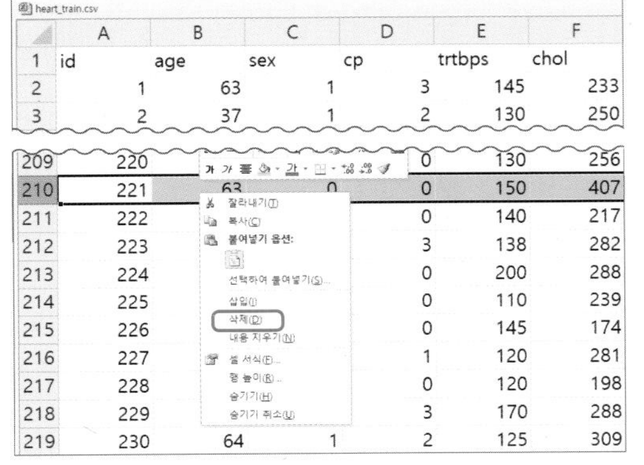

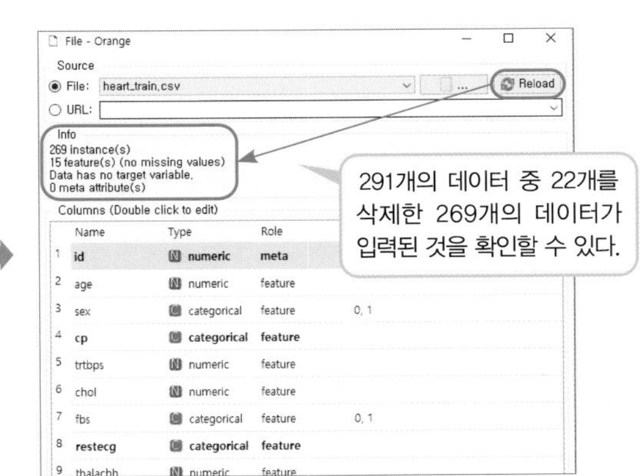

291개의 데이터 중 22개를 삭제한 269개의 데이터가 입력된 것을 확인할 수 있다.

3 어떤 모델을 선택하고 학습시킬까?

모델의 성능을 분석 및 비교하기 위해 여러 가지 모델 위젯을 동시에 연결하여 학습시킨다.

1 학습 모델 선택하기

Model 카테고리에서 [Neural Network] 위젯과 [Logistic Regression] 위젯, 스팸 메일 필터, 텍스트 분류, 감정 분석, 추천 시스템 등에 광범위하게 활용되는 분류 모델인 [Naive Bayes] 위젯을 캔버스로 가져와 [File] 위젯에 연결한다.

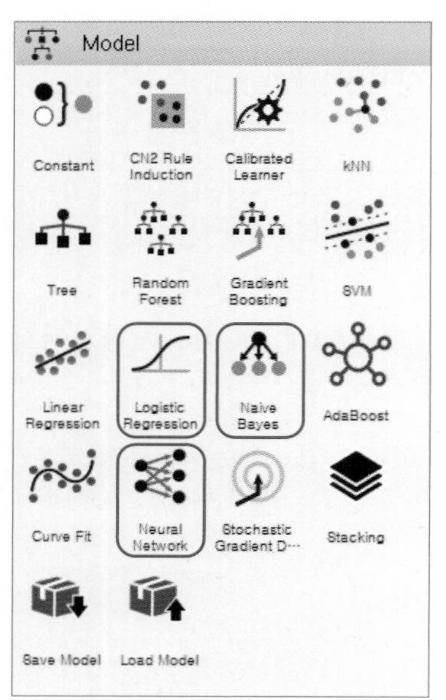

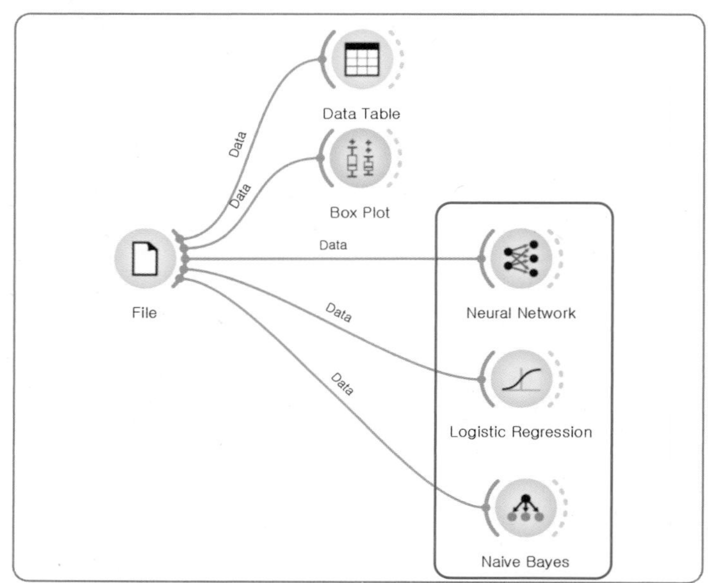

2 학습시키기

별도의 실행 명령을 주지 않아도 위젯을 연결하면 모델 위젯이 자동으로 실행되어 각 모델이 데이터를 학습한다.

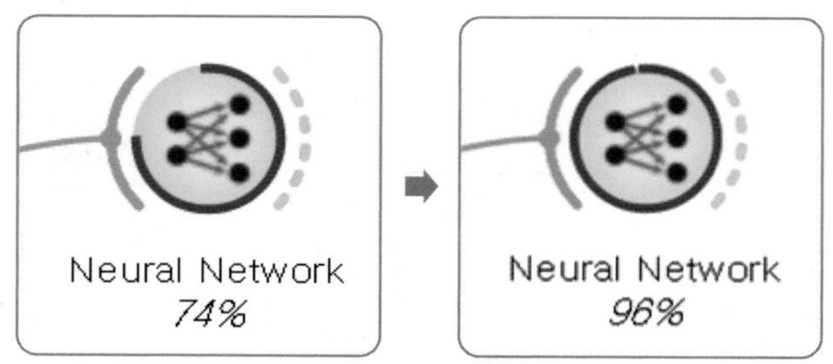

그림 3-14 Orange3에서 모델이 데이터를 학습하는 과정

1 학습 결과 확인하기

① 성능 확인하기

- Evaluate 카테고리의 [Test and Score] 위젯을 가져온 후, 각 모델 위젯과 [File] 위젯에 연결한다.
- [Test and Score] 위젯을 더블 클릭하여 각 모델의 성능을 확인한다. 테스트에 사용될 데이터 샘플링 방법을 Cross validation(교차 검증)으로 선택하고, 폴드의 수(Number of folds)를 5로 설정한다. 그리고 Evaluation results for target을 1로 설정한다.

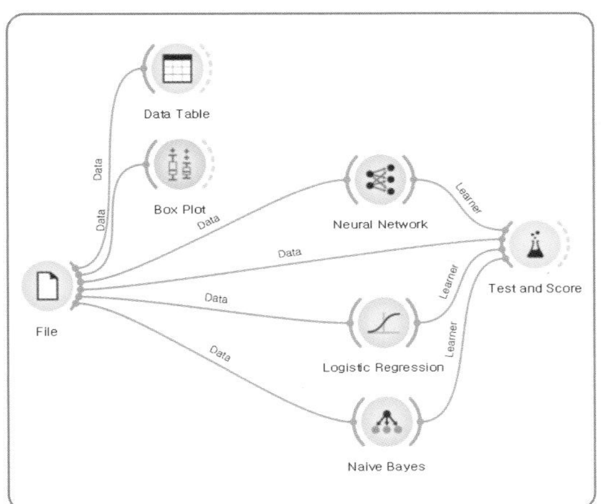

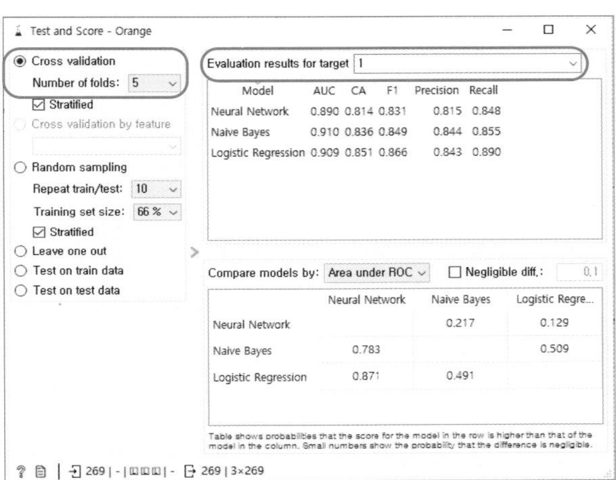

AI랑 친해지기

교차 검증(cross validation)

- 모델 학습 과정에서 훈련 데이터와 테스트 데이터를 나눌 때 단순히 한 번만 나누어서 검증하는 것이 아니라 k번 나누고 각각의 학습 모델의 성능을 비교하여 평균값으로 성능을 표시하는 방법이다.
- k가 5인 경우 데이터를 5등분 한 후 1/5을 검증 데이터로 사용하고 나머지 4/5는 훈련 데이터로 사용한다. 이것을 각 등분마다 돌아가면서 5번 시행하고 성능의 평균을 계산해서 모델의 성능을 표시한다.

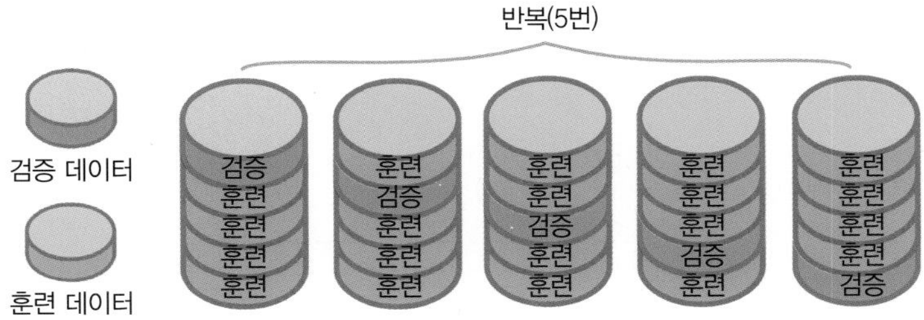

그림 3-15 k=5일 때 교차 검증 과정

② ROC 커브로 결과 분석하기

- Evaluate 카테고리의 [ROC Analysis] 위젯을 가져와서 [Test and Score] 위젯에 연결한 후, 3개 모델의 ROC 그래프를 살펴본다.
- [그림 3-16]에서 확인할 수 있듯이 ROC 그래프로는 어떤 모델의 성능이 좋은지 정확하게 확인하기 힘들다.

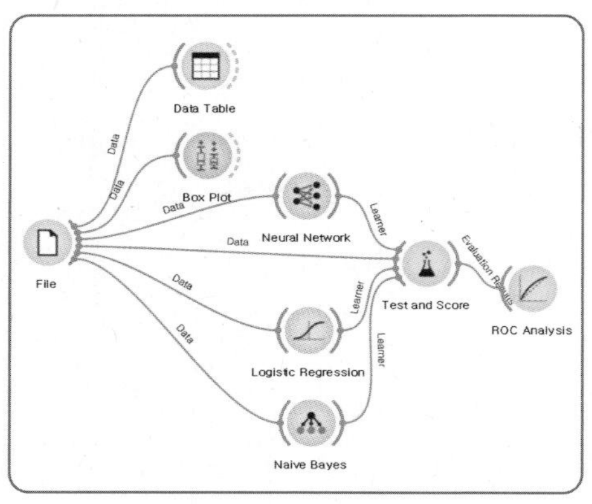

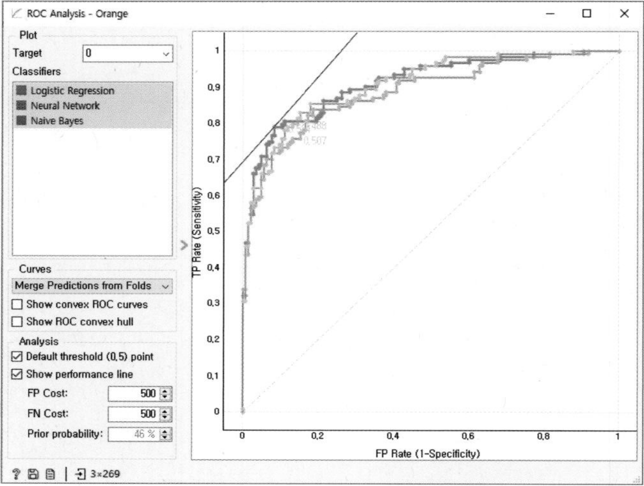

그림 3-16 3개 모델의 ROC 그래프

AI랑 친해지기

ROC 커브

- ROC 커브(Receiver Operating Characteristic Curve)는 여러 임계치들을 기준으로 실제 True인 것 중에서 모델이 True라고 예측한 재현율(Recall; True Positive Rate)의 비율과 실제 False인 데이터 중에서 모델이 True라고 예측한 위양성률(Fall-out; False Positive Rate)의 비율의 변화를 시각화한 그래프이다. x축(위양성률)에 대한 y축(재현율)의 변화를 그래프로 표현하며 모델의 정확도를 판단한다. AUC(Area Under the ROC Curve)는 ROC 커브 아래쪽의 면적을 말하는데 1에 가까울수록 즉, AUC가 클수록 모델의 성능이 우수하다.

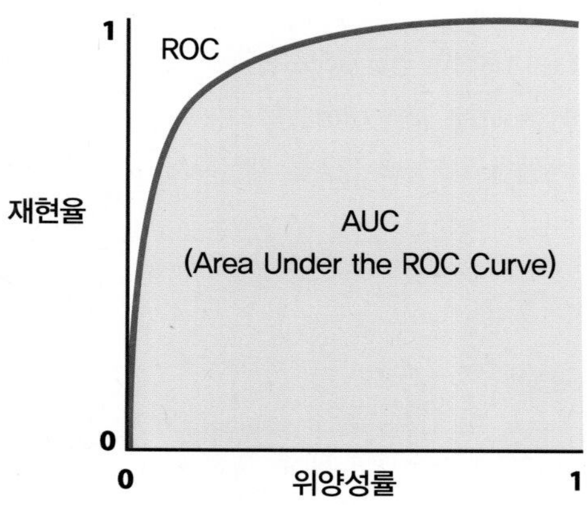

③ 혼동 행렬로 결과 분석하기

- Evaluate 카테고리의 [Confusion Matrix] 위젯을 가져온 후, [Test and Score] 위젯에 연결한다.
- [Confusion Matrix] 위젯을 더블 클릭하여 3개 모델의 혼동 행렬을 비교한다.

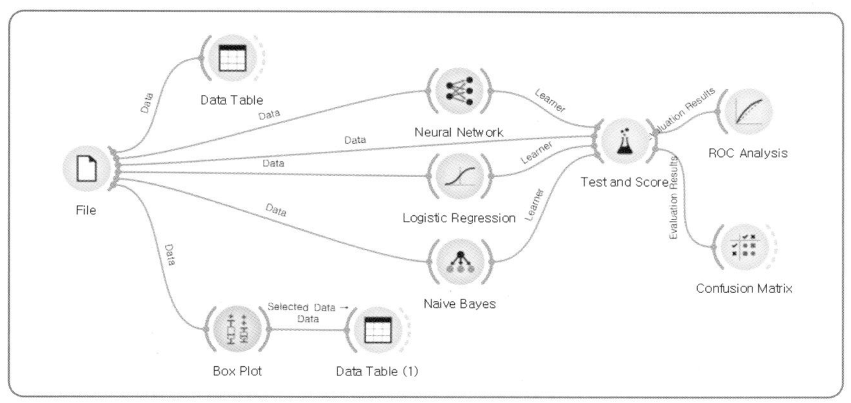

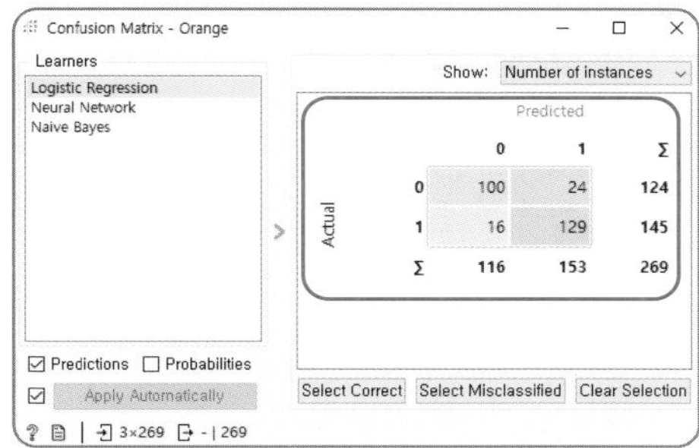

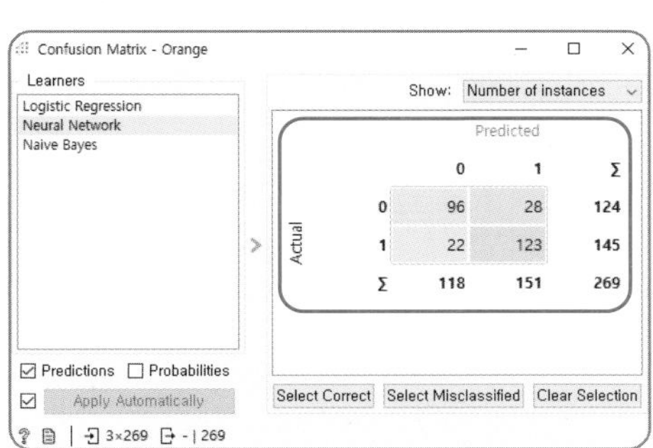

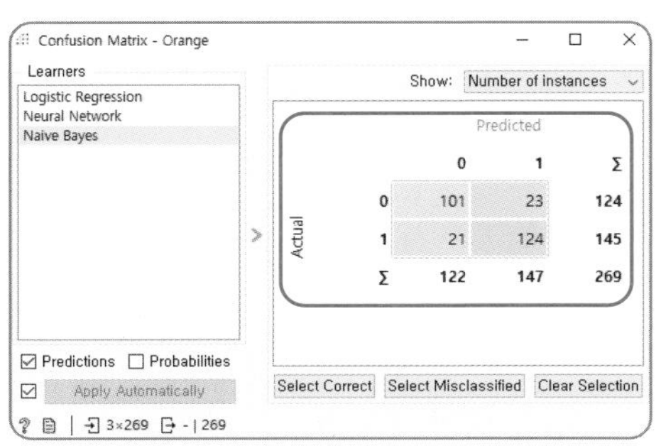

심장 마비가 발생하지 않은 환자를 올바르게 예측한 경우
(Actual: 0, Predicted: 0)

Logistic Regression	Neural Network	Naive Bayes
100건	96건	101건

심장 마비가 발생한 환자를 올바르게 예측한 경우
(Actual: 1, Predicted: 1)

Logistic Regression	Neural Network	Naive Bayes
129건	123건	124건

심장 마비가 발생한 환자를 발생하지 않을 것으로 예측한 경우
(Actual: 1, Predicted: 0)

Logistic Regression	Neural Network	Naive Bayes
16건	22건	21건

심장 마비가 발생하지 않은 환자를 발생할 것으로 예측한 경우
(Actual: 0, Predicted: 1)

Logistic Regression	Neural Network	Naive Bayes
24건	28건	23건

정확한 예측 측면에서 Logistic Regression 모델이 269건 중 229건으로 가장 우수하다. 하지만 심장 마비가 발생하지 않을 환자를 발생 가능성이 있다고 진단하는 경우(Actual: 0, Predicted: 1)도 환자에게는 부담스러운 일이다. 이 관점에서 심장마비가 발생하지 않은 환자를 가장 잘 예측한 모델은 Naive Bayes이다.

2 성능 결과 확인하기

테스트 데이터에 인공지능 모델을 적용하여 결과를 예측하는 데 활용한다.

① 테스트 데이터 불러오기

- Data 카테고리의 [File] 위젯을 새로 가져온 후, 테스트 데이터(heart_test.csv)를 불러온다.
- **형식 변경하기:** 'cp', 'restecg', 'slp', 'thall' 속성의 형식을 categorical로 변경한다.
- **역할 변경하기:** 57쪽에서 데이터 속성의 형식과 역할을 변경한 것과 마찬가지로 테스트 데이터의 속성 중 'id'의 역할을 meta로, 'output'의 역할을 target으로 변경한다.

② 예측하기

- Evaluate 카테고리의 [Predictions] 위젯을 [Logistic Regression] 위젯과 [Naive Bayes] 위젯에 연결하여 예측 결과를 확인한다.
- Naive Bayes의 예측이 원본 데이터(heart.csv)와 100% 일치하는 것을 확인할 수 있다. 이렇게 모델 예측 결과가 100% 일치하는 경우는 현실에서 드물다. id가 160~171인 데이터 외에 다른 데이터를 테스트 데이터로 선정하는 경우 예측 결과가 달라질 수 있다.

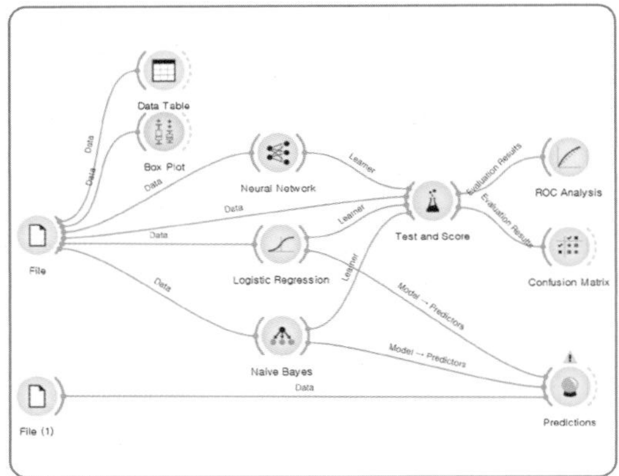

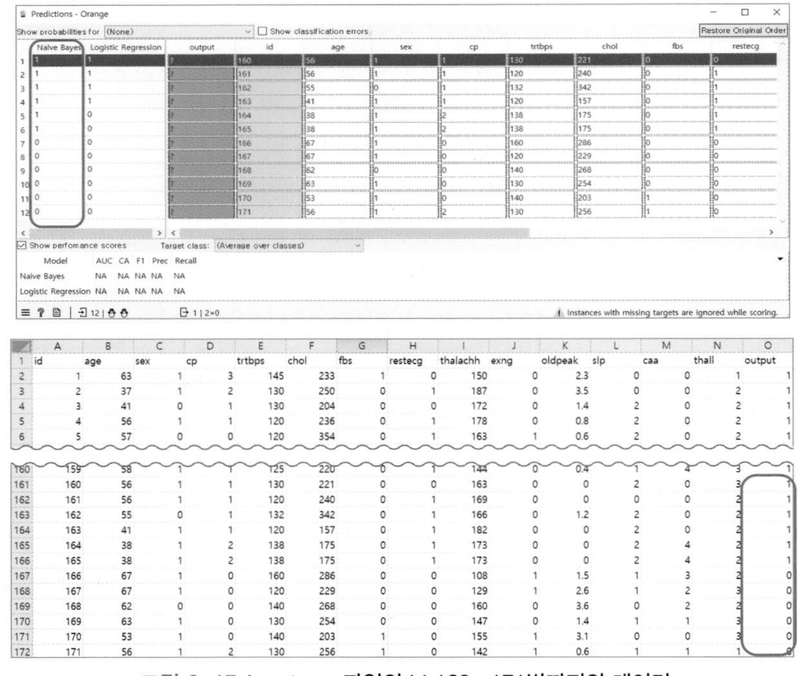

Predictions - Orange

Show probabilities for (None) | Show classification errors | Restore Original Order

	Naive Bayes	Logistic Regression	output	id	age	sex	cp	trtbps	chol	fbs	restecg
1	1	1	?	160	56	1	1	130	221	0	0
2	1	1	?	161	56	1	1	120	240	0	1
3	1	1	?	162	55	0	1	132	342	0	1
4	1	1	?	163	41	1	1	120	157	0	1
5	1	0	?	164	38	1	2	138	175	0	1
6	1	0	?	165	38	1	2	138	175	0	1
7	0	0	?	166	67	1	0	160	286	0	0
8	0	0	?	167	67	1	0	120	229	0	0
9	0	0	?	168	62	0	0	140	268	0	0
10	0	0	?	169	63	1	0	130	254	0	0
11	0	0	?	170	53	1	0	140	203	1	0
12	0	0	?	171	56	1	2	130	256	1	0

Show perfomance scores Target class: (Average over classes)

Model	AUC	CA	F1	Prec	Recall
Naive Bayes	NA	NA	NA	NA	NA
Logistic Regression	NA	NA	NA	NA	NA

12 | 1 | 2×0 Instances with missing targets are ignored while scoring.

	A	B	C	D	E	F	G	H	I	J	K	L	M	N	O
1	id	age	sex	cp	trtbps	chol	fbs	restecg	thalachh	exng	oldpeak	slp	caa	thall	output
2	1	63	1	3	145	233	1	0	150	0	2.3	0	0	1	1
3	2	37	1	2	130	250	0	1	187	0	3.5	0	0	2	1
4	3	41	0	1	130	204	0	0	172	0	1.4	2	0	2	1
5	4	56	1	1	120	236	0	1	178	0	0.8	2	0	2	1
6	5	57	0	0	120	354	0	1	163	1	0.6	2	0	2	1
160	159	58	1	1	125	220	0	1	144	0	0.4	1	4	3	1
161	160	56	1	1	130	221	0	0	163	0	0	2	0	3	1
162	161	56	1	1	120	240	0	1	169	0	0	0	0	2	1
163	162	55	0	1	132	342	0	1	166	0	1.2	2	0	2	1
164	163	41	1	1	120	157	0	1	182	0	0	2	0	2	1
165	164	38	1	2	138	175	0	1	173	0	0	2	4	2	1
166	165	38	1	2	138	175	0	1	173	0	0	2	4	2	1
167	166	67	1	0	160	286	0	0	108	1	1.5	1	3	2	0
168	167	67	1	0	120	229	0	0	129	1	2.6	1	2	3	0
169	168	62	0	0	140	268	0	0	160	0	3.6	0	2	2	0
170	169	63	1	0	130	254	0	0	147	0	1.4	1	1	3	0
171	170	53	1	0	140	203	1	0	155	1	3.1	0	0	3	0
172	171	56	1	2	130	256	1	0	142	1	0.6	1	1	1	0

그림 3-17 heart.csv 파일의 id 160~171번까지의 데이터

나이브 베이즈(Naive Bayes)

나이브 베이즈는 베이즈의 정리(Bayes' theorem)에 기반한 통계적 분류 모델이다. 데이터가 각 class에 속할 확률을 계산하는 조건부 확률을 기반으로 분류를 시행하며 스팸 필터링, 비정상적인 상황 감지, 의학적 질병 진단 등에 활용된다.
나이브 베이즈는 간단하고 빠르며 효율적인 모델로 훈련할 때 훈련 데이터의 크기와 상관 없이 잘 동작할 뿐만 아니라 예측을 위한 추정 확률을 쉽게 얻을 수 있다는 장점이 있다.

베이즈의 정리(Bayes' theorem)

$$P(H \mid \mathrm{E}) = \frac{P(\mathrm{E} \mid H)P(H)}{P(\mathrm{E})}$$

- **P(H|E)**: 새로운 정보(E)를 바탕으로 사전 확률P(H)을 수정한 사후 확률로 조건부 확률
- **P(H)**: 어떤 사건 발생 주장에 대한 신뢰도인 사전 확률
- **P(E)**: 증거(Evidence)
- **P(E|H)**: 가능도(Likelihood)

발렌타인 데이에 나에게 초콜렛을 준 사람이 나를 좋아할 확률(P(♥))이 얼마나 되는지 베이즈 정리를 통해 알아보자.

초콜렛을 준 사람이 나를 좋아할 확률과 좋아하지 않을 확률을 현재는 알 수 없으므로 반반이라고 가정한다. 즉 사전 확률인 P(♥)는 50%이다.
초콜렛을 준 사람이 나를 좋아할 확률(P(♥|▦))을 알기 위해서 100인에게 설문 조사를 하였다. 설문 조사에서 좋아하는 사람에게 초콜릿을 줄 확률(P(▦|♥))이 40%라고 한다면 자동적으로 좋아하는 사람에게 초콜릿을 주지 않을 확률(P(⊠|♥))이 60%가 된다. 그리고 좋아하지 않는데 예의상 초콜릿을 줄 확률(P(▦|※))이 30%가 나왔으므로 좋아하지 않고 초콜릿을 주지 않을 확률(P(⊠|※))은 70%가 된다. 이 내용을 아래와 같이 표현할 수 있다.

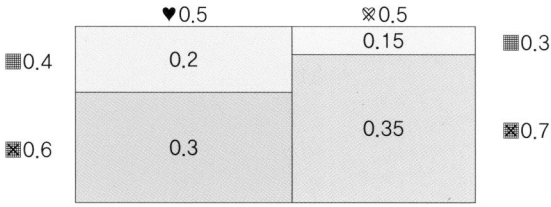

	♥0.5	※0.5	
▦0.4	0.2	0.15	▦0.3
⊠0.6	0.3	0.35	⊠0.7

표를 통해 초콜릿을 받은 전체 사람 중 준 사람이 나를 좋아할 확률을 계산하여 사후 확률 P(♥|▦)를 구할 수 있다.

$$\frac{0.2}{0.2+0.15} \times 100 = 57\%$$

또한 위의 베이즈의 정리 식에 의해 $P(♥|▦) = \frac{P(▦|♥)P(♥)}{P(▦)} = \frac{0.4\times0.5}{0.35} \times 100 = 57\%$로 계산한 결과도 같다. 이와 같이 사전 확률 50%에 여러 증거와 가능도를 반영하여 사후 확률 57%를 얻게 된다.

지금까지 Orange3를 이용하여 환자의 건강 정보 데이터를 분석하고, 심장 마비가 발병할 가능성이 있는 환자를 예측할 수 있는 인공지능 모델을 만들어 보았다.

이 활동에서는 모델을 예측할 때 12개의 데이터로 테스트하여 100% 일치하는 결과를 얻었지만 데이터 셋의 크기를 다르게 하면 어떤 결과를 얻을 수 있을지 확인해 보는 것도 좋을 것이다.

이러한 예측 모델을 통해 건강 정보를 입력하면 심장 마비 발병에 대해 미리 알고, 이를 바탕으로 조기에 심장 마비 발병을 예방할 수 있는 의료 시스템을 구축할 수 있을 것이다. 또한, 한국인의 건강 정보 데이터를 수집하여 빅데이터를 만듦으로써 한국형 심혈관 질환 예측 인공지능 모델을 만들 수 있을 것이다.

MEMO

4

택배 배송 위치 군집화로 세상을 바꿔 봐!

k-Means를 사용하여 택배 배송 위치를
군집화해 보자.

정형 데이터

k-Means

해결해야 할 문제는 무엇일까?

문제 상황

해를 거듭할수록 택배 수요는 폭발적으로 늘어나고 있으며, 택배 비용 문제도 이슈화되고 있다. 택배 수요는 늘고 있지만, 택배원 수급 및 택배 비용은 제자리걸음을 하고 있다. 이러한 상황을 분석하기 위해 특정 지역의 택배 위치 데이터로 군집화하고, 우리가 미처 보지 못했던 경향, 패턴 등을 파악하여 택배 배송 문제를 해결할 방법을 찾아보면 어떨까?

인천 연안 지역 택배 위치 데이터로 군집화하여 택배 배송 문제를 해결할 인공지능 모델을 만들어 보자.

데이터를 준비하자!

1 외부 데이터 다운로드

아래 경로에서 Delivery.csv 파일을 다운로드한다. 데이터 파일을 열면 371개의 인천 연안 지역 택배 배송 위치의 위도(Latitude)와 경도(Longitude)를 확인할 수 있다.

(https://bit.ly/3AFvAJo)

	A	B	C	D
1	Num	Latitude	Longitude	
2	1	37.3368	126.7128	
3	2	37.5013	126.7878	
4	3	37.5225	126.7774	
5	4	37.51118	126.7432	
6	5	37.50878	126.7385	
7	6	37.52849	126.7415	
8	7	37.511	126.779	
368	367	37.29901	126.833	
369	368	37.52454	126.6223	
370	369	37.49137	126.6781	
371	370	37.52737	126.6235	
372	371	37.45626	126.7052	

데이터는 구글 드라이브(위의 url) 또는 출판사 홈페이지에서 다운로드한다.

그림 4-1 인천 연안 지역 택배 배송 위치 데이터

2 데이터 불러오기

① 택배 배송 위치 데이터 불러오기

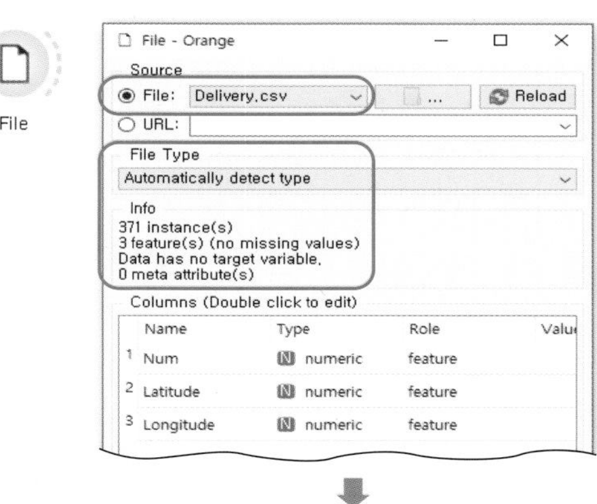

- Data 카테고리에서 [File] 위젯을 캔버스로 가져온 후 더블 클릭하여 배송 위치 데이터인 Delivery.csv 파일을 불러온다.
- 데이터 정보(Info)를 확인하면 3개의 속성으로 구성된 371개의 데이터가 담겨 있음을 알 수 있다.

② 속성 역할(Role) 변경하기

- 3개의 속성 중 일련번호(Num)는 참고만 하기 위해 meta로 설정하고, 나머지 속성은 feature로 설정한다.

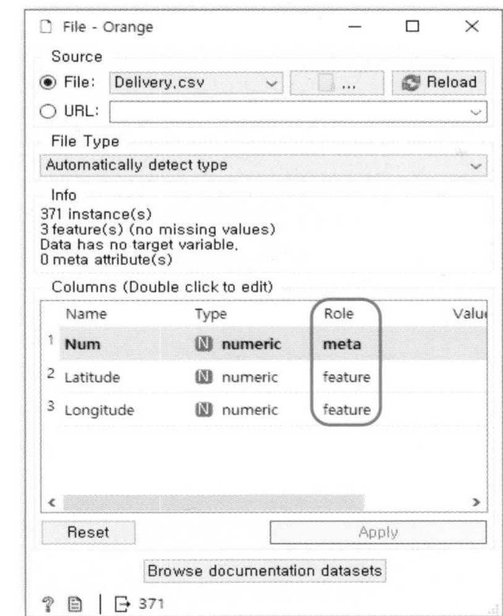

- Data 카테고리에서 [Data Table] 위젯을 캔버스로 가져와서 [File] 위젯과 연결한 후 [Data Table] 위젯을 더블 클릭하여 데이터 정보를 살펴본다.

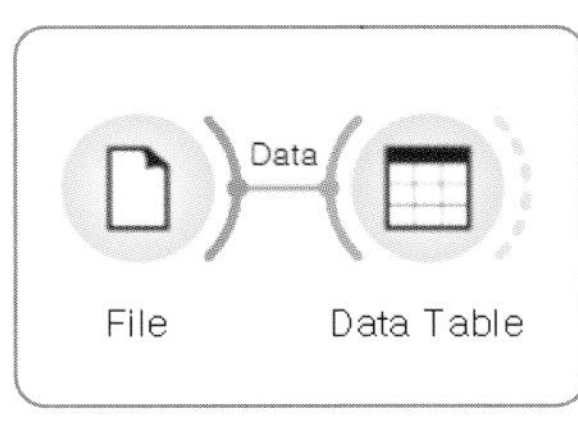

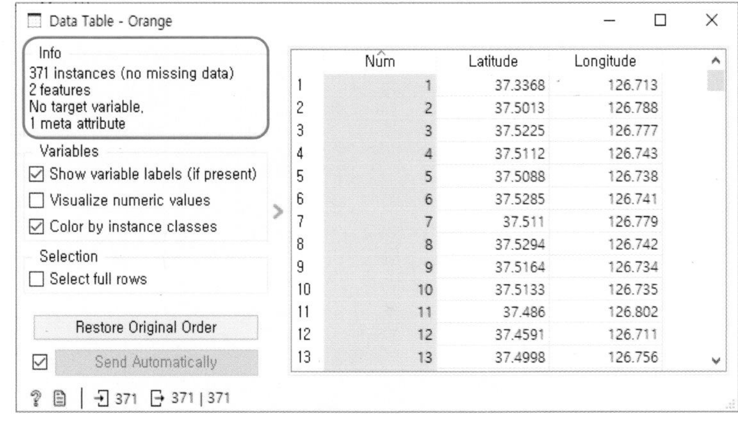

	Num	Latitude	Longitude
1	1	37.3368	126.713
2	2	37.5013	126.788
3	3	37.5225	126.777
4	4	37.5112	126.743
5	5	37.5088	126.738
6	6	37.5285	126.741
7	7	37.511	126.779
8	8	37.5294	126.742
9	9	37.5164	126.734
10	10	37.5133	126.735
11	11	37.486	126.802
12	12	37.4591	126.711
13	13	37.4998	126.756

그림 4-2 속성 역할(Role)을 변경한 택배 배송 위치 데이터

3 데이터 속성 정보 확인하기

택배 배송 위치 데이터의 속성명과 속성 정보를 확인하면 오른쪽 표와 같다. 이 중 Latitude와 Longitude는 기계학습에 영향을 미치는 feature이다.

속성명	속성 정보
Num	일련번호
Latitude	위도
Longitude	경도

AI랑 친해지기

군집화

(1) 군집화의 개념 및 종류

- 정답(레이블)이 없는 데이터로 학습을 하는 비지도 학습에서 가장 대표적인 것이 군집화이다. 군집화는 결과에 대한 사전 지식은 없지만, 해당 데이터를 통해 의미가 있는 결과를 얻고자 할 때 사용하는 기계학습이다.
- 군집화 종류로는 k–Means, DBSCAN, Hierarchical clustering 등이 있다. 데이터 특성에 따라 속도나 군집 성능에 차이가 있으므로, 데이터 특성에 따라 적절한 군집화를 선택한다. 이 활동에서는 k–Means를 사용한다.

(2) k–Means(k–평균)의 군집화 과정

- k–Means는 k개의 중심점을 찍은 후, 이 중심점에서 각 점 간 거리의 합이 최소화가 되는 중심점 k개의 위치를 찾고, 다시 이 중심점에서 가장 가까운 점들을 기준으로 묶는 작업을 통해 군집화한다.

1단계 데이터 셋에서 k개의 중심(centroid)을 임의로 지정한다.

2단계 중심으로부터 모든 데이터가 얼마나 떨어져 있는지 계산한 후 각 데이터에서 가장 가까운 중심을 지정한다.

3단계 [2단계] 과정에서 할당된 결과를 바탕으로 중심을 새롭게 지정한다.

4단계 [2단계]~[3단계] 과정을 반복한다.

5단계 중심이 더는 변하지 않으면 멈춘다.

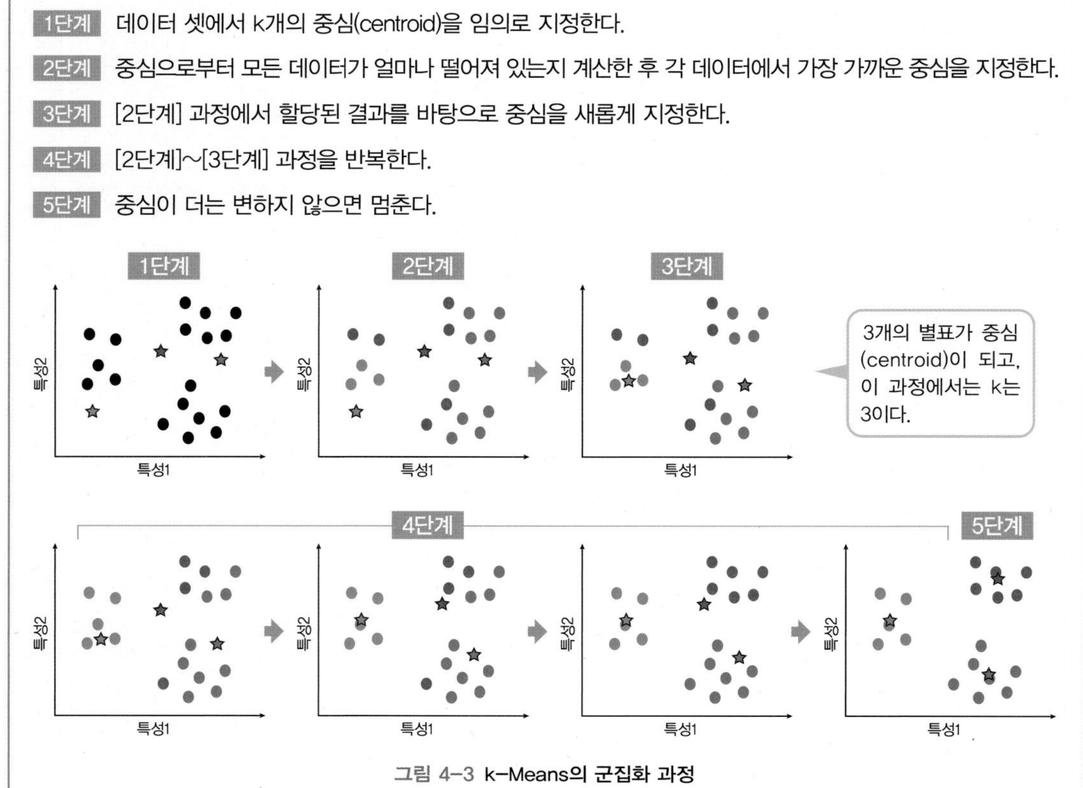

그림 4–3 k–Means의 군집화 과정

어떤 모델을 선택하고 학습시킬까?

1 학습 모델 선택하기

이 활동에서는 모델의 성능을 분석하고 비교하기 위해 k-Means로 군집화한다.

① 모델 선택하기

Unsupervised(비지도 학습) 카테고리의 여러 비지도 학습 모델 중 [k-Means] 위젯을 캔버스로 가져와서 [File] 위젯과 연결한다.

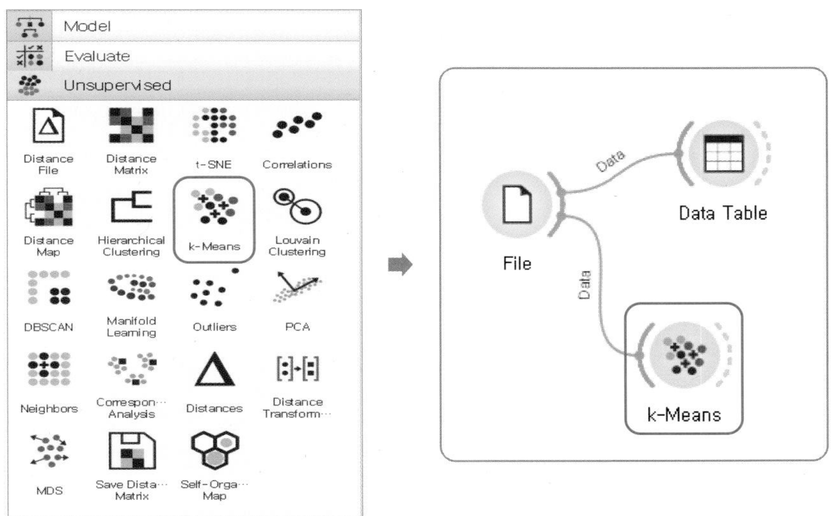

그림 4-4 [k-Means] 위젯을 [File] 위젯에 연결

② [k-Means] 위젯 살펴보기

[k-Means] 위젯을 더블 클릭한 후 아래와 같은 대화 창이 나타나면 설정 변경을 통해 가장 적합한 군집 개수를 파악하여 군집화한다.

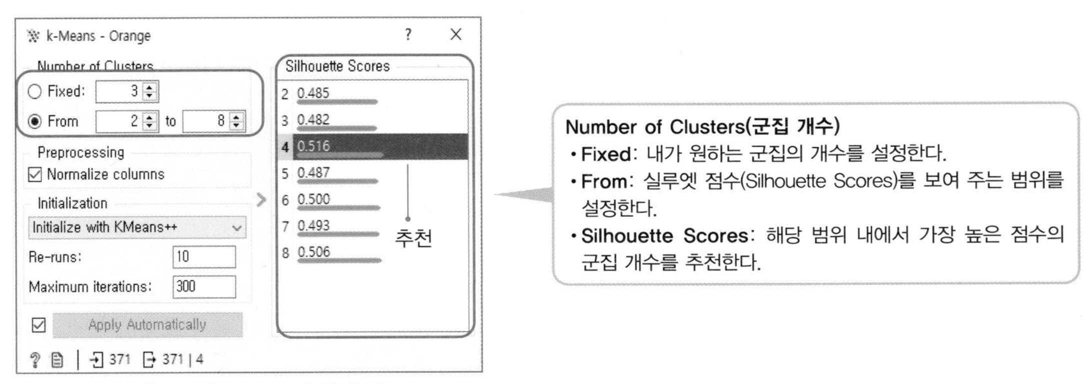

그림 4-5 [k-Means] 위젯 창

2 모델 학습시키기

① 군집 설정하기

- [그림 4-5]에서 확인한 결과, 가장 높은 실루엣 스코어(Silhouette Scores)가 0.516이므로 [그림 4-6]에서 k(Fixed)를 4로 설정한다.
- Fixed값으로 군집 개수를 설정하면 출력으로 설정한 개수만큼 군집이 생성된다.

② 출력 확인하기

군집이 어떻게 이루어졌는지 확인하기 위해 Visualize 카테고리에서 [Scatter Plot] 위젯을 캔버스로 가져와서 [k-Means] 위젯과 연결한다.

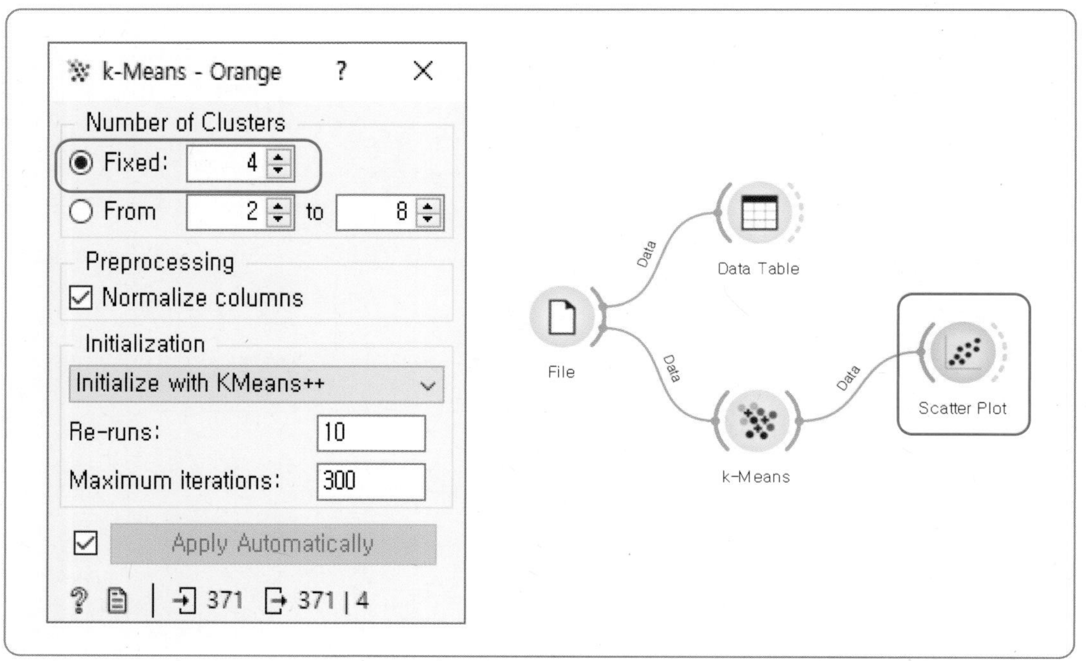

그림 4-6 군집 개수를 4로 설정한 [k-Means] 위젯에 [Scatter Plot] 위젯 연결

다음 과정에서 [Scatter Plot] 위젯을 더블 클릭하여 시각화 결과를 확인해 보자.

orange3 장점

Q Orange3의 군집화는 예측이나 분류보다 더 간단해 보이는데, 맞나요?

A 군집화는 비지도 학습으로, 사람이 파악하지 못한 데이터의 특징 및 구조 등을 연구할 때 주로 사용합니다. Orange3의 [k-Means] 위젯을 이용하면 군집화를 아주 간단하게 할 수 있습니다.

4 모델의 성능을 확인해 보자!

1 학습 결과 확인하기

데이터를 불러오고 4개의 군집으로 이루어진 k-Means 모델까지 만들어 보았다. 이제 군집화된 모델의 학습 결과를 확인해 보도록 한다.

① 군집화 그래프 확인하기

- 연결한 [Scatter Plot] 위젯을 더블 클릭하면 [그림 4-7]과 같이 산점도 형태의 군집화한 그래프가 나온다.
- 군집별로 색을 다르게 설정하면 군집이 어떻게 형성되었는지 더 쉽게 파악할 수 있다.

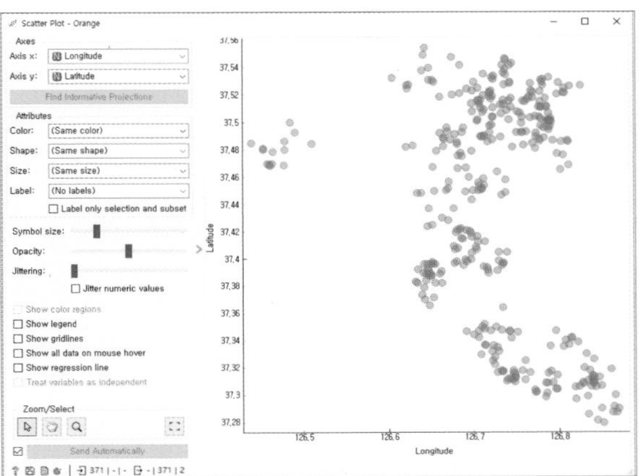

그림 4-7 k-Means 모델로 형성된 군집화의 시각화

② x, y축 설정과 색 지정하기

x축을 경도(Longitude), y축을 위도(Latitude)로 설정하고, Color는 군집(Cluster)으로 설정하면 [그림 4-8]과 같이 색이 서로 다른 4개의 군집이 잘 형성된 것을 확인할 수 있다. 이때, 군집 색상은 Orange 3 버전에 따라 다르게 나타낼 수 있다.

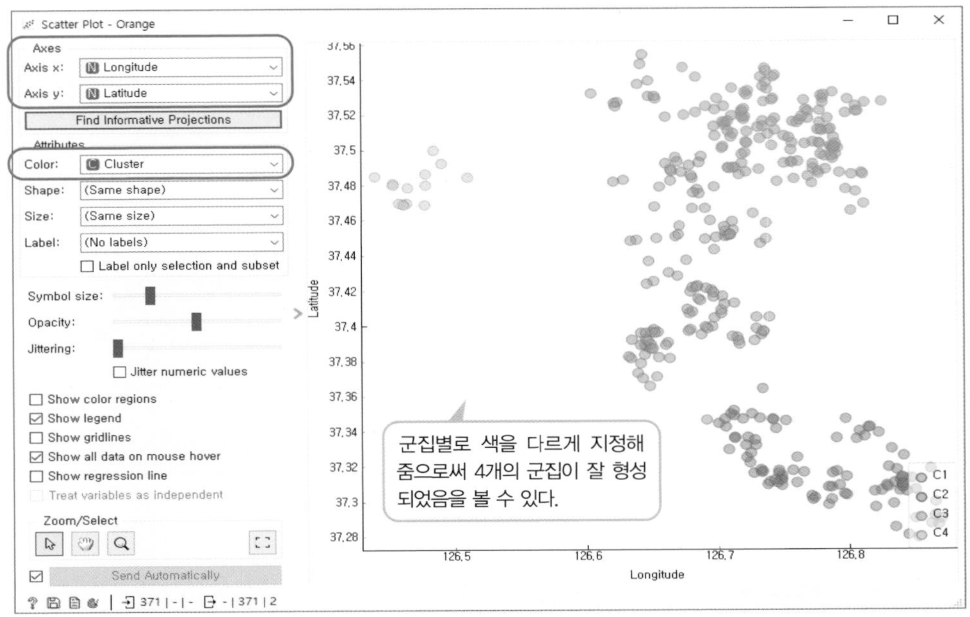

그림 4-8 색으로 구분한 4개의 군집

2 성능 결과 확인하기

산점도만으로도 군집이 어떻게 형성되었는지 알 수 있지만, 군집 개수를 늘려보거나 인천 연안 지도를 넣는 방법으로 군집화 상황을 더 자세히 살펴보도록 한다.

① 군집 점 늘리기

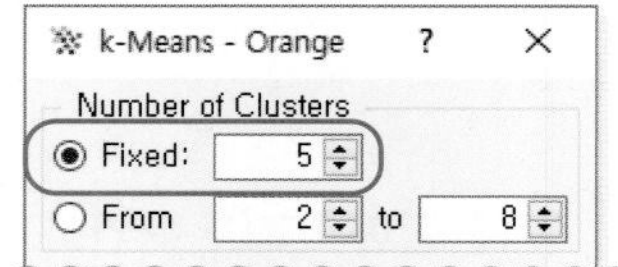

- 군집 점의 수를 다양하게 늘렸을 때의 군집 상황을 살펴보기 위해 [k-Means] 위젯을 더블 클릭하여 Fixed의 값을 5, 6, 7, 8로 바꾸어 가면서 택배 거점에 따른 군집 점을 형성해 본다.

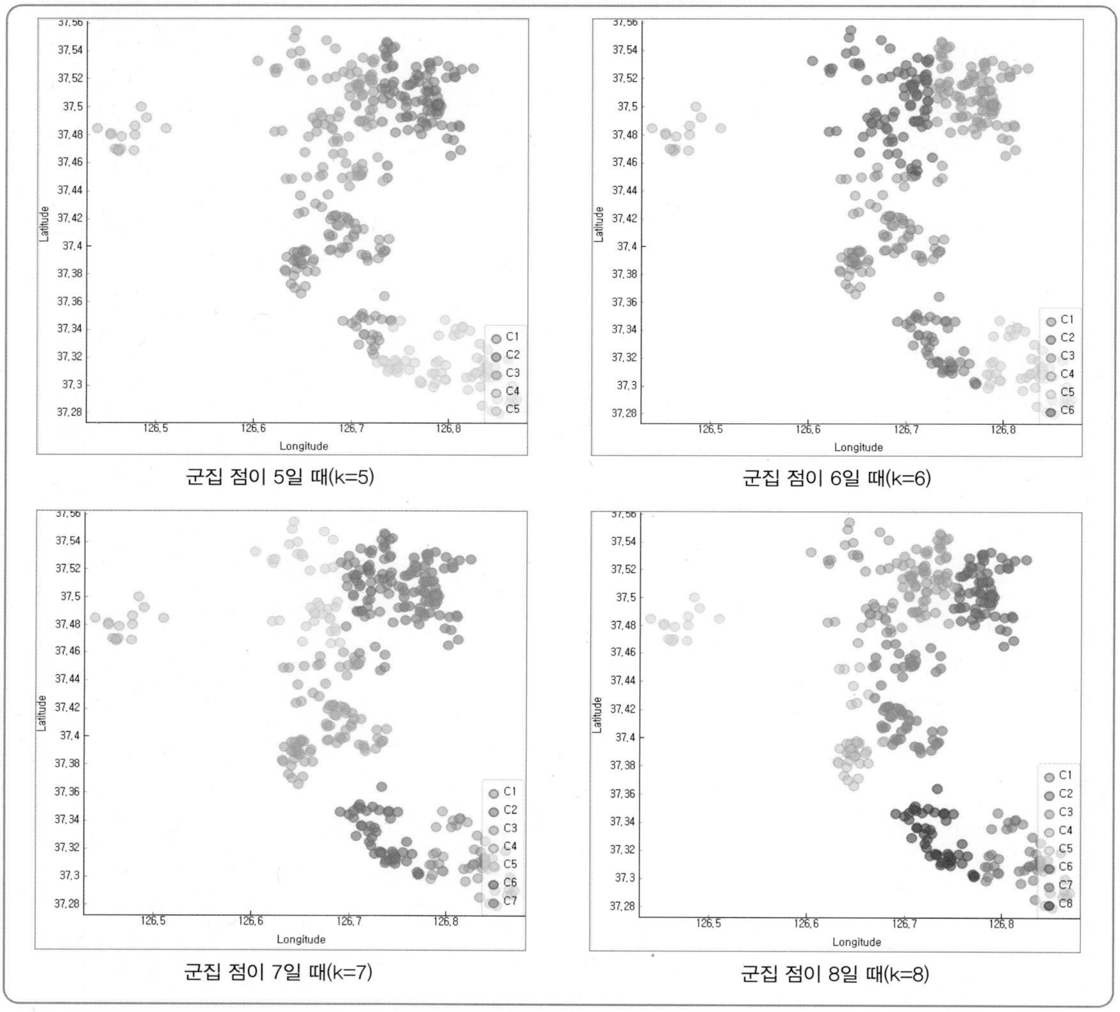

군집 점이 5일 때(k=5)

군집 점이 6일 때(k=6)

군집 점이 7일 때(k=7)

군집 점이 8일 때(k=8)

그림 4-9 **군집 점 수에 따라 형성된 군집**

- 일반적으로 군집 점은 보통 4개 이상 존재하지만 [그림 4-9]처럼 군집 점이 5에서 8로 늘어날수록 더 작은 군집이 형성되면서 세분화되는 것을 알 수 있다.

② 인천 연안 지도로 보기

이번에는 인천 연안 지도를 삽입하여 어떤 지역이 군집화되었는지 자세히 살펴보도록 한다.

- Options 메뉴에서 [Add-ons...]를 클릭하면 Installer 창이 나타난다. 이 창에서 보이는 여러 가지 기능 중 Geo에 체크(☑)하고 OK를 클릭하면 Geo 카테고리가 추가로 설치된다.

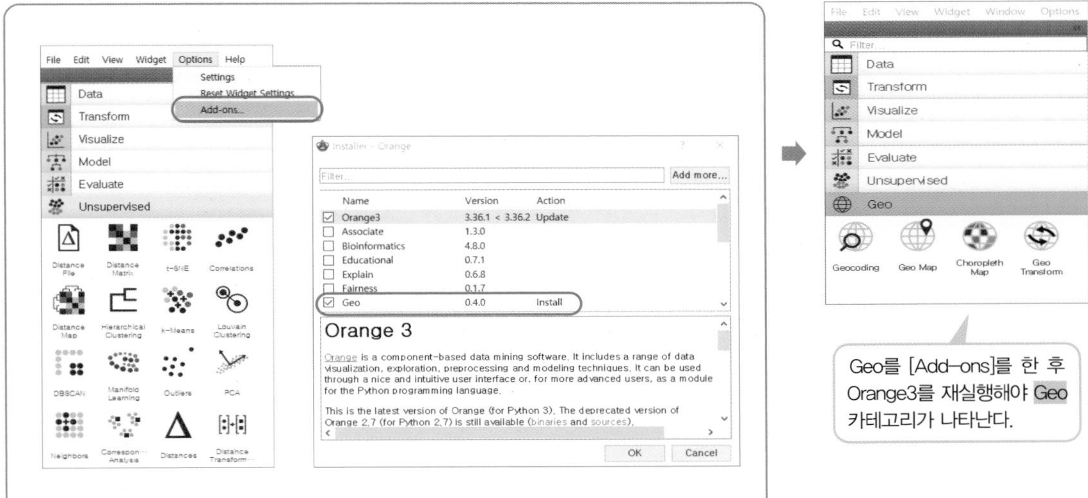

Geo를 [Add-ons]를 한 후 Orange3를 재실행해야 Geo 카테고리가 나타난다.

- [k-Means] 위젯에 Geo 카테고리의 [Geo Map] 위젯을 새롭게 연결하고 위도와 경도를 설정하면 Orange3 내에서도 군집화한 곳에 지도를 동시에 나타낼 수 있다.
- 이때 색상은 군집(Cluster)으로 설정하여 아래와 같이 군집화된 곳이 어느 지역인지 쉽게 확인하도록 한다.

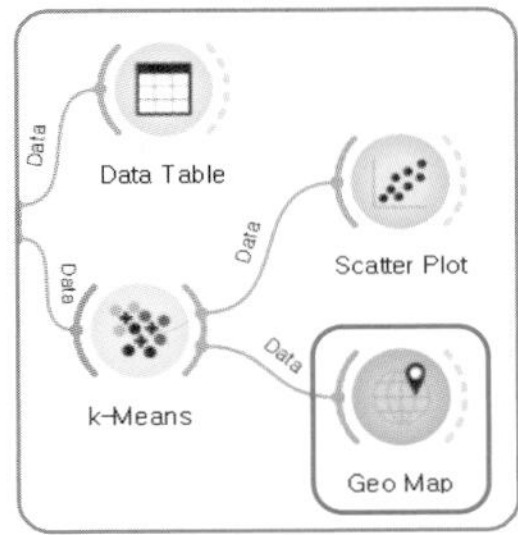

오른쪽 그림은 군집 점이 6일 때 지역을 여섯 군데로 군집화한 모습이다.
Latitude:
Longitude:
Color: Cluster

- 이처럼 [Geo Map] 위젯을 이용하면 k-Means 군집화와 인천 연안 지역 지도를 합한 지역별 군집화한 모습을 확인할 수 있다.

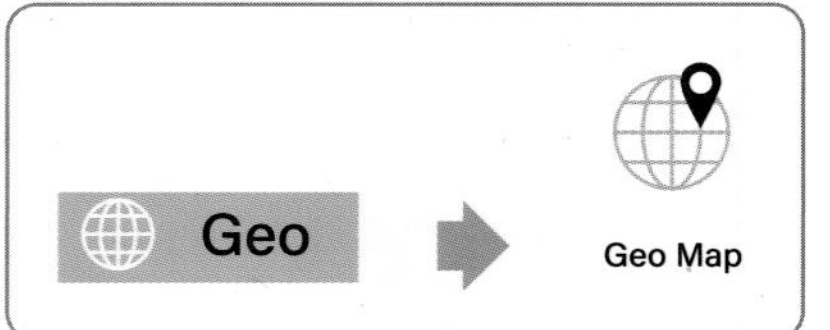

[준비 데이터]

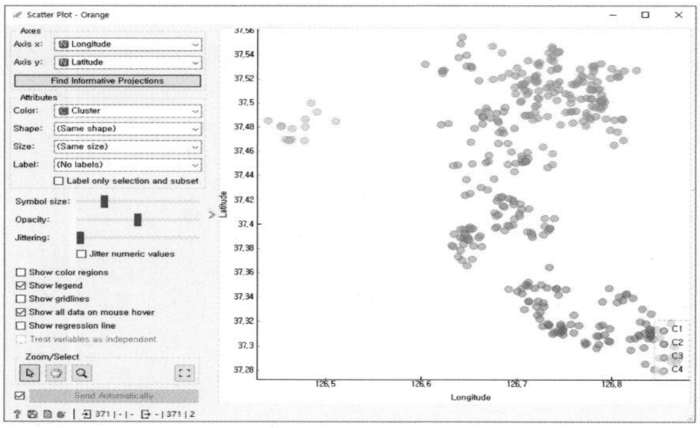

k-Means로 군집화

인천 연안 지도

[실행 결과]

인천 연안 지도에 지역별로 군집화한 모습

위 결과, 군집화가 영종도(노랑), 인천광역시(파랑), 부천시(연두), 안산시(빨강)로 네 군데 형성되었음을 볼 수 있다.

③ 군집 살펴보기

앞서 했던 작업처럼 [k-Means] 위젯을 더블 클릭하여 Fixed의 값을 5, 6, 7, 8로 바꾸어 가면서 인천 연안 지역 지도와 택배 위치 데이터를 활용하여 군집 상황을 살펴보도록 한다.

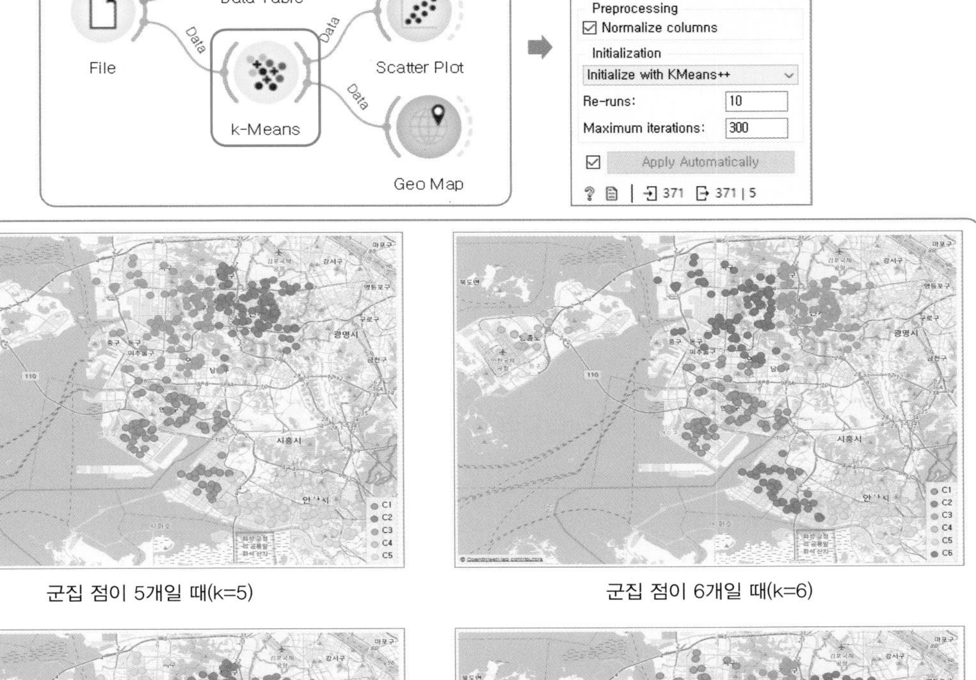

군집 점이 5개일 때(k=5)

군집 점이 6개일 때(k=6)

군집 점이 7개일 때(k=7)

군집 점이 8개일 때(k=8)

그림 4-10 **군집 점을 기반으로 한 모델 평가**

위와 같은 군집 상황을 분석하여 택배 집하장 선정 등에 적용할 수 있다. 최근에는 코로나의 영향으로 택배 물류 양이 계속 늘어나고 있다. 이에 따라 유류비, 인건비, 택배 거점 등 고려해야 할 것 또한 한둘이 아니다.

따라서 인천광역시, 안산시 등의 행정 구역 기반의 택배 거점을 군집 점을 기반으로 변경한다면 비용을 절약할 뿐만 아니라 택배 집하정 선정 등을 최적화할 수 있다.

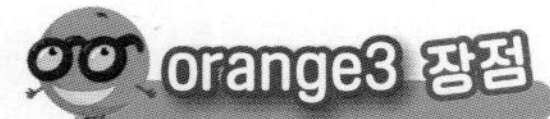

Geo 카테고리의 역할은 무엇이고 어떤 위젯이 있나요?

데이터에 포함된 위도와 경도 정보를 활용하여 데이터를 지도에 표시하여 시각화 기능을 제공하는 카테고리이다. 위도와 경도 정보를 이용하여 지역 이름을 알려 주거나 그 반대 작업을 해 주는 [Geocoding(지오코딩)] 위젯, 지도에 데이터를 원으로 표시해 주는 [Geo Map(지리 지도)] 위젯, 선택한 통계 변수에 따라 영역의 색을 달리하여 지도에 데이터를 시각화하는 [Choropleth Map(등치 지도)] 위젯, 위도와 경도 데이터를 한 지구 좌표계에서 다른 지구 좌표계로 변환하는 [Geo Transform(지구 좌표계 변환)] 위젯이 있습니다.

정리하기

k-Means 모델을 이용하여 서해안 지역의 택배 위치 데이터로 군집화를 해 보았다. 현재 택배 집하장 선정 등은 행정 구역 위주로 운용된다. 하지만 이 군집화를 통해 행정 구역 바탕이 아닌 군집화된 지역을 중심으로 운용하면 인건비, 유류비 등의 비용을 절감할 수 있다.

이처럼 군집화는 데이터에서 내가 알지 못했던 것을 발견하는 방법으로 사람이 파악하기 힘든 본질적인 문제나 숨겨진 특징 및 구조를 연구할 때 주로 사용한다. 또한 군집화와 같은 비지도 학습을 한 후 그 결과를 토대로 지도 학습을 다시 하는 경우도 있다.

MEMO

5

똑똑하게 재활용하자!

Logistic Regression을 사용하여
재활용품을 분류해 보자.

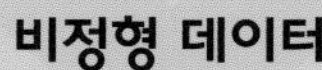

비정형 데이터

Logistic Regression

해결해야 할 문제는 무엇일까?

문제 상황

환경부 조사에 따르면 우리나라 국민 한 사람이 70년간 배출하는 생활 쓰레기는 무려 55톤에 달한다고 한다. 사람들의 구매 욕구와 생활의 편의로 생활 쓰레기는 급격하게 증가하고 있으며, 이에 따라 여러 가지 환경 문제가 발생하고 있다. 이러한 상황에서 올바른 재활용 분리 배출은 문제 해결의 첫 걸음이 될 수 있을 뿐만 아니라 지속 가능한 자원 순환의 시작이 될 것이다. 하지만 잘못 분리 배출된 재활용 쓰레기는 재사용이 불가능하고, 이를 처리하는 데 더 많은 비용이 발생한다. 인공지능을 활용하여 효율적으로 분리수거를 할 수는 없을까?

재활용품 이미지 데이터를 분석하고 학습한 후, 효율적으로 재활용품을 분리할 수 있는 인공지능 모델을 만들어 보자.

데이터를 준비하자!

1 외부 데이터 다운로드

① 캐글 데이터 다운로드하기

- 캐글에서 'Recyclable Materials'를 검색하여 데이터를 다운로드하거나, 출판사 홈페이지에 접속하여 데이터를 다운로드한다.

(https://bit.ly/46PC4op)

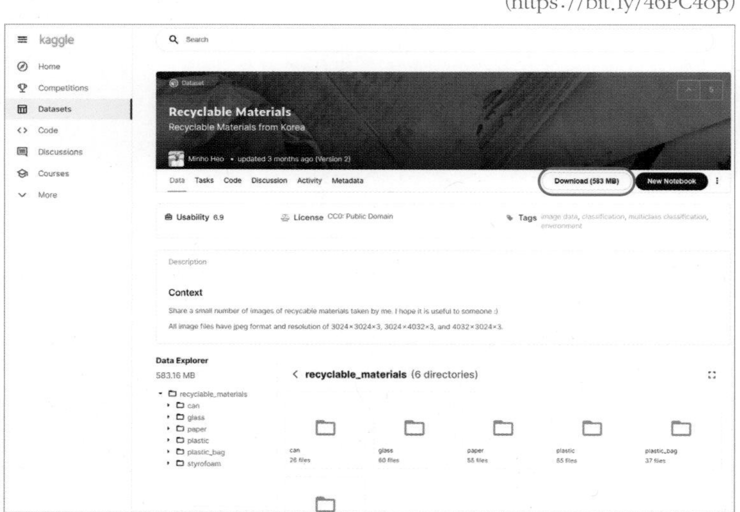

그림 5-1 캐글의 Recyclable Materials 데이터

② 데이터 살펴보기

- 다운로드한 archive.zip 파일의 압축을 풀면 recyclable_materials 폴더 안에 재활용품 종류에 따라 폴더가 나뉘어져 있는 것을 확인할 수 있다.
- Orange3에서 이미지 데이터를 모델에 학습시켜 분류나 예측에 활용할 때 폴더명이 데이터의 레이블, 즉 정답이 된다.
- 데이터는 can, glass, paper, plastic, plastic_bag, styrofoam 총 6개의 레이블로 구성되어 있다.

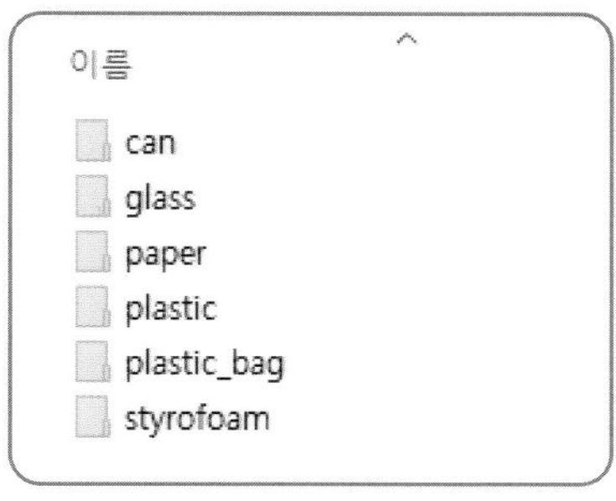

폴더명(레이블)	이미지 개수
can	26
glass	60
paper	55
plastic	85
plastic_bag	37
styrofoam	19

이미지의 개수는 총 282개이다.

③ 훈련 데이터와 테스트 데이터 나누기

- 이미지 학습을 마친 인공지능 모델을 테스트에 활용하기 위해 다음과 같이 test 폴더를 새로 만들고, 다운로드한 이미지 파일의 일부를 임의로 몇 가지 선택하여 test 폴더로 옮긴다.

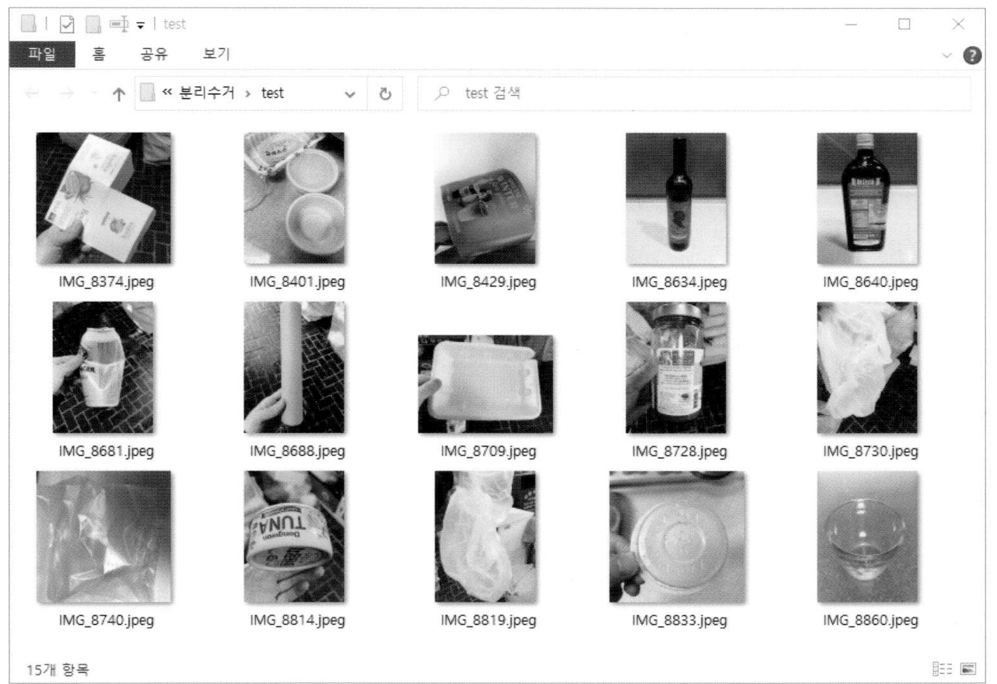

2 데이터 불러오기

① 카테고리에 기능 추가하기

- 이미지를 분석하기 위해 이미지 분석과 관련된 위젯으로 구성되어 있는 Image Analytics 카테고리를 설치한다.
- [Options] 메뉴에서 [Add-ons...]를 클릭하면 다음과 같은 Installer 창이 나타난다. 이 창에서 기능을 추가로 설치할 수 있으며, 이 중에서 Image Analytics를 체크(☑)하고 OK를 클릭하여 카테고리에 기능을 추가로 설치한다.

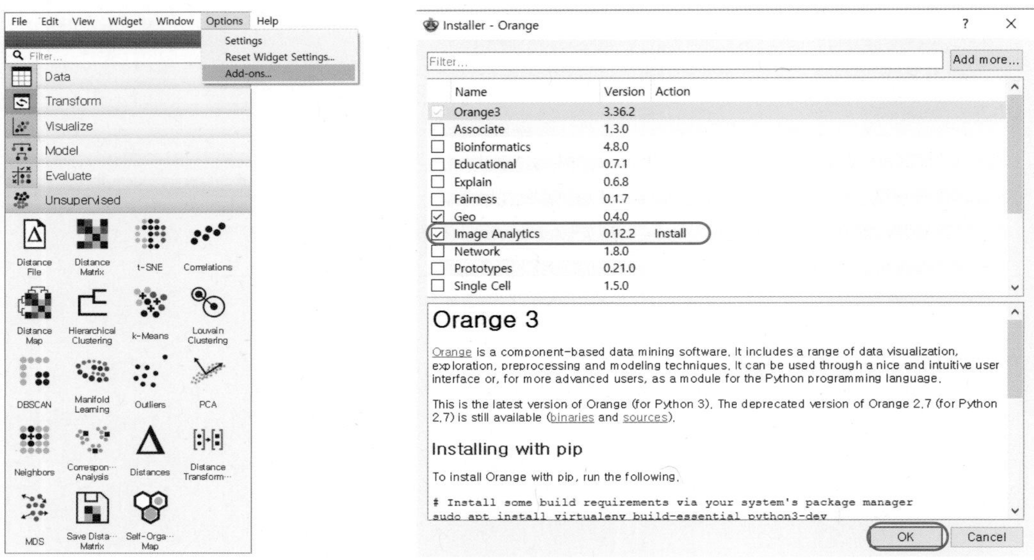

그림 5-2 Image Analytics 추가

- Image Analytics 설치가 완료된 후 Orange3가 재실행되면 [그림 5-3]과 같이 카테고리에 Image Analytics가 추가된 것을 확인할 수 있다.

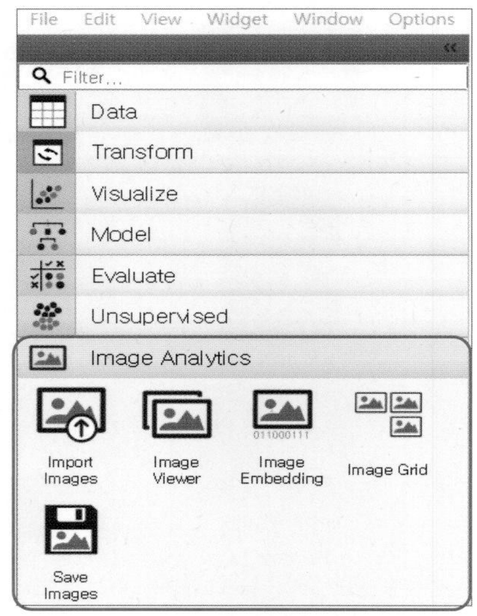

그림 5-3 추가된 Image Analytics

② 데이터 불러오기

- Image Analytics 카테고리의 [Import Images] 위젯을 가져와서 더블 클릭한 후, recyclable_materials 폴더를 선택한다.
- [Import Images] 위젯은 폴더 안의 이미지 데이터를 한꺼번에 가져올 수 있는 기능을 제공한다.

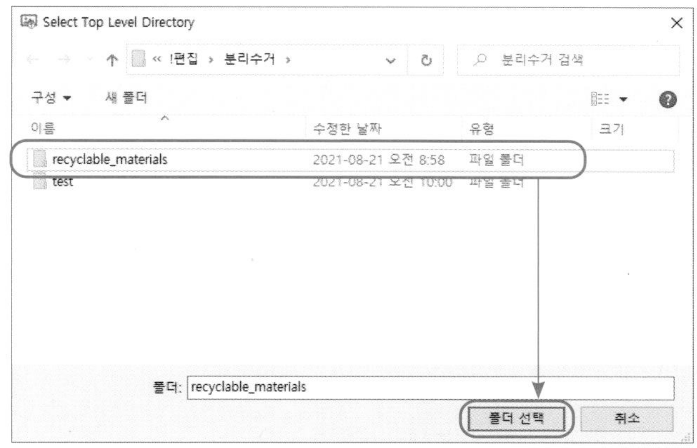

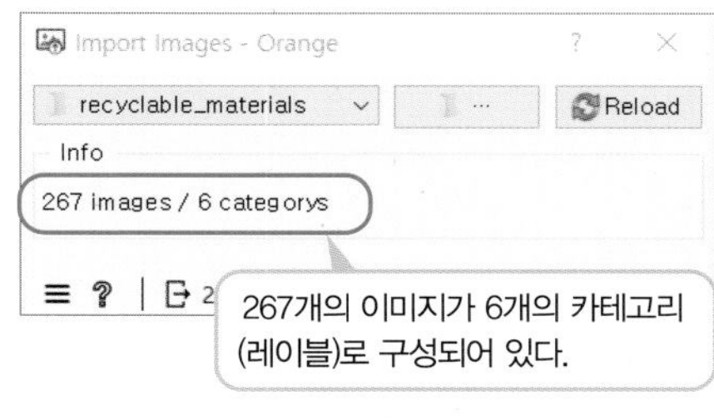

- Image Analytics 카테고리의 [Image Viewer] 위젯을 가져와서 [Import Images] 위젯과 연결하면 이미지를 확인할 수 있다.
- Title Attribute를 category로 설정하면 [그림 5-4]와 같이 이미지 하단에 레이블(폴더명)이 표시된다.

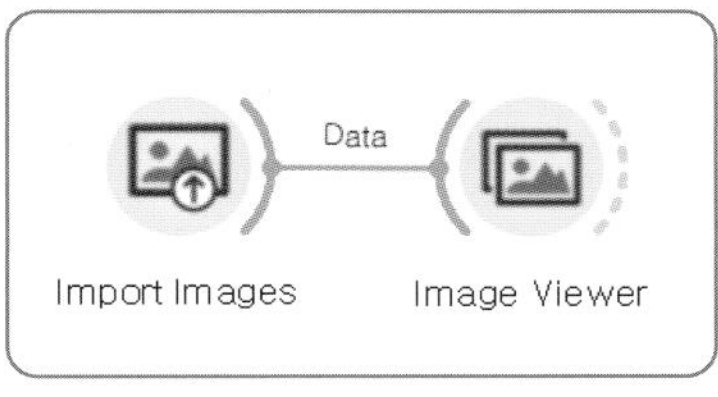

그림 5-4 이미지 하단에 표시된 레이블(폴더명)

③ 데이터 속성 확인하기

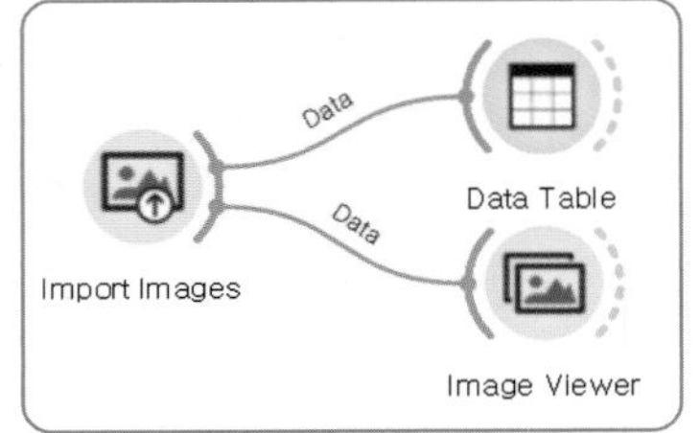

- Data 카테고리의 [Data Table] 위젯을 가져와서 [Import Images] 위젯과 연결한다.
- [그림 5-5]를 보면 데이터는 6개의 category로 구분되어 있고, 파일명(image name), 파일 경로, 크기(size), 너비(width), 높이(height)로 구성되어 있는 것을 확인할 수 있다.
- 이미지의 category는 타겟(target)으로 사용되고 파일명, 파일 경로, 크기, 너비, 높이는 이미지에 대한 사전 정보이다.
- 이미지 데이터를 불러왔지만 속성을 파악할 수 없기 때문에 이미지의 특징을 기반으로 분류 작업을 수행할 수 없다.

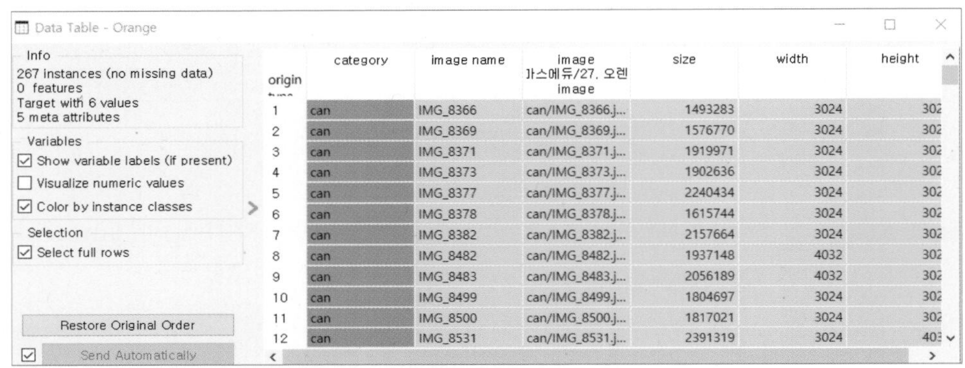

	category	image name	image 가스에듀/27. 오렌 image	size	width	height
1	can	IMG_8366	can/IMG_8366.j...	1493283	3024	302
2	can	IMG_8369	can/IMG_8369.j...	1576770	3024	302
3	can	IMG_8371	can/IMG_8371.j...	1919971	3024	302
4	can	IMG_8373	can/IMG_8373.j...	1902636	3024	302
5	can	IMG_8377	can/IMG_8377.j...	2240434	3024	302
6	can	IMG_8378	can/IMG_8378.j...	1615744	3024	302
7	can	IMG_8382	can/IMG_8382.j...	2157664	3024	302
8	can	IMG_8482	can/IMG_8482.j...	1937148	4032	302
9	can	IMG_8483	can/IMG_8483.j...	2056189	4032	302
10	can	IMG_8499	can/IMG_8499.j...	1804697	3024	302
11	can	IMG_8500	can/IMG_8500.j...	1817021	3024	302
12	can	IMG_8531	can/IMG_8531.j...	2391319	3024	403

그림 5-5 Data Table 창에서 본 Recyclable Materials 데이터

3 데이터 전처리하기

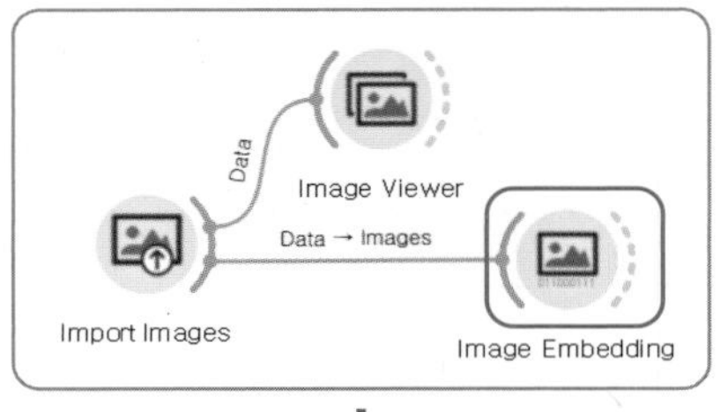

이미지 데이터는 비정형 데이터이기 때문에 기계학습에 적합한 형태로 바꾸는 전처리 작업이 필요하다. 이 과정을 이미지 임베딩이라고 하며 Orange3에서는 [Image Embedding] 위젯을 사용한다.

① 이미지 임베딩하기

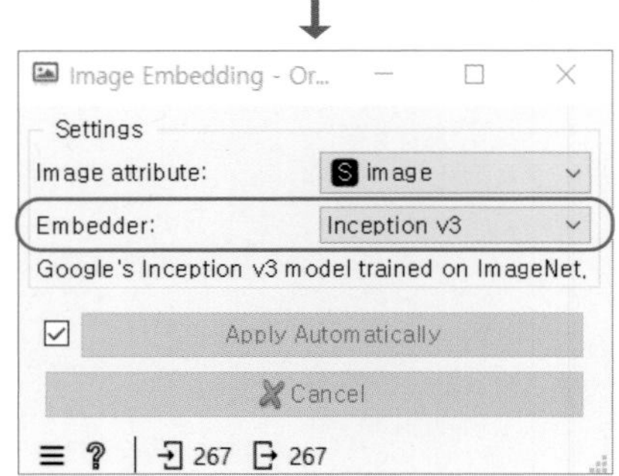

- Image Analytics 카테고리의 [Image Embedding] 위젯을 가져와서 [Import Images] 위젯과 연결한다.
- [Image Embedding] 위젯을 더블 클릭하면 임베더(Embedder)를 선택할 수 있다. 이 활동에서는 기본 설정값인 Inception v3를 사용한다.

② 임베딩한 이미지 데이터 속성 확인하기

- Data 카테고리의 [Data Table] 위젯을 새로 가져와서 [Image Embedding] 위젯과 연결하여 데이터의 속성을 확인해 보자.
- 임베딩하기 전과 달리 n0에서 n2047까지 총 2048개의 feature가 추출되었으며, 추출된 feature에 의해 기계학습이 가능해졌다.

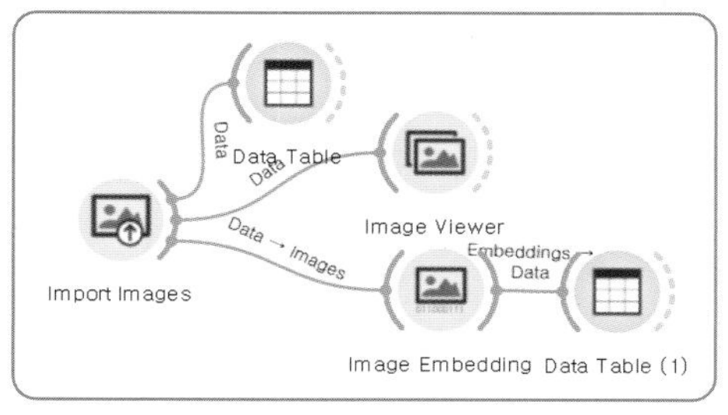

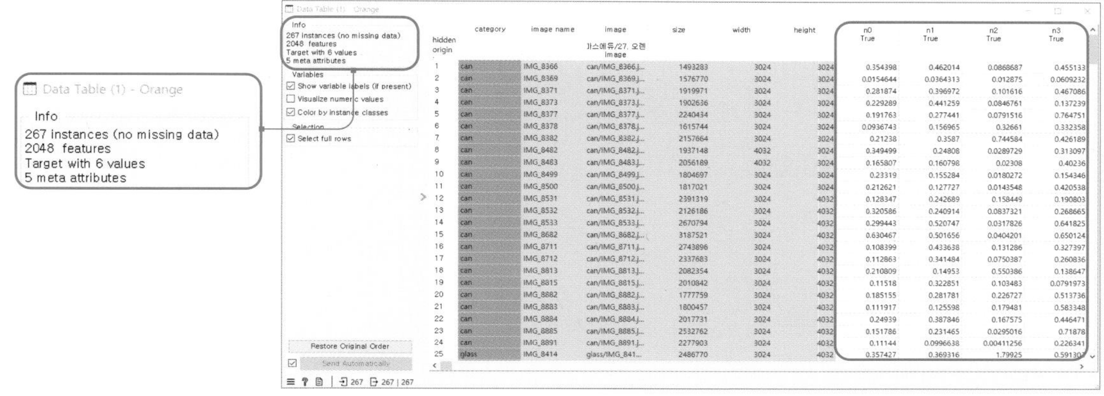

그림 5-6 이미지 임베딩 후 속성 변화

3 어떤 모델을 선택하고 학습시킬까?

모델의 성능을 분석 및 비교하기 위해 여러 가지 모델 위젯을 동시에 연결하여 학습시킨다.

1 학습 모델 선택하기

- 재활용품을 분류하는 인공지능을 만들기 위해 분류에 좋은 성능을 보이는 로지스틱 회귀, k-최근접 이웃, 인공 신경망 모델을 활용한다.
- Model 카테고리의 [Logistic Regression], [kNN], [Neural Network] 위젯을 가져와 [Image Embedding] 위젯에 연결한다.

2 모델 학습시키기

별도의 실행 명령을 주지 않아도 위젯을 연결하면 모델 위젯이 자동으로 실행되어 각 모델이 데이터를 학습하게 된다.

1 학습 결과 확인하기

① 성능 확인하기

- Evaluate 카테고리의 [Test and Score] 위젯을 가져온 후, 각 모델 위젯과 [Image Embedding] 위젯에 연결한다.
- [Test and Score] 위젯을 더블 클릭하여 각 모델의 성능을 확인한다. 데이터 샘플링 방법은 교차 검증(Cross validation)을 선택하고, Number of folds는 5로 설정한다.
- 성능 평가 결과표에서는 전체적으로 Logistic Regression의 성능이 우수한 것으로 나타났다.

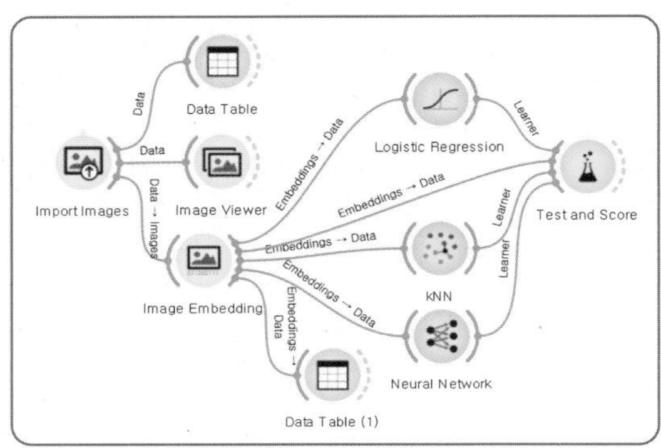

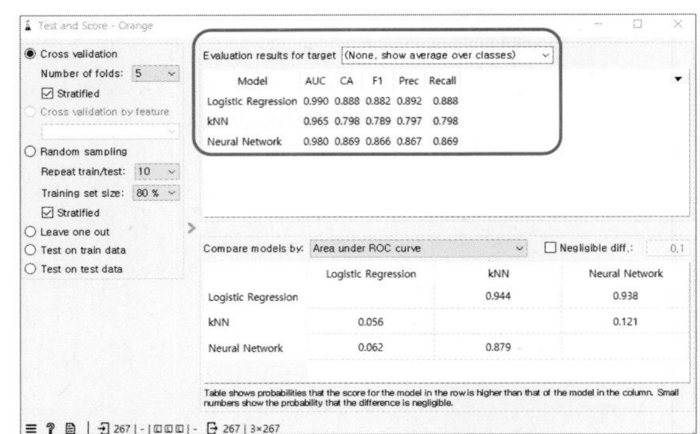

Model	AUC	CA	F1	Prec	Recall
Logistic Regression	0.990	0.888	0.882	0.892	0.888
kNN	0.965	0.798	0.789	0.797	0.798
Neural Network	0.980	0.869	0.866	0.867	0.869

	Logistic Regression	kNN	Neural Network
Logistic Regression		0.944	0.938
kNN	0.056		0.121
Neural Network	0.062	0.879	

Table shows probabilities that the score for the model in the row is higher than that of the model in the column. Small numbers show the probability that the difference is negligible.

그림 5-7 성능 평가 결과표

② 원하는 통계값 확인하기

- Target Class와 Model Comparison을 변경하여 원하는 통계값을 확인할 수 있다.
- [그림 5-7]의 성능 평가 결과표에서는 전체적으로 Logistic Regression이 우수했으나, [그림 5-8]과 같이 Evaluation results for target을 paper로 놓고 보았을 때에는 Neural Network의 성능이 더 우수하다는 점을 확인할 수 있다.

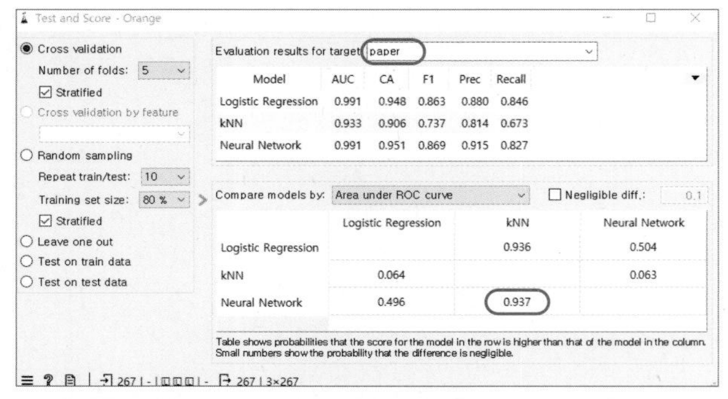

Model	AUC	CA	F1	Prec	Recall
Logistic Regression	0.991	0.948	0.863	0.880	0.846
kNN	0.933	0.906	0.737	0.814	0.673
Neural Network	0.991	0.951	0.869	0.915	0.827

	Logistic Regression	kNN	Neural Network
Logistic Regression		0.936	0.504
kNN	0.064		0.063
Neural Network	0.496	0.937	

Table shows probabilities that the score for the model in the row is higher than that of the model in the column. Small numbers show the probability that the difference is negligible.

그림 5-8 Evaluation results for target과 Model Comparison 변경 후 통계값

③ 혼동 행렬과 Image Viewer로 결과 분석하기

- Evaluate 카테고리의 [Confusion Matrix] 위젯을 가져온 후, [Test and Score] 위젯과 연결한다.
- Image Analytics 카테고리의 [Image Viewer] 위젯을 새로 가져와서 [Confusion Matrix] 위젯과 연결한다.

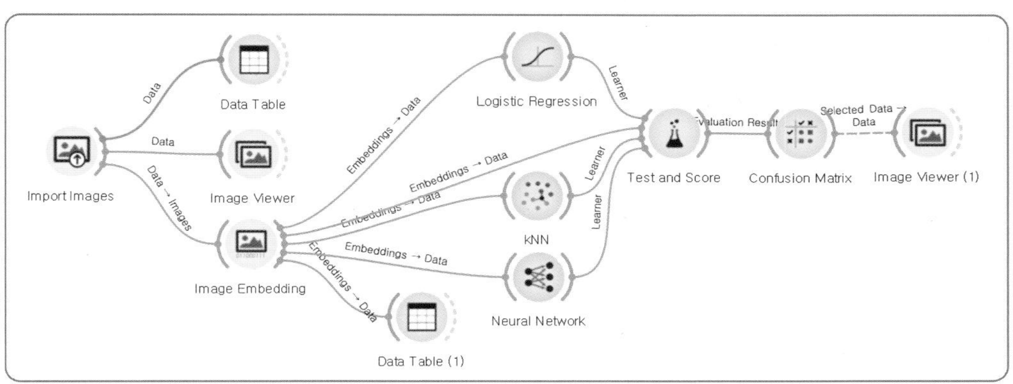

- [Confusion Matrix] 위젯을 더블 클릭하여 3개 모델의 혼동 행렬을 비교한다.

이 활동에서는 Logistic Regression이 데이터를 가장 잘 분류하였다.

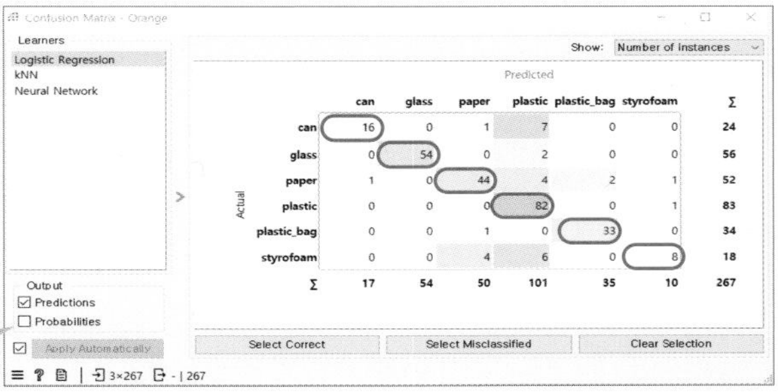

Confusion Matrix - Orange

Learners: **Logistic Regression**, kNN, Neural Network

Show: Number of instances

Actual \ Predicted	can	glass	paper	plastic	plastic_bag	styrofoam	Σ
can	16	0	1	7	0	0	24
glass	0	54	0	2	0	0	56
paper	1	0	44	4	2	1	52
plastic	0	0	0	82	0	1	83
plastic_bag	0	0	1	0	33	0	34
styrofoam	0	0	4	6	0	8	18
Σ	17	54	50	101	35	10	267

Output: ☑ Predictions ☐ Probabilities ☑ Apply Automatically | Select Correct | Select Misclassified | Clear Selection | 3×267 | 267

Logistic Regression 모델이 239건 (16+54+45+82+33+9)

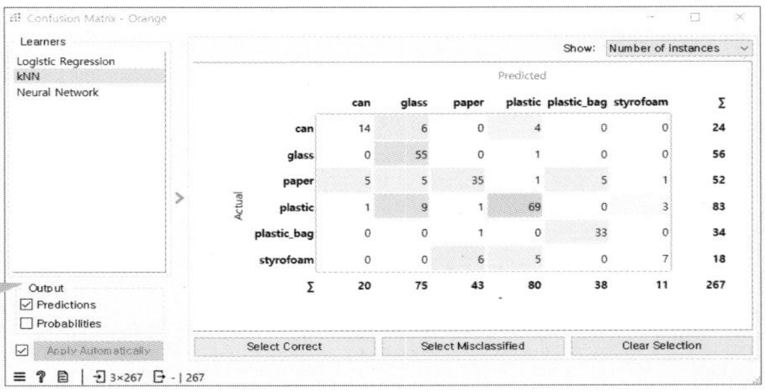

Confusion Matrix - Orange

Learners: Logistic Regression, **kNN**, Neural Network

Show: Number of instances

Actual \ Predicted	can	glass	paper	plastic	plastic_bag	styrofoam	Σ
can	14	6	0	4	0	0	24
glass	0	55	0	1	0	0	56
paper	5	5	35	1	5	1	52
plastic	1	9	1	69	0	3	83
plastic_bag	0	0	1	0	33	0	34
styrofoam	0	0	6	5	0	7	18
Σ	20	75	43	80	38	11	267

Output: ☑ Predictions ☐ Probabilities ☑ Apply Automatically | Select Correct | Select Misclassified | Clear Selection | 3×267 | 267

kNN 모델이 212건 (14+55+35+69+33+6)

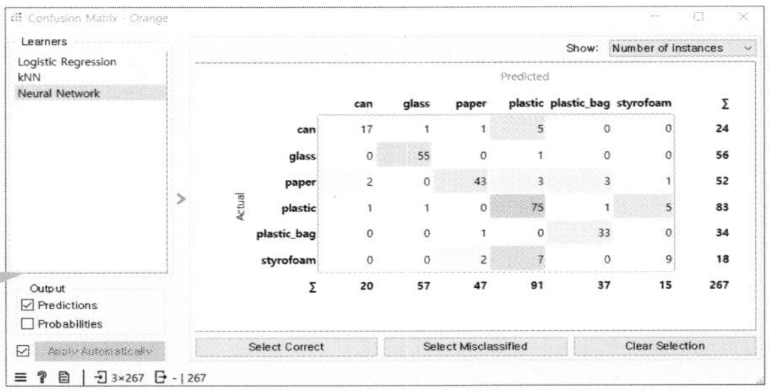

Confusion Matrix - Orange

Learners: Logistic Regression, kNN, **Neural Network**

Show: Number of instances

Actual \ Predicted	can	glass	paper	plastic	plastic_bag	styrofoam	Σ
can	17	1	1	5	0	0	24
glass	0	55	0	1	0	0	56
paper	2	0	43	3	3	1	52
plastic	1	1	0	75	1	5	83
plastic_bag	0	0	1	0	33	0	34
styrofoam	0	0	2	7	0	9	18
Σ	20	57	47	91	37	15	267

Output: ☑ Predictions ☐ Probabilities ☑ Apply Automatically | Select Correct | Select Misclassified | Clear Selection | 3×267 | 267

Neural Network는 232건 (17+53+43+77+33+9)

- Confusion Matrix 창을 열어 둔 상태에서 [Image Viewer (1)] 위젯을 더블 클릭하여 다음과 같이 나란히 둔다.

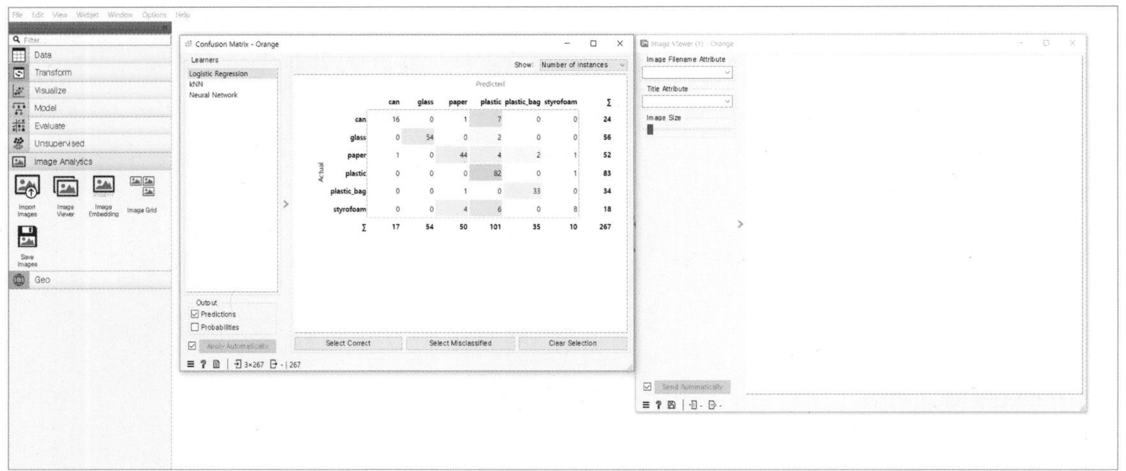

- 혼동 행렬에서 잘못 분류한 경우를 클릭하면 Image Viewer에서 해당 이미지를 볼 수 있다.

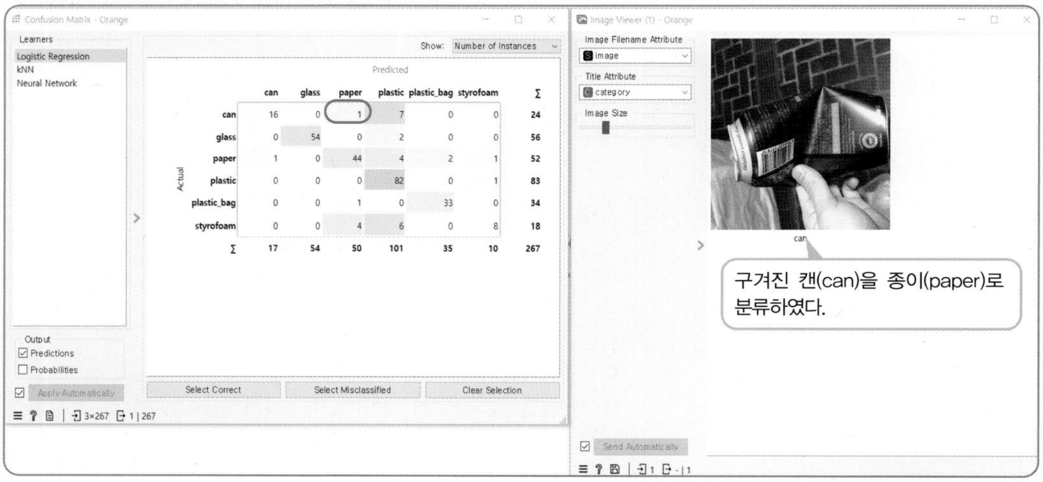

구겨진 캔(can)을 종이(paper)로 분류하였다.

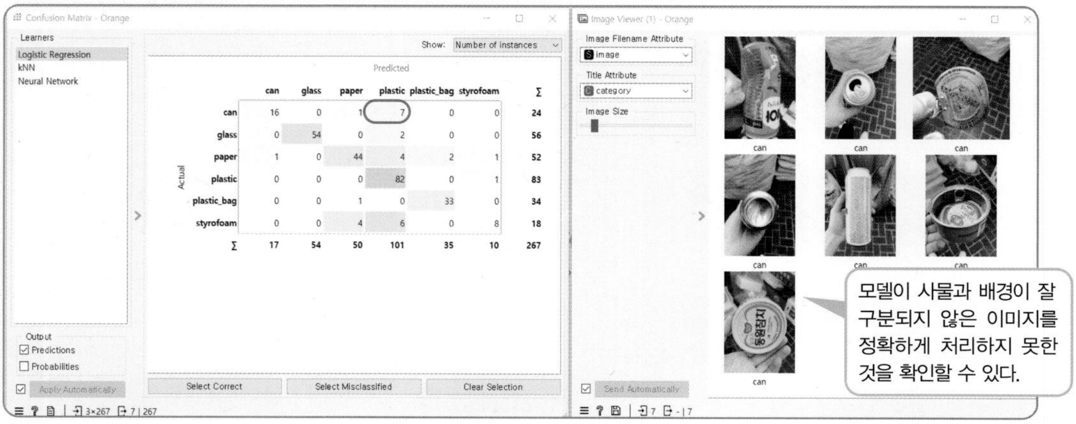

모델이 사물과 배경이 잘 구분되지 않은 이미지를 정확하게 처리하지 못한 것을 확인할 수 있다.

2 성능 결과 확인하기

테스트 데이터에 인공지능 모델을 적용하여 결과를 예측하는 데 활용한다.

① 테스트 데이터 불러오기

- Image Analytics 카테고리의 [Import Image] 위젯을 새로 가져와 test 폴더를 불러온다.
- 86~87쪽에서 이미지 데이터를 임베딩한 것과 마찬가지로 test 폴더의 이미지를 임베딩 처리한다.

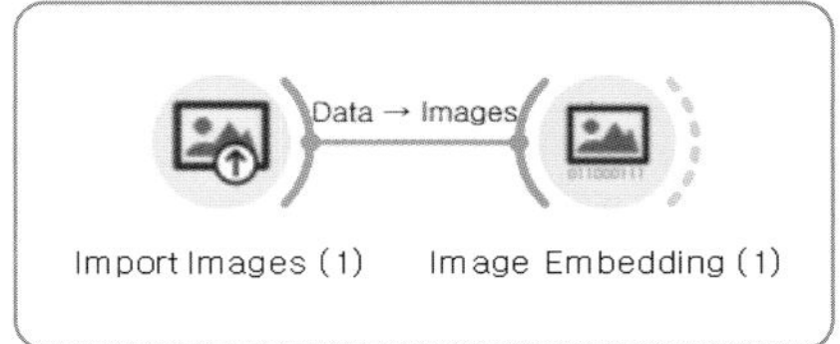

② 분류하기

- Evaluate 카테고리의 [Predictions] 위젯을 가져와 3개의 모델 중 성능이 우수했던 [Logistic Regression] 위젯에 연결한다.
- Image Viewer 창에서 예측한 결과를 확인하기 위해 [Image Viewer] 위젯을 새로 가져와 [Predictions] 위젯에 연결한다.

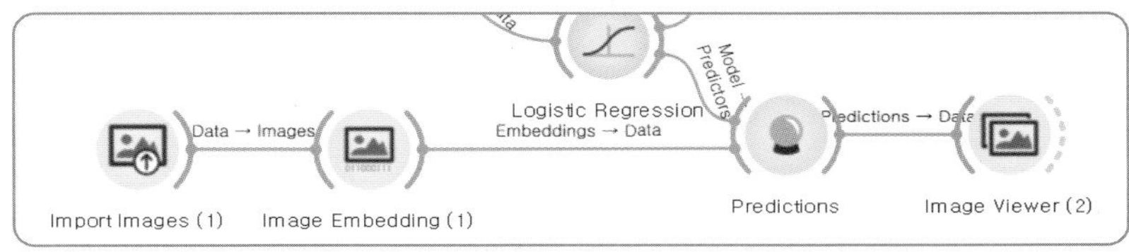

- Predictions 창과 Image Viewer 창을 나란히 두고 분류 결과를 확인한다.
- [그림 5-9]에서 모델이 15개의 이미지 데이터 중 3번 파일(IMG_8429.jpg)을 제외한 14개의 이미지를 정확하게 분류한 것을 확인할 수 있다.

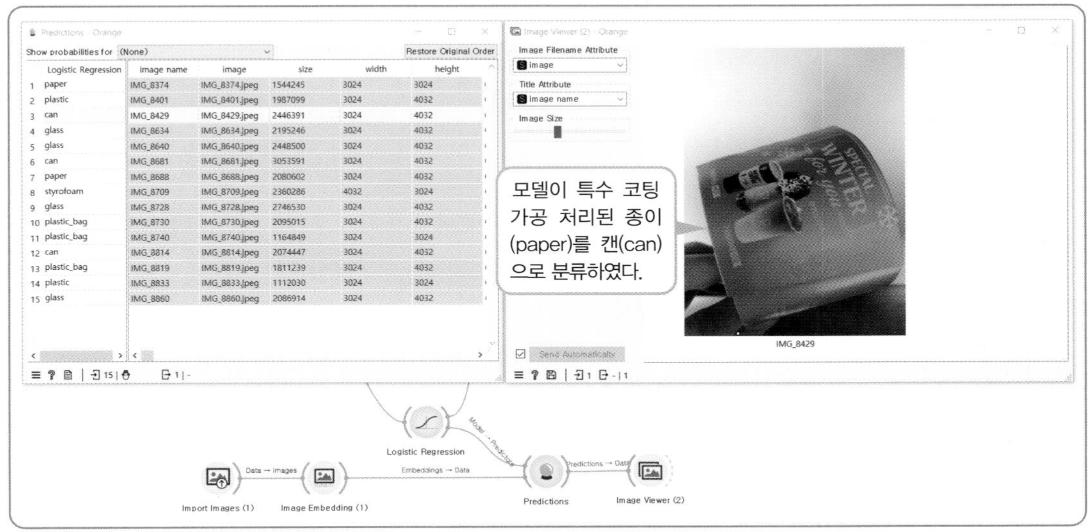

	Logistic Regression	image name	image	size	width	height
1	paper	IMG_8374	IMG_8374.jpeg	1544245	3024	3024
2	plastic	IMG_8401	IMG_8401.jpeg	1987099	3024	4032
3	can	IMG_8429	IMG_8429.jpeg	2446391	3024	4032
4	glass	IMG_8634	IMG_8634.jpeg	2195246	3024	4032
5	glass	IMG_8640	IMG_8640.jpeg	2448500	3024	4032
6	can	IMG_8681	IMG_8681.jpeg	3053591	3024	4032
7	paper	IMG_8688	IMG_8688.jpeg	2080602	3024	4032
8	styrofoam	IMG_8709	IMG_8709.jpeg	2360286	4032	3024
9	glass	IMG_8728	IMG_8728.jpeg	2746530	3024	4032
10	plastic_bag	IMG_8730	IMG_8730.jpeg	2095015	3024	4032
11	plastic_bag	IMG_8740	IMG_8740.jpeg	1164849	3024	3024
12	can	IMG_8814	IMG_8814.jpeg	2074447	3024	4032
13	plastic_bag	IMG_8819	IMG_8819.jpeg	1811239	3024	4032
14	plastic	IMG_8833	IMG_8833.jpeg	1112030	3024	3024
15	glass	IMG_8860	IMG_8860.jpeg	2086914	3024	4032

그림 5-9 모델의 테스트 데이터 분류 결과

AI 전문가 되기

이미지 분류(Image Classification)

이미지 분류 문제란 주어진 이미지의 레이블이 무엇인지, 각 레이블에 대한 확신도(confidence)의 분포(distribution)가 어떤지를 예측하는 것이다. 이미지는 크기 폭(width)×높이(height)×3에 원소로 0~255 사이 정수를 가지는 3차원 배열이다. 여기서 3은 R, G, B 세 개의 색 채널(channel)을 의미한다.

즉, 우리는 이미지 데이터를 하나의 정지된 그림으로 보지만, 기계는 이를 연산 가능한 형태로 만드는 임베딩 과정을 거쳐서 인식한다. 이미지 분류 모델은 오른쪽의 강아지 그림과 같이 하나의 이미지를 입력받아 4개의 레이블({강아지(dog), 고양이(cat), 모자(hat), 컵(mug)})에 대한 확률을 계산한다. 가로 248픽셀, 세로 400픽셀에 RGB 3개의 채널을 가지고 있는 강아지 이미지는 컴퓨터에게 248×400×3=297,600개의 숫자로 이루어진 행렬이다. 행렬의 각 수들은 최소 0(검정)에서 최대 255(하양)까지의 값을 가질 수 있다. 우리의 과제는 이 수십만 개의 수를 하나의 레이블(강아지)로 바꾸는 것이다.

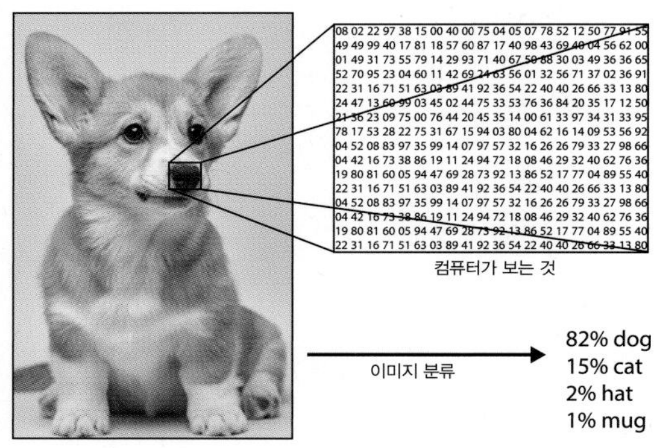

이미지를 인식하는 것은 사람에게는 쉬운 일이지만 기계에게는 보는 각도(viewpoint variation), 크기의 변동(scale variation), 변형(deformation), 가려짐(occlusion), 조명(illumination), 배경과 섞임(background clutter) 등의 이유로 어렵다.

정리하기

지금까지 재활용품을 분류할 수 있는 인공지능 모델을 만들어 보았다.

이러한 분류 모델을 실생활에 적용한다면 재활용이 번거롭다고 생각하는 사람들의 인식을 바꿈으로써 재활용률이 증가할 것이고, 재활용품을 품목별로 바르게 분류함으로써 재분리하거나 처리하는 데 부담해야 했던 사회적 비용이 감소할 것이다. 하지만 사람들이 버리는 재활용품의 종류는 수천 수만가지이며, 형태나 질감 또한 다양하기 때문에 우선 방대하고 체계적인 데이터 셋이 구축되어야 한다.

6

우리 문화재 넌 얼마나 알아?

인공 신경망을 사용하여
우리 문화재를 분류해 보자.

비정형 데이터

Neural Network

해결해야 할 문제는 무엇일까?

문제 상황

우리나라에는 멋진 문화재, 그중에서도 건축물들이 많다. 코로나 상황에서 많은 곳을 다니지 못하게 되어 우리 문화재에 대한 관심이 줄어들고 있는 실정이다. 우리나라 건축물 문화재 즉, 탑, 성곽, 가옥, 궁궐, 사찰 등의 명소 사진을 통해 어떤 문화재들이 있는지 살펴보자. 아울러 문화재에 대한 뒷이야기도 알아보며 우리 문화재에 대해 좀 더 관심을 가져 보는 것은 어떨까?

국가 지정 데이터인 AI Hub를 이용하여 멋진 우리 유적물을 분류하는 인공지능 모델을 만들어 보자.

데이터를 준비하자!

1 외부 데이터 다운로드

Orange3에서 문화재 이미지 데이터를 분석하려면 문화재 데이터가 있어야 한다. 한국지능정보사회진흥원에서 만든 국가 공개 데이터 허브인 AI Hub(https://aihub.or.kr)에 접속하면 방대한 우리나라 문화재 데이터를 다운로드할 수 있다.

다음은 AI Hub 사이트에서 문화재 이미지 데이터를 다운로드하는 방법이다.

① AI Hub 사이트(aihub.or.kr) 접속하기

(https://bit.ly/30sSOVZ)

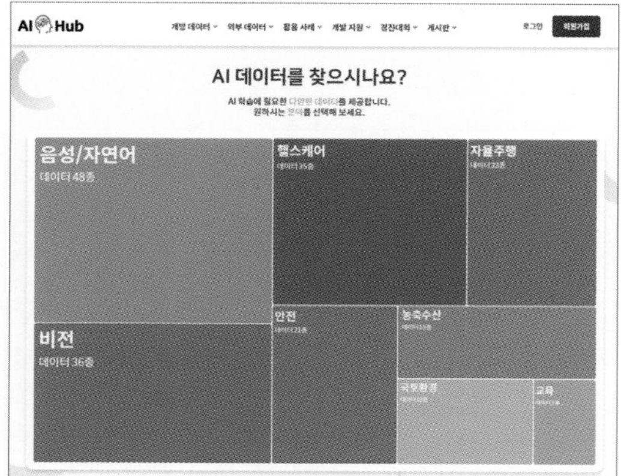

② 회원 가입하기

계정을 만드는 것은 그렇게 어렵지 않다. 이메일 주소, 성명, 휴대전화 번호 등만 있으면 가입할 수 있다.

③ 한국형 사물 이미지 검색하기

로그인 후 개방 데이터 → 국토환경 → 한국형 사물 이미지를 검색하면 아래와 같은 화면을 볼 수 있다. 여기서 소개 옆의 다운로드 탭을 누르면 데이터를 다운로드할 수 있다.

④ 필요한 이미지 다운로드하기

원본 데이터의 양은 엄청나게 많고 전체 용량이 4Tera Byte가 넘는다. 따라서 필요한 이미지만 받아서 활용하는 것이 좋다.

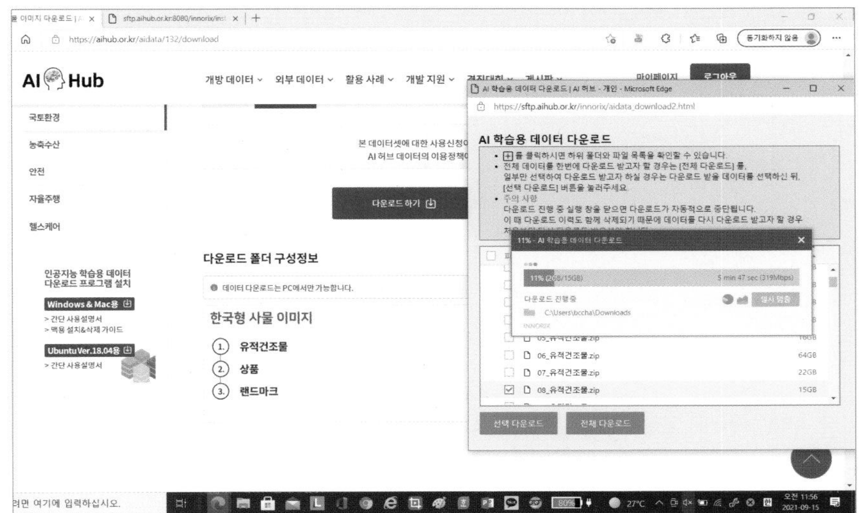

⑤ 실습 데이터 선택하기

이 실습에서는 AI Hub가 제공하는 우리나라 문화재 모두를 사용하지 않고 AI Hub 문화재 데이터 압축 파일(유적건조물.zip) 중 1, 5번에 있는 건원릉 정자각, 경원릉, 아차산삼층석탑, 현등사삼층석탑 등 네 가지 문화재에 대하여 이미지 인식을 실시한다.

⑥ 문화재 이미지 데이터 폴더에 저장하기

AI Hub에서 제공하는 이미지는 이미지 원본(.jpg)과 함께 JSON 데이터(.json)로 라벨링이 되어 있다. 따라서 이 데이터를 Orange3에서 사용하려면 문화재 이미지 라벨을 폴더명으로 지정하고 그 폴더에 이미지를 넣어 주는 작업을 해 주어야 한다.

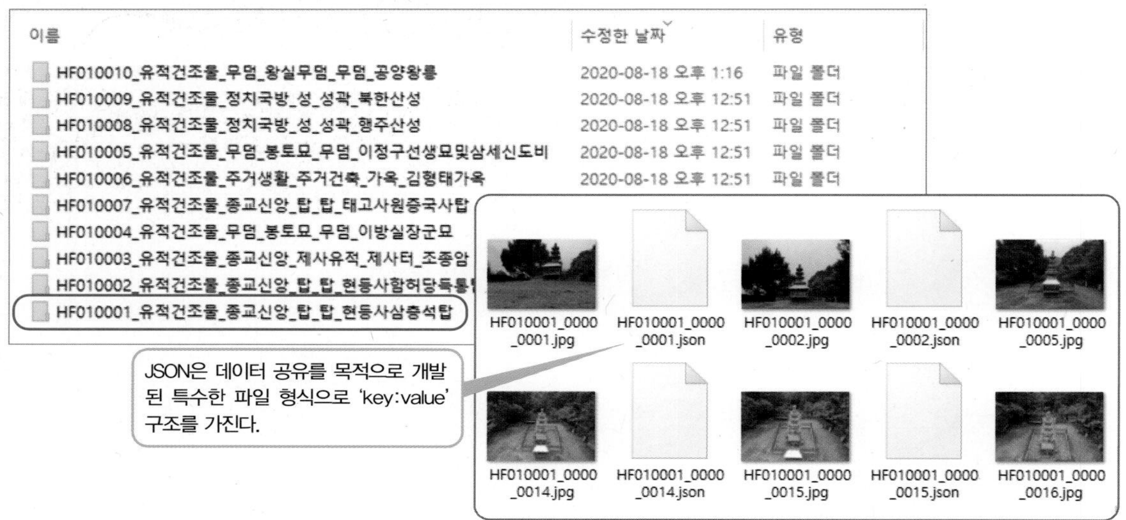

위의 과정도 데이터 전처리에 속하는 과정이다. 이 과정은 복잡하고 시간이 많이 걸리는 작업이므로 여기서는 출판사 홈페이지에서 제공하는 이미지 데이터 셋을 활용한다.

⑦ 훈련 데이터 준비하기

각 문화재의 이미지의 개수가 각각 다르지만 여기서는 네 가지 문화재의 훈련 데이터를 각각 60개로 구성한다.

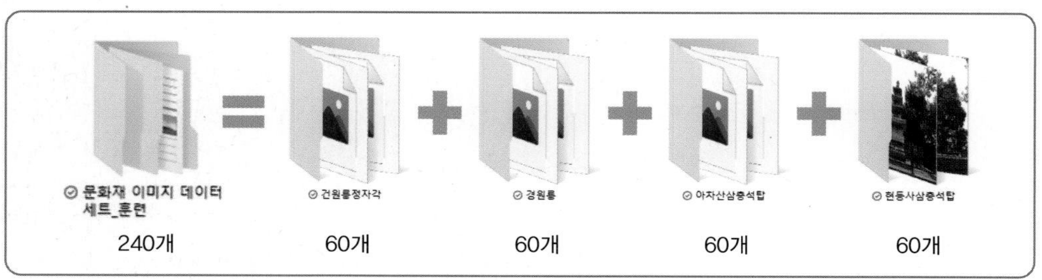

2 데이터 불러오기

앞에서 다운로드한 문화재 이미지를 불러온다.

① Image Analytics 카테고리 추가하기

우선 Image 파일을 다루기 위해 Image Analytics를 추가해야 한다. Orange3 메뉴의 [Options] → [Add-ons...] → Image Analytics를 선택하여 추가로 설치한다.

② 데이터 불러오기

- Image Analytics 카테고리에서 [Import Images] 위젯을 캔버스로 가져와서 문화재 이미지 데이터를 업로드한다.

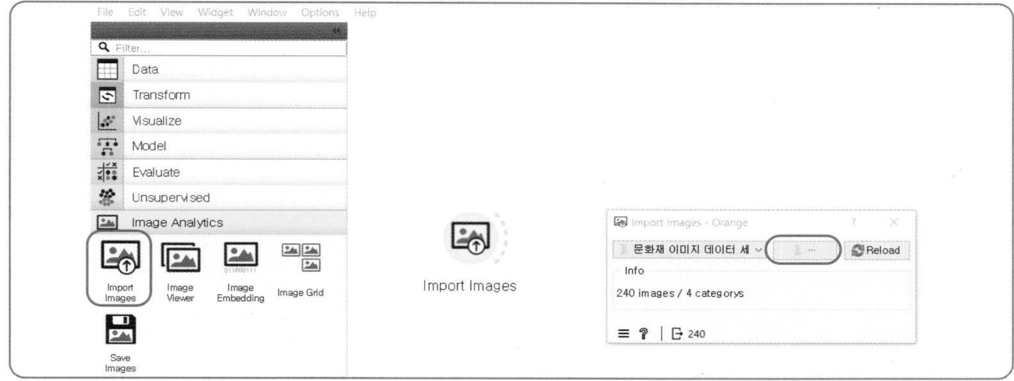

- 여기서 Import한 이미지가 제대로 업로드되었는지 확인하기 위해서 [Image Viewer] 위젯을 추가해서 [Import Images] 위젯과 연결한다.
- [그림 6-1]처럼 제대로 연결되면 [Image Viewer]를 더블 클릭해서 Import한 이미지를 확인할 수 있다.

그림 6-1 데이터 이미지로 확인하기

3 데이터 전처리하기

이미지를 바르게 불러왔다면 본격적으로 분류(Classification) 작업을 시작하기 위한 전처리 과정이 필요하다.

① 이미지 데이터 임베딩하기

이미지의 특징을 추출하기 위해 [Image Embedding] 위젯을 이용한다. [Import Images]와 [Image Embedding]을 연결하면, 이미지 임베딩이 자동으로 진행된다.

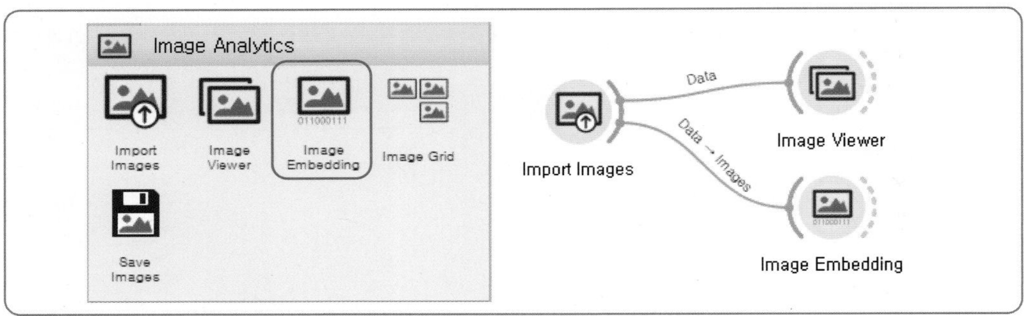

② 이미지 데이터 feature 정보 확인하기

이미지 임베딩을 완료했으면, 각 이미지의 어떤 정보가 얼마의 값을 나타내고 있는지, feature를 몇 개 찾았는지 확인해 보자. [그림 6-2]와 같이 [Image Embedding] 위젯의 점선을 끌어서 빈 공간에 놓으면, 작은 창이 뜨는데 거기서 [Data Table]을 클릭한다. ([Data Table] 위젯을 가져다 붙일 수도 있다.)

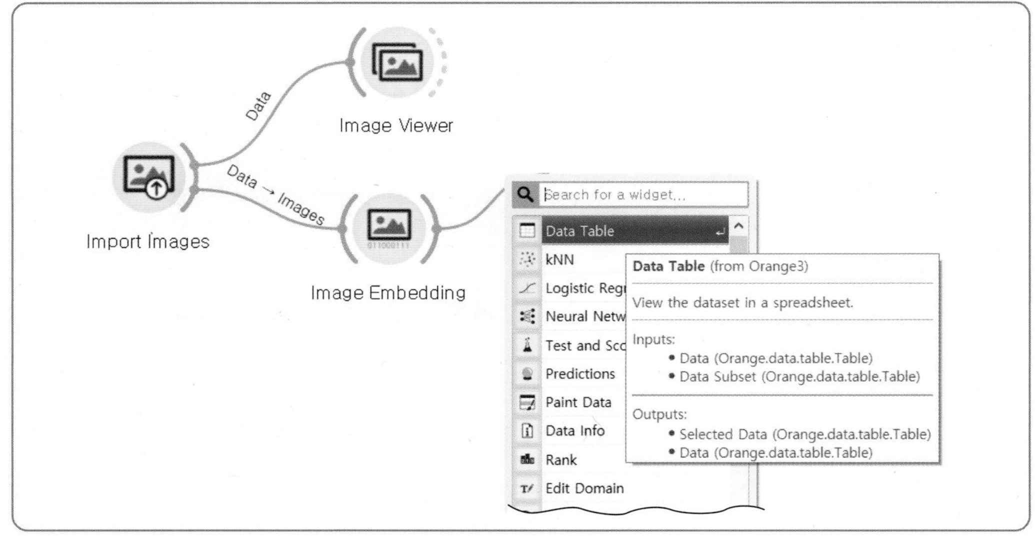

그림 6-2 Data Table 위젯 추가하기

3 어떤 모델을 선택하고 학습시킬까?

1 테스트 데이터 준비하기

네 가지 문화재 테스트 데이터를 각각 10개로 구성하였다.

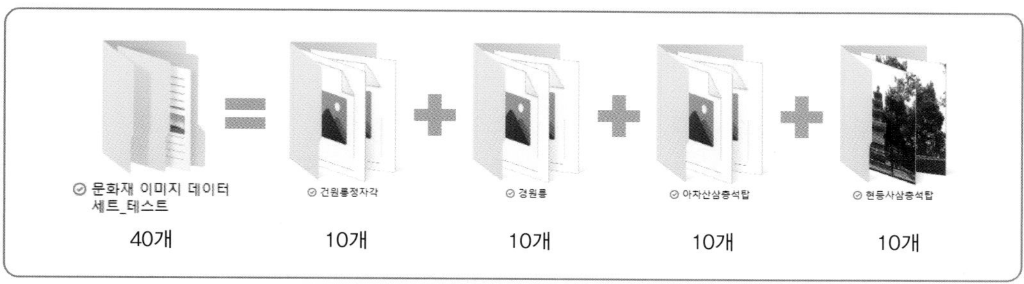

2 학습 모델 선택하기

Model 카테고리에는 다양한 기계학습 모델에 해당하는 위젯이 있다. 이번 문화재 분류에서는 [Neural Network]를 사용한다.

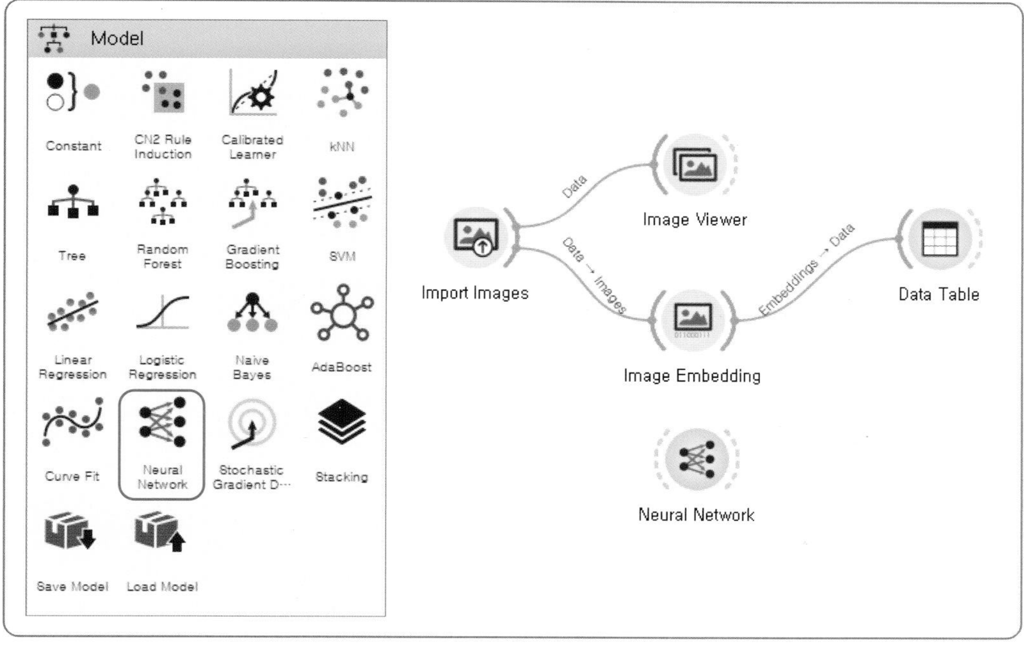

3 학습시키기

이제 [Neural Network] 위젯을 사용해서 문화재 이미지를 분류해 보자. Orange3는 연결선을 연결하면 자동으로 위젯이 실행된다. [그림 6-3]에서도 별도의 실행 명령을 주지 않아도 모델이 훈련 데이터를 학습시킨다. [Neural Network] 위젯을 더블 클릭하면 다양한 옵션을 선택할 수 있다.

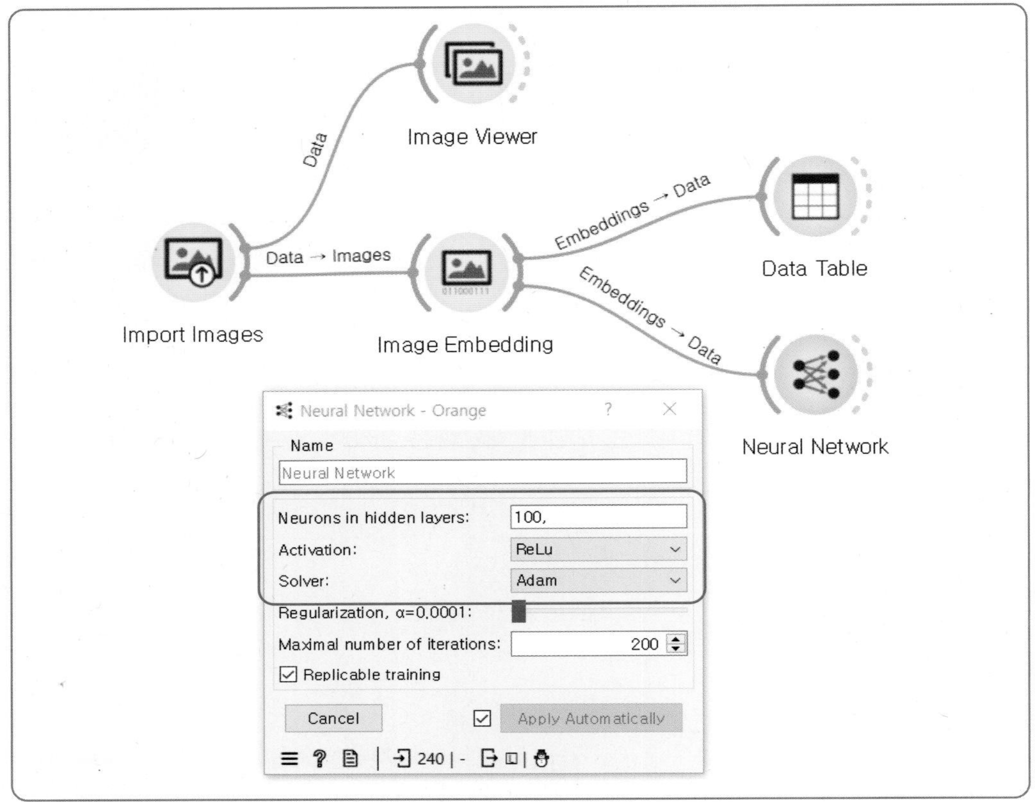

그림 6-3 [Neural Network] 위젯의 매개 변수 옵션

AI랑 친해지기

[Neural Network] 위젯의 매개 변수 옵션

Neurons in hidden layers	Layer 수와 Layer 안의 Neuron의 수를 정의하는 부분이다. 위 옵션 창의 '100,'의 의미는 Layer는 1개이고 그 Layer의 Neuron 수는 100개라는 의미이다. 만약 3개 Layer를 가지고 각각 50, 100, 50개의 Neuron 수를 가진다면 '50,' '100,' '50,'으로 지정해 주면 된다.
Activation	활성화 함수를 지정해 준다. 현재 가장 많이 사용하는 활성화 함수가 ReLu이므로 기본 설정으로 되어 있고, Identity, tanh, Logistic 등을 사용할 수 있다.
Solver	일반적으로 사용하는 용어는 optimizer이다. 옵티마이저(optimizer)는 현재 Adam을 가장 많이 사용한다. 여기서는 SGD와 L-BFGS-B를 사용할 수 있다.

4 모델의 성능을 확인해 보자!

1 학습 결과 확인하기

모델의 성능 평가를 위해서는 Evaluate 카테고리에서 [Test and Score] 위젯을 캔버스로 가져와 모델인 [Neural Network] 위젯과 훈련 데이터인 [Image Embedding] 위젯에 각각 연결한다.

이미지 분류가 잘되었는지 확인하기 위해 평가 지표(evaluation metrics)로 평가를 하는 것이 중요하다.

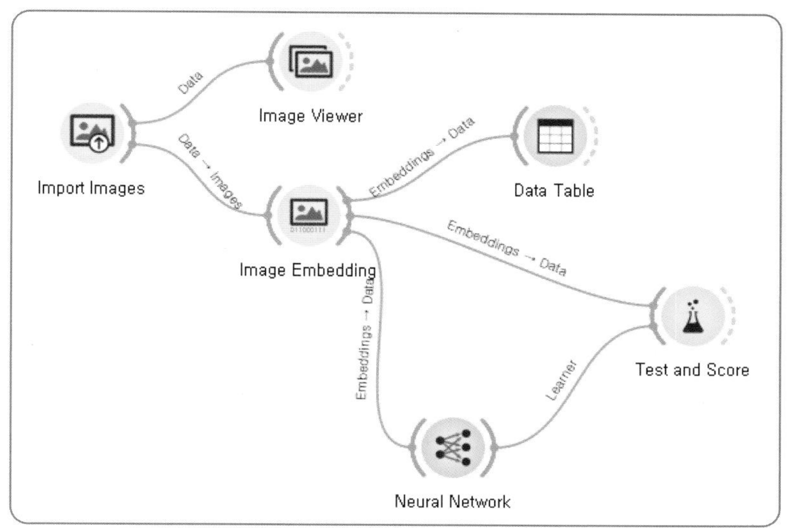

① 모델 성능 확인하기

[Test and Score] 위젯을 더블 클릭하여 모델의 성능을 확인한다. 평가 지표인 AUC, CA, F1, Precision, Recall은 값이 1에 가까울수록 모델의 성능이 좋은 것이다.

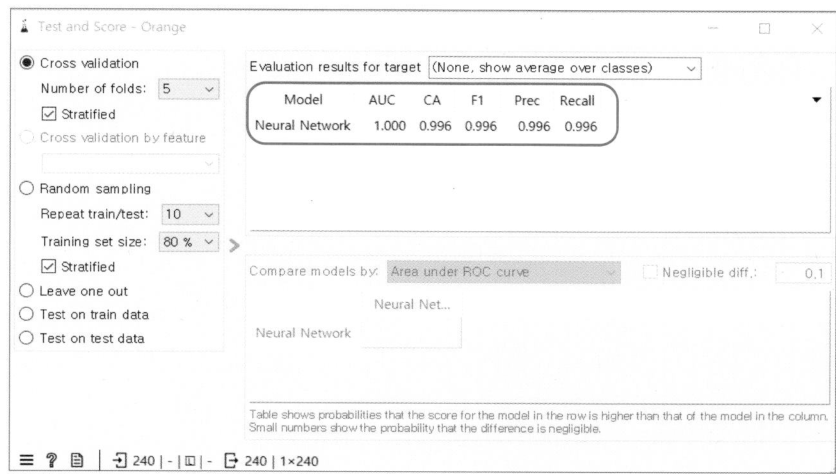

2 성능 결과 확인하기

① 테스트 데이터 불러오기

새로운 [Import Images] 위젯을 캔버스로 가져와서 [그림 6-4]와 같이 40개의 문화재 테스트 데이터를 불러온다.

그림 6-4 문화재 테스트 데이터 가져오기

② 테스트 데이터 임베딩하기

- [Image Embedding(1)] 위젯을 [Import Images(1)]에 연결하여 테스트 데이터를 임베딩한다.
- 성능 평가를 위해 Evaluate 카테고리의 [Predictions] 위젯을 [Neural Network] 위젯과 [Image Embedding(1)] 위젯에 연결한다.

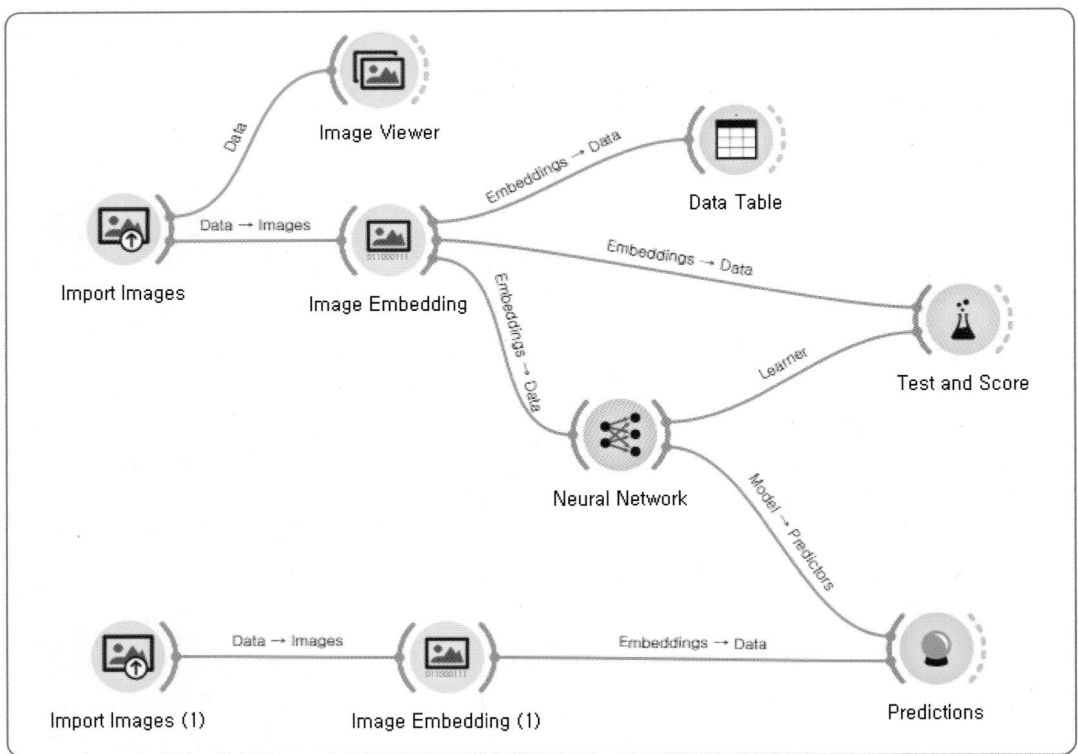

③ 분류 결과 확인하기

- Evaluate 카테고리의 [Predictions] 위젯을 더블 클릭하면 [그림 6-5]와 같은 테스트 데이터에 대한 분류 결과를 확인할 수 있다. category가 모델의 분류 결과이고 Image가 실제 label이다.
- 문화재 테스트 데이터에 대한 분류 결과를 네 가지 색으로 구분하여 표시한다. '건원릉정자각'은 파란색, '경원릉'은 빨간색, '아차산삼층석탑'은 연두색, '현등사삼층석탑'의 분류 결과는 갈색으로 표시하고 있다.

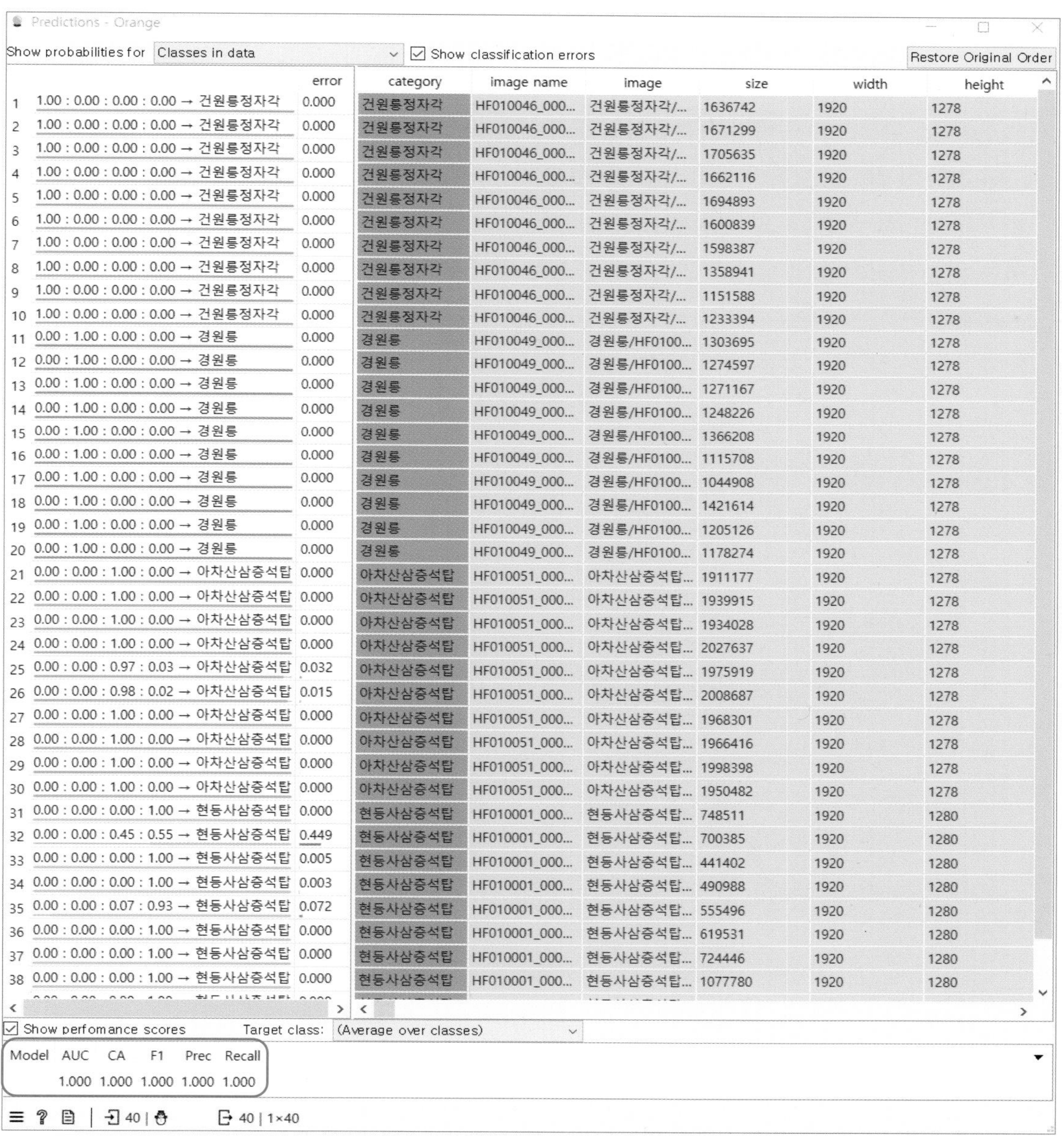

		error	category	image name	image	size	width	height
1	1.00 : 0.00 : 0.00 : 0.00 → 건원릉정자각	0.000	건원릉정자각	HF010046_000...	건원릉정자각/...	1636742	1920	1278
2	1.00 : 0.00 : 0.00 : 0.00 → 건원릉정자각	0.000	건원릉정자각	HF010046_000...	건원릉정자각/...	1671299	1920	1278
3	1.00 : 0.00 : 0.00 : 0.00 → 건원릉정자각	0.000	건원릉정자각	HF010046_000...	건원릉정자각/...	1705635	1920	1278
4	1.00 : 0.00 : 0.00 : 0.00 → 건원릉정자각	0.000	건원릉정자각	HF010046_000...	건원릉정자각/...	1662116	1920	1278
5	1.00 : 0.00 : 0.00 : 0.00 → 건원릉정자각	0.000	건원릉정자각	HF010046_000...	건원릉정자각/...	1694893	1920	1278
6	1.00 : 0.00 : 0.00 : 0.00 → 건원릉정자각	0.000	건원릉정자각	HF010046_000...	건원릉정자각/...	1600839	1920	1278
7	1.00 : 0.00 : 0.00 : 0.00 → 건원릉정자각	0.000	건원릉정자각	HF010046_000...	건원릉정자각/...	1598387	1920	1278
8	1.00 : 0.00 : 0.00 : 0.00 → 건원릉정자각	0.000	건원릉정자각	HF010046_000...	건원릉정자각/...	1358941	1920	1278
9	1.00 : 0.00 : 0.00 : 0.00 → 건원릉정자각	0.000	건원릉정자각	HF010046_000...	건원릉정자각/...	1151588	1920	1278
10	1.00 : 0.00 : 0.00 : 0.00 → 건원릉정자각	0.000	건원릉정자각	HF010046_000...	건원릉정자각/...	1233394	1920	1278
11	0.00 : 1.00 : 0.00 : 0.00 → 경원릉	0.000	경원릉	HF010049_000...	경원릉/HF0100...	1303695	1920	1278
12	0.00 : 1.00 : 0.00 : 0.00 → 경원릉	0.000	경원릉	HF010049_000...	경원릉/HF0100...	1274597	1920	1278
13	0.00 : 1.00 : 0.00 : 0.00 → 경원릉	0.000	경원릉	HF010049_000...	경원릉/HF0100...	1271167	1920	1278
14	0.00 : 1.00 : 0.00 : 0.00 → 경원릉	0.000	경원릉	HF010049_000...	경원릉/HF0100...	1248226	1920	1278
15	0.00 : 1.00 : 0.00 : 0.00 → 경원릉	0.000	경원릉	HF010049_000...	경원릉/HF0100...	1366208	1920	1278
16	0.00 : 1.00 : 0.00 : 0.00 → 경원릉	0.000	경원릉	HF010049_000...	경원릉/HF0100...	1115708	1920	1278
17	0.00 : 1.00 : 0.00 : 0.00 → 경원릉	0.000	경원릉	HF010049_000...	경원릉/HF0100...	1044908	1920	1278
18	0.00 : 1.00 : 0.00 : 0.00 → 경원릉	0.000	경원릉	HF010049_000...	경원릉/HF0100...	1421614	1920	1278
19	0.00 : 1.00 : 0.00 : 0.00 → 경원릉	0.000	경원릉	HF010049_000...	경원릉/HF0100...	1205126	1920	1278
20	0.00 : 1.00 : 0.00 : 0.00 → 경원릉	0.000	경원릉	HF010049_000...	경원릉/HF0100...	1178274	1920	1278
21	0.00 : 0.00 : 1.00 : 0.00 → 아차산삼층석탑	0.000	아차산삼층석탑	HF010051_000...	아차산삼층석탑...	1911177	1920	1278
22	0.00 : 0.00 : 1.00 : 0.00 → 아차산삼층석탑	0.000	아차산삼층석탑	HF010051_000...	아차산삼층석탑...	1939915	1920	1278
23	0.00 : 0.00 : 1.00 : 0.00 → 아차산삼층석탑	0.000	아차산삼층석탑	HF010051_000...	아차산삼층석탑...	1934028	1920	1278
24	0.00 : 0.00 : 1.00 : 0.00 → 아차산삼층석탑	0.000	아차산삼층석탑	HF010051_000...	아차산삼층석탑...	2027637	1920	1278
25	0.00 : 0.00 : 0.97 : 0.03 → 아차산삼층석탑	0.032	아차산삼층석탑	HF010051_000...	아차산삼층석탑...	1975919	1920	1278
26	0.00 : 0.00 : 0.98 : 0.02 → 아차산삼층석탑	0.015	아차산삼층석탑	HF010051_000...	아차산삼층석탑...	2008687	1920	1278
27	0.00 : 0.00 : 1.00 : 0.00 → 아차산삼층석탑	0.000	아차산삼층석탑	HF010051_000...	아차산삼층석탑...	1968301	1920	1278
28	0.00 : 0.00 : 1.00 : 0.00 → 아차산삼층석탑	0.000	아차산삼층석탑	HF010051_000...	아차산삼층석탑...	1966416	1920	1278
29	0.00 : 0.00 : 1.00 : 0.00 → 아차산삼층석탑	0.000	아차산삼층석탑	HF010051_000...	아차산삼층석탑...	1998398	1920	1278
30	0.00 : 0.00 : 1.00 : 0.00 → 아차산삼층석탑	0.000	아차산삼층석탑	HF010051_000...	아차산삼층석탑...	1950482	1920	1278
31	0.00 : 0.00 : 0.00 : 1.00 → 현등사삼층석탑	0.000	현등사삼층석탑	HF010001_000...	현등사삼층석탑...	748511	1920	1280
32	0.00 : 0.00 : 0.45 : 0.55 → 현등사삼층석탑	0.449	현등사삼층석탑	HF010001_000...	현등사삼층석탑...	700385	1920	1280
33	0.00 : 0.00 : 0.00 : 1.00 → 현등사삼층석탑	0.005	현등사삼층석탑	HF010001_000...	현등사삼층석탑...	441402	1920	1280
34	0.00 : 0.00 : 0.00 : 1.00 → 현등사삼층석탑	0.003	현등사삼층석탑	HF010001_000...	현등사삼층석탑...	490988	1920	1280
35	0.00 : 0.00 : 0.07 : 0.93 → 현등사삼층석탑	0.072	현등사삼층석탑	HF010001_000...	현등사삼층석탑...	555496	1920	1280
36	0.00 : 0.00 : 0.00 : 1.00 → 현등사삼층석탑	0.000	현등사삼층석탑	HF010001_000...	현등사삼층석탑...	619531	1920	1280
37	0.00 : 0.00 : 0.00 : 1.00 → 현등사삼층석탑	0.000	현등사삼층석탑	HF010001_000...	현등사삼층석탑...	724446	1920	1280
38	0.00 : 0.00 : 0.00 : 1.00 → 현등사삼층석탑	0.000	현등사삼층석탑	HF010001_000...	현등사삼층석탑...	1077780	1920	1280

Show perfomance scores　Target class: (Average over classes)

Model	AUC	CA	F1	Prec	Recall
	1.000	1.000	1.000	1.000	1.000

40 | 40 | 1×40

그림 6-5 테스트 데이터에 대한 분류 결과 확인하기

우리 문화재의 이미지를 이용하여 문화재를 인식하기 위해서 Neural Network 모델을 이용해 보았다. Orange3에서는 Neural Network라고 표시하고 있지만 정확하게는 이미지 인식에서 많이 사용하는 CNN(Convolutional Neural Network) 모델을 이용한 것이다. CNN 모델은 Convolution을 이용하여 이미지의 특징을 찾는 부분과 찾은 이미지의 특징을 이용하여 이미지를 분류하는 부분으로 나누어져 있다.

Orange3는 독특하게도 이미지의 특징을 찾는 위젯과 찾은 이미지의 특징을 이용하여 분류 즉, 인식하는 위젯이 분리되어 있으며 이 위젯들을 연결하여 이미지 인식 모델을 만든다. 이번 활동에서 사용한 [Image Embedding] 위젯으로 이미지의 특징을 찾고, [Neural Network] 위젯으로 이미지를 분류하였다.

이 활동에서는 데이터의 중요성도 알 수 있다. 아무리 좋은 모델을 사용하여도 문화재 이미지를 제대로 모을 수 없으면 제대로 동작하는 모델을 만들 수 없다. 따라서 문화재를 분류하는 인공지능 모델을 제대로 만들려면 충분한 문화재 이미지를 가지고 있어야 한다.

MEMO

7

기계가 감정을 알 수 있을까?

Sentiment Analysis(감성 분석)를 통해 사람들이 쓴 글이 어떤 감정인지 알아보자.

해결해야 할 문제는 무엇일까?

문제 상황

요즘 사람들은 SNS를 이용하여 자신의 일상이나 생각을 다른 사람들과 공유하며 소통한다. 카카오톡, 트위터, 페이스북, 인스타그램 등의 다양한 플랫폼을 이용하여 자신의 현재 감정이나 사회 문제들에 대한 생각을 문장으로 표현한다. 이렇게 표현한 특정 사건이나 대상에 대한 사람들의 감정을 기계학습으로 구별해 낼 수 있을까? 사람들이 어떤 대상에 대하여 어떤 감정을 갖는지 즉 행복한지, 흥분되는지, 즐거운지 불안한지를 알 수 있다면 이를 통해 새로운 상품을 만들거나 아니면 사회 문제를 해결하는 데 활용할 수 있을 것이다.

→ **트위터를 기반으로 사람들이 쓴 트윗을 이용하여 글의 감성을 분석하는 인공지능 모델을 만들어 보자.**

데이터를 준비하자!

1 twitter API Key 발급받기

Orange3에서 트위터 데이터를 분석하려면 먼저 트위터 데이터를 사용할 수 있도록 트위터에서 API를 받아야 한다. 트위터 홈페이지에 가면 API Key를 얻는 방법이 자세히 나와 있는데 이를 참조하여 Key를 획득한다.

트위터는 기본적으로 사용자가 공개적으로 데이터를 공유하기 때문에 권한만 얻는다면 데이터를 사용할 수 있다. 물론 사용자의 개인적인 신상 등이 아니라 공개적인 트윗이나 답글 등의 데이터만 사용한다.

트위터 API를 사용하기 위해서는 본인의 트위터 계정을 개발자 계정으로 신청하여 Key와 토큰을 받아야 한다. 이때 반드시 실제로 사용 중인 계정을 이용한다. 사용자 인증은 사용 중인 계정이 아닌 경우 신청이 반려될 수 있으므로 이메일과 전화번호로 인증해야 한다.

AI랑 친해지기

트위터 데이터 사용하기 – API

- API는 컴퓨터 프로그램 간에 정보를 요청하고 전달할 수 있는 수단을 말한다. 한 대의 컴퓨터를 넘어서 네트워크 상의 컴퓨터에서 사용할 때는 Open API라고 불린다. API를 사용하면 개발자나 사용자가 프로그래밍 방식으로 데이터에 접근할 수 있다. 트위터 데이터를 분석하기 위해서는 트위터에서 승인한 API Key가 필요하다.

❶ 아래와 같이 개발자 사이트(https://developer.twitter.com/en/portal/dashbord)에 접속하고 자신의 계정으로 로그인하고 'Sign up'을 클릭한다.

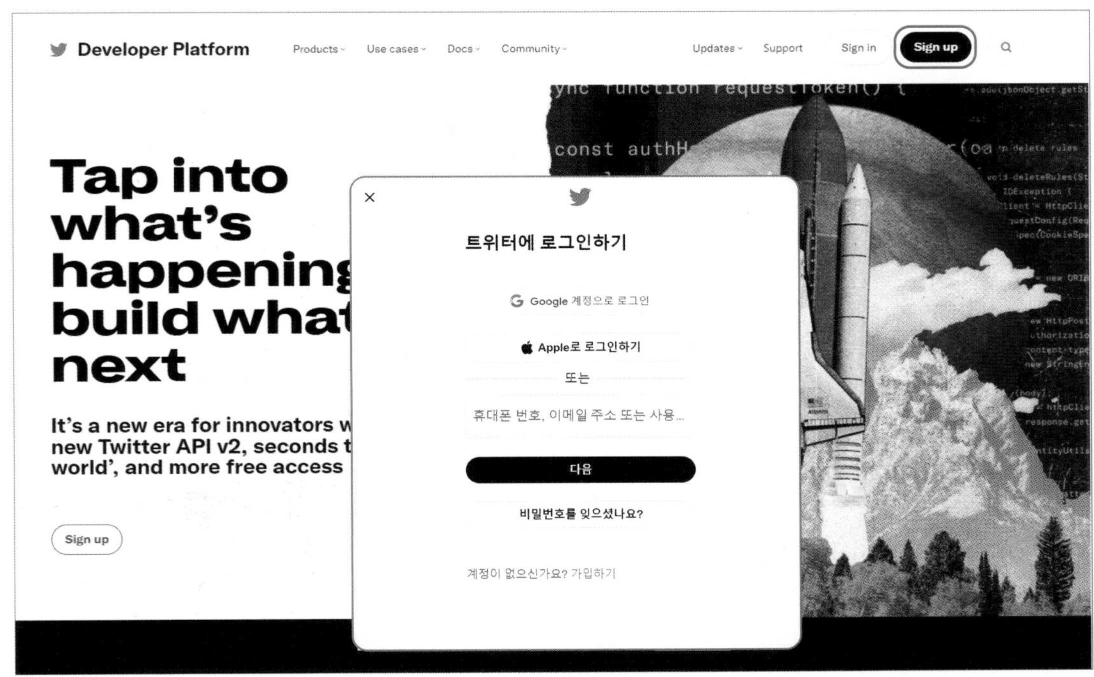

❷ 다음 화면에서 몇 가지 정보를 입력하는 화면이 나온다. 이름, 살고 있는 곳, 코딩 실력은 어느 정도인지 트위터 정보를 받아볼 것인지를 물어보는데 필요에 따라 입력해 주면 된다.

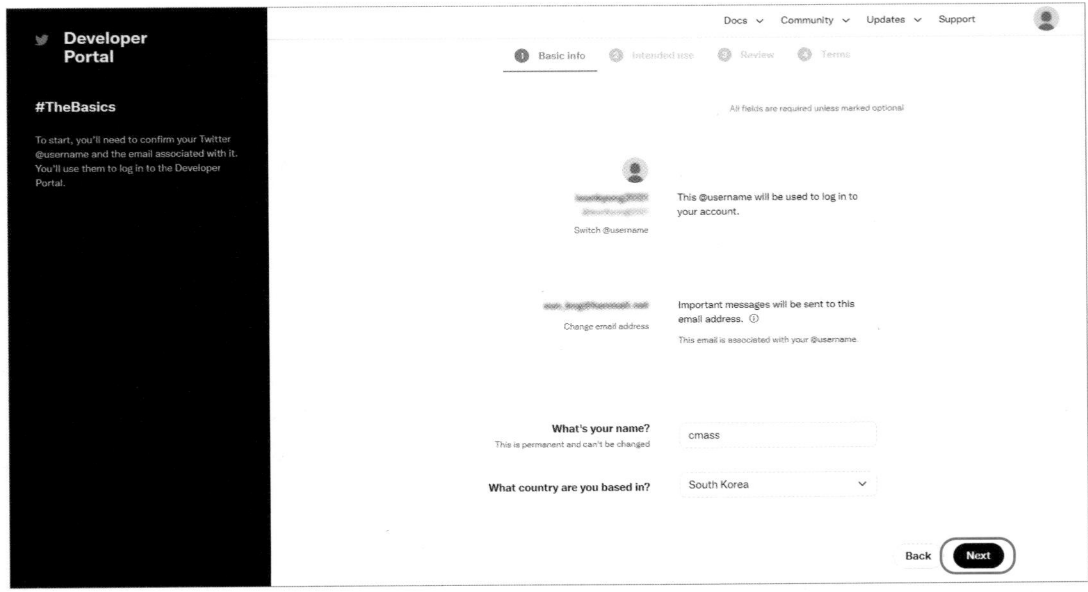

❸ 개발자 동의 사항을 확인 후 체크하고 'Submit'을 클릭하면 자신의 이메일로 인증 메일이 발송된다.

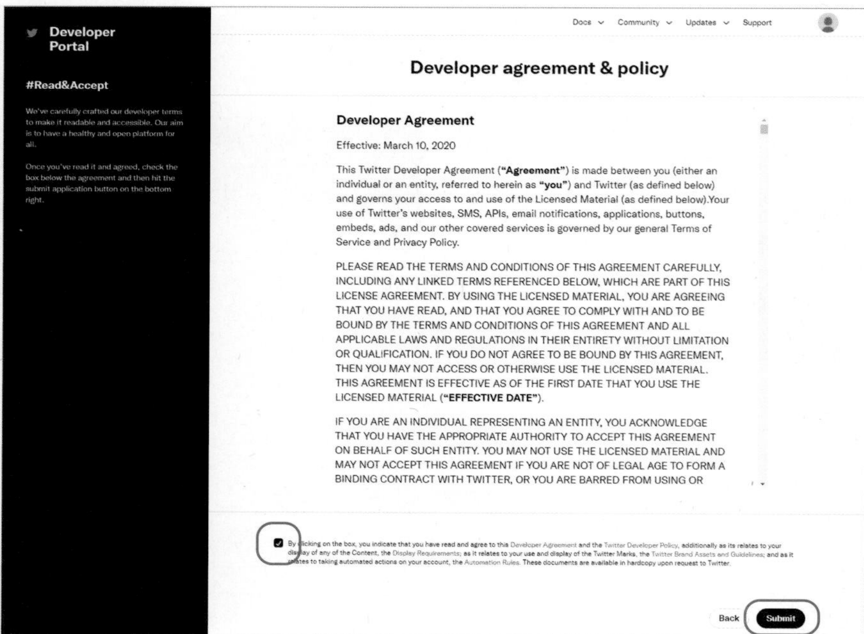

❹ 인증 메일의 'Confirm your email'을 클릭해서 인증을 완료한다.

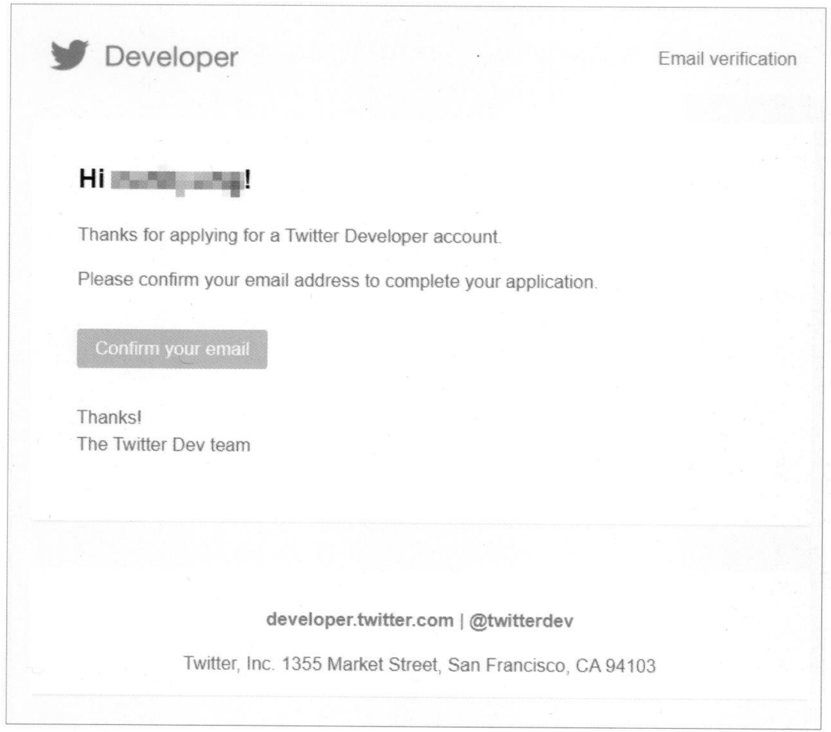

⑤ 트위터 데이터를 어떻게 쓸 것인지를 200자 내외로 입력한다. 영어로 입력해야 하므로 익숙하지 않으면 번역기를 이용하여 문장을 번역해서 입력한다. 화면 아래의 The specifics 항목을 모두 'No'로 선택하면 나머지 내용은 입력하지 않아도 된다.

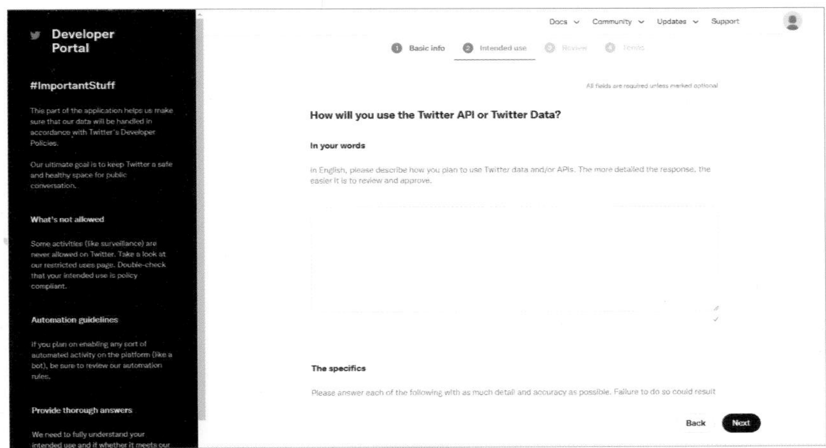

⑥ Basic Info에서 지금까지 입력한 내용을 확인한 후 Dashboard에서 'Get access'를 클릭한다.

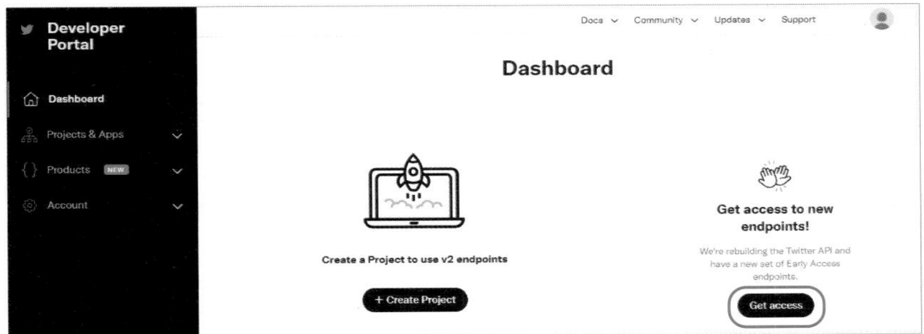

⑦ 앱의 환경, 앱의 이름, 소개 내용 등을 차례대로 입력하면 API Key를 획득할 수 있다.

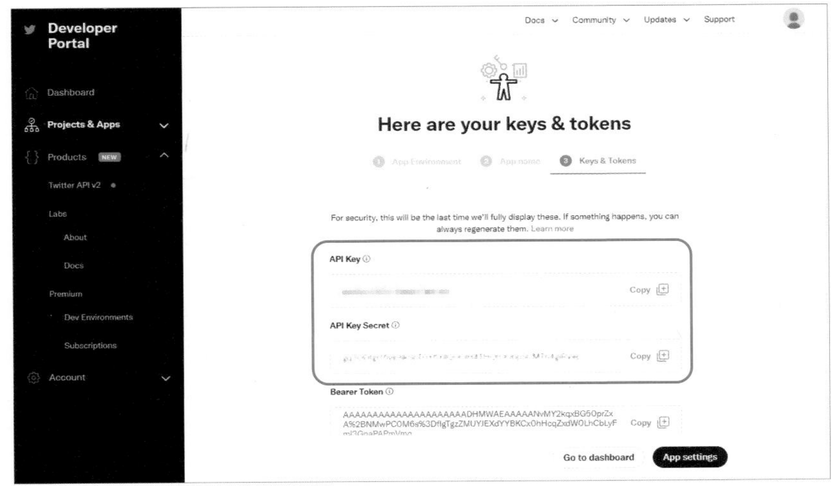

2 데이터 불러오기

① 트위터 데이터 불러오기

• 메뉴의 [Options] → [Add-ons...] → Text를 선택하여 Text Mining 기능을 추가하고 카테고리에서 [Twitter] 위젯을 캔버스로 가져와 더블 클릭한다.

• [Twitter] 위젯 대화상자의 'Twitter API Key' 버튼을 누르고 앞서 획득해 놓은 Bearer Token을 입력해 준다.

• Query word list에 가져 오고 싶은 트위터 태그를 넣어 준다. 여기서는 #Olympic에 관한 의견들을 가져오기 위해 올림픽을 넣어 주었다.

• Max Tweets은 가져올 트윗의 개수로 기본으로 100개가 설정되어 있다. 여기서는 400으로 설정한다. 마지막으로 search를 눌러 데이터를 가져온다.

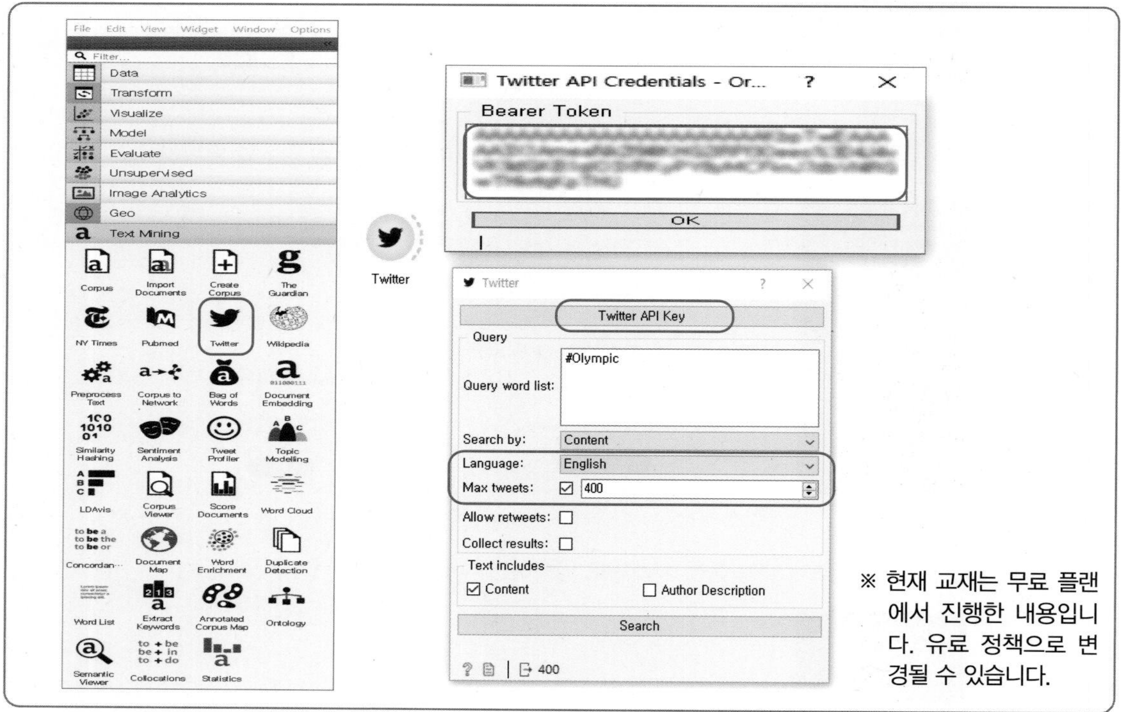

※ 현재 교재는 무료 플랜에서 진행한 내용입니다. 유료 정책으로 변경될 수 있습니다.

AI랑 친해지기

한글 트윗을 가져와 감성 분석을 할 수 있나요?

• [Twitter] 위젯은 한글을 지원하므로 한글 태그를 입력하면 한글 트윗을 가져올 수 있다. 더불어 감성 분석 [Sentiment Analysis] 위젯에서도 'Multilingual Sentiment' 옵션을 사용하면 한국어 처리를 할 수 있다.

• 그러나 정규 표현(Regexp) 등을 이용하여 [Preprocess Text] 위젯에서 한글의 불용어 등의 처리를 직접 처리해야 하고, [Sentiment Analysis] 위젯에서 'Multilingual Sentiment' 옵션이 한글을 완벽히 처리하지 못하므로 여기서는 영어로 감성 분석을 한다.

3 데이터 전처리하기

가져온 트윗에는 각종 기호나 문장과는 관계없는 것들이 있는데 그것을 제거하기 위해 전처리하는 과정이 필요하다.

① 트윗 내용 살펴보기

먼저 [Corpus Viewer] 위젯을 [Twitter] 위젯에 연결하여 트윗 내용을 살펴보자. 선택한 옵션에 따라 400개의 내용이 들어가 있는 것을 확인할 수 있다.

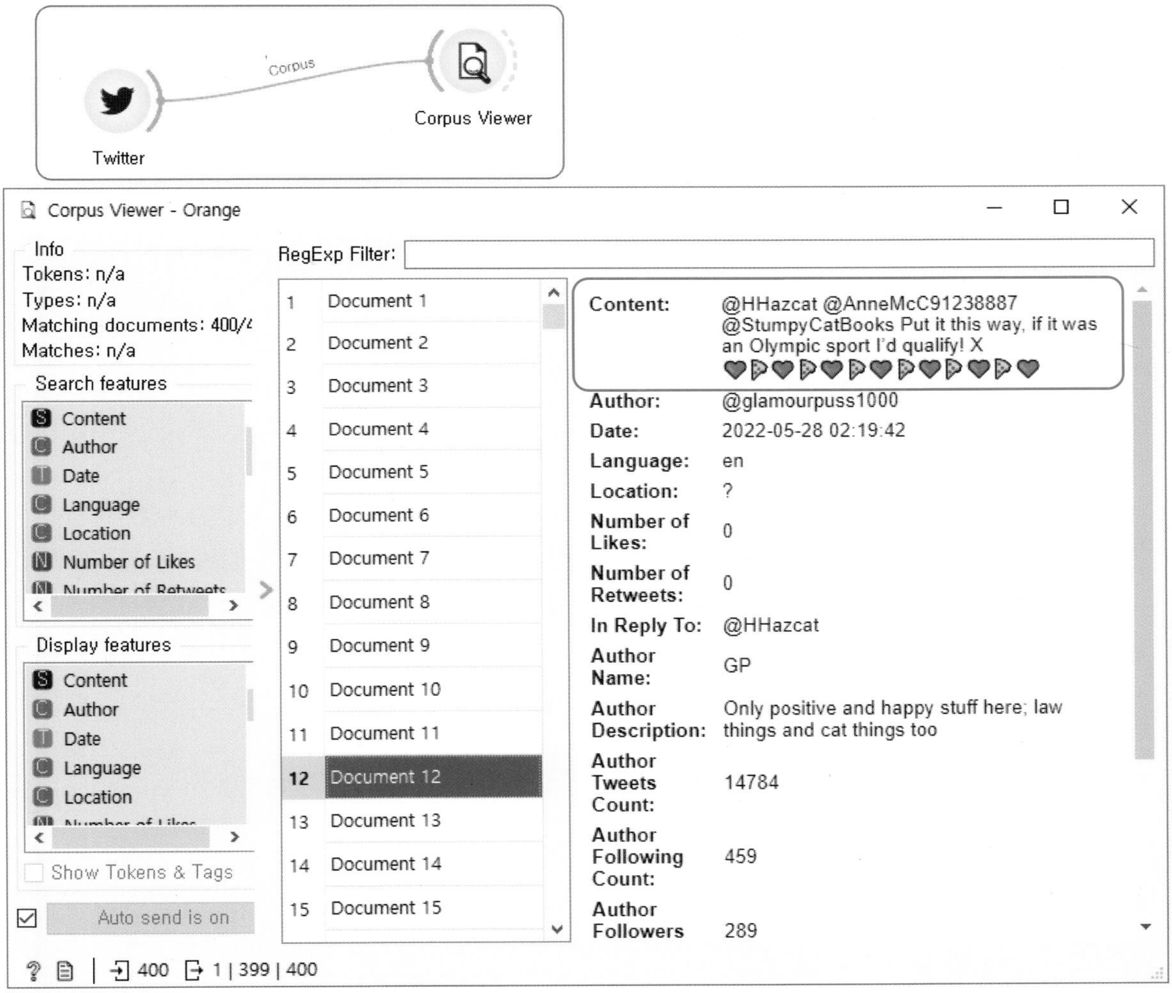

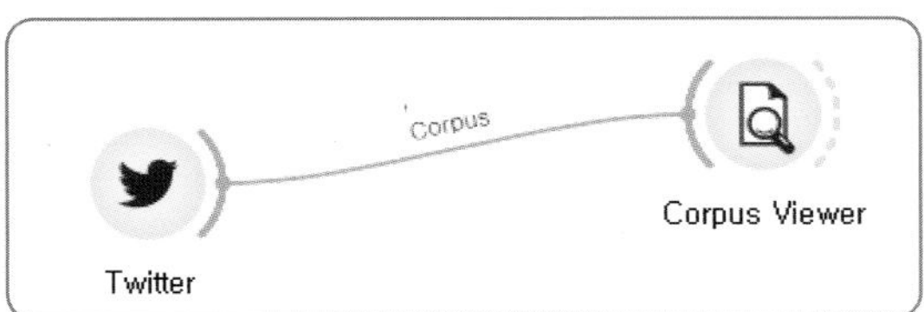

Corpus Viewer - Orange

Info
Tokens: n/a
Types: n/a
Matching documents: 400/4
Matches: n/a

Search features
Content
Author
Date
Language
Location
Number of Likes
Number of Retweets

Display features
Content
Author
Date
Language
Location
Number of Likes

Show Tokens & Tags

Auto send is on

RegExp Filter:

1	Document 1
2	Document 2
3	Document 3
4	Document 4
5	Document 5
6	Document 6
7	Document 7
8	Document 8
9	Document 9
10	Document 10
11	Document 11
12	Document 12
13	Document 13
14	Document 14
15	Document 15

Content:	@HHazcat @AnneMcC91238887 @StumpyCatBooks Put it this way, if it was an Olympic sport I'd qualify! X
Author:	@glamourpuss1000
Date:	2022-05-28 02:19:42
Language:	en
Location:	?
Number of Likes:	0
Number of Retweets:	0
In Reply To:	@HHazcat
Author Name:	GP
Author Description:	Only positive and happy stuff here; law things and cat things too
Author Tweets Count:	14784
Author Following Count:	459
Author Followers	289

400 1 | 399 | 400

그림 7-1 불용어가 포함된 트윗 내용

위 [그림 7-1]의 표시된 부분의 내용을 자세히 살펴보면 단어가 아닌 기호나 이모티콘 등이 많이 포함되어 있는 것을 알 수 있다. 이렇게 분석하는 데 도움이 되지 않는 특수 기호나 이모티콘 등을 불용어라고 한다.

② 불용어(Stopwords) 제거하기

트윗에서 단어와 관계없는 다양한 기호들을 제거하기 위해 [Preprocess Text] 위젯을 가져와 연결한다. 기본 옵션을 사용해도 되지만 Remove urls를 이용해서 URL 등은 제거해 준다. 영어이므로 영어의 불용어는 모두 제거해 준다.

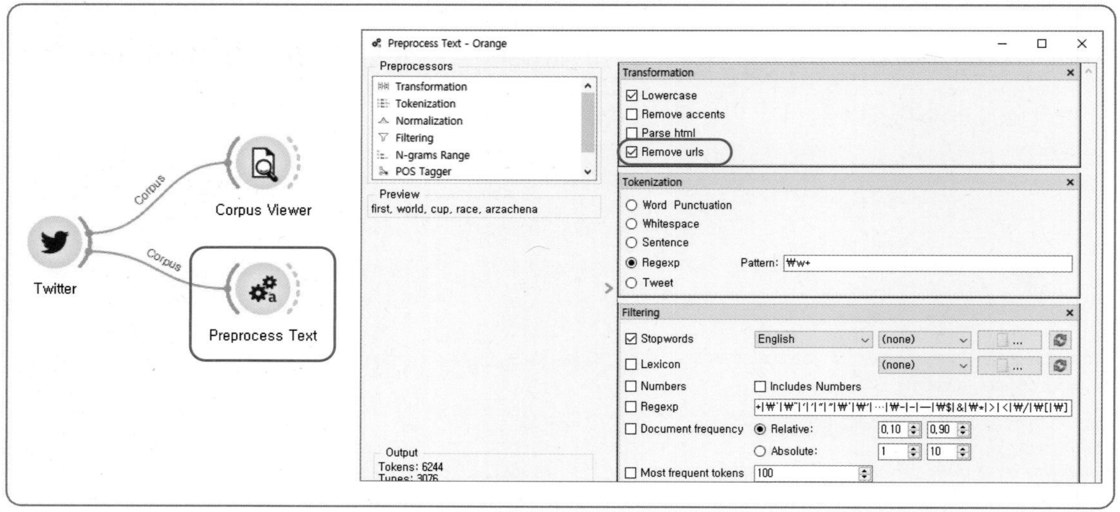

그림 7-2 불용어 제거

③ 워드 클라우드 그려보기

불용어 등이 제대로 제거되었는지 확인하기 위해 [Word Cloud] 위젯을 [Preprocess Text] 위젯에 연결하고 [Word Cloud] 위젯을 더블 클릭하면 [그림 7-3]과 같은 워드 클라우드가 그려진다. [Word Cloud] 위젯을 보면 특수 기호나 urls 등은 제거되고 사람들의 트윗에서 단어들만 잘 추출된 것을 확인할 수 있다.

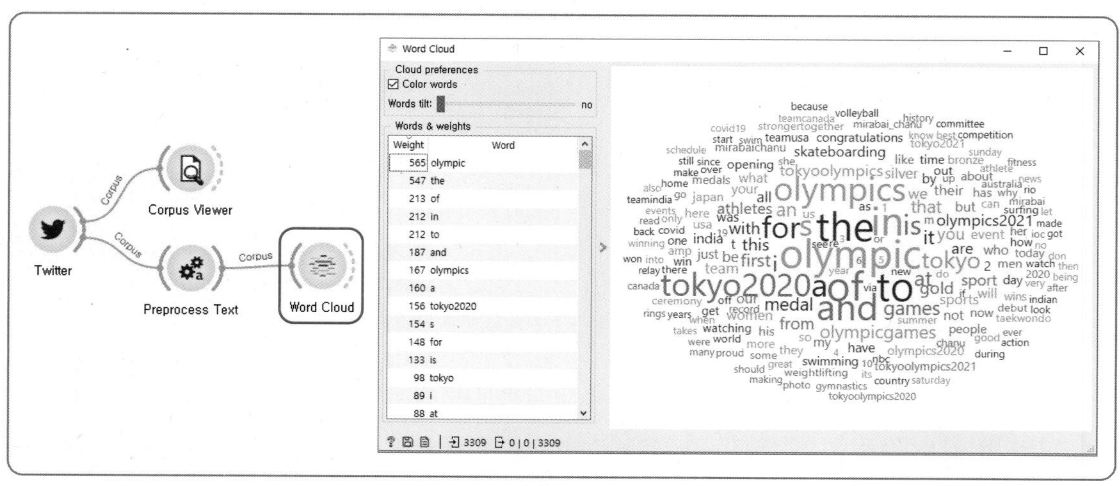

그림 7-3 불용어 제거 확인([Word Cloud] 위젯 연결)

어떤 모델을 선택하고 학습시킬까?

1 학습 모델 선택하기

텍스트의 감성을 분석하는 것은 많은 데이터의 학습이 필요하다. Orange3에서 이용하는 [Sentiment Analysis] 위젯은 사전에 많은 데이터를 이용하여 영어 및 여러 언어의 문장에 대하여 감성 분석을 할 수 있도록 만든 모델이다.

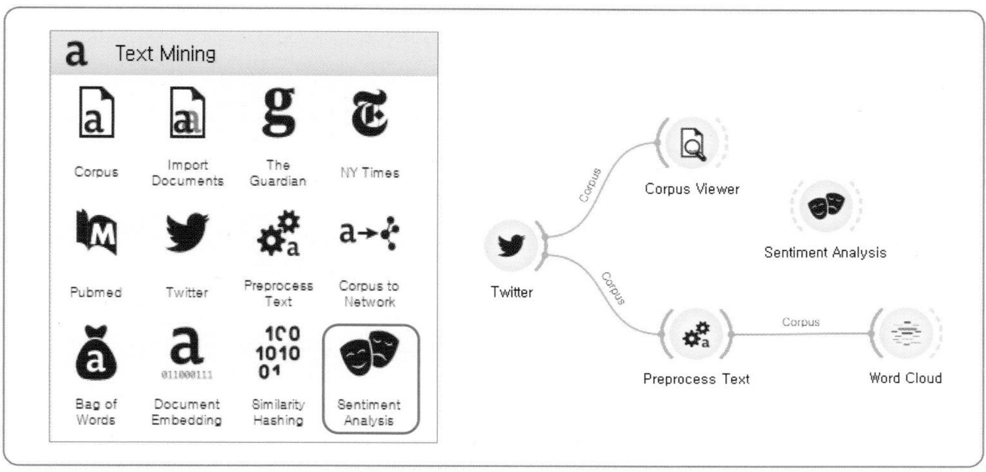

2 학습시키기

이 활동에서는 사전 학습 모델(Pre-Trained Model)을 사용하므로 별도의 학습 과정과 훈련 데이터가 필요 없고 모든 데이터를 테스트로 활용한다.

AI랑 친해지기

Pre-Trained Model(사전 학습 모델)

- 딥러닝을 이용하여 성능 좋은 인공지능 모델을 만드는 것은 방대한 데이터와 실험이 필요하다. 따라서 실제 딥러닝 모델을 활용할 수 있도록 미리 큰 회사나 연구 단체에서 모델을 학습시켜 만든 모델을 Pre-Trained Model이라고 한다.
- 이미지 인식 분야에서는 Yolo가 대표적인 Pre-Trained Model이고 자연어 처리 분야에서는 GTP-3가 최근 등장한 강력한 Pre-Trained Model이다.

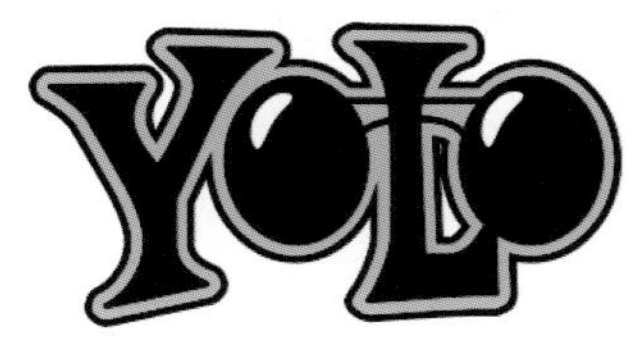

4 모델의 성능을 확인해 보자!

1 학습 결과 확인하기

- 텍스트의 감성 분석을 위해서 [Sentiment Analysis] 위젯을 [Preprocess Text] 위젯에 연결한 후 더블 클릭한다.
- [그림 7-4]와 같이 감성 분석을 실행하는 몇 가지 알고리즘 중 여기서는 Vader 방식을 사용한다.

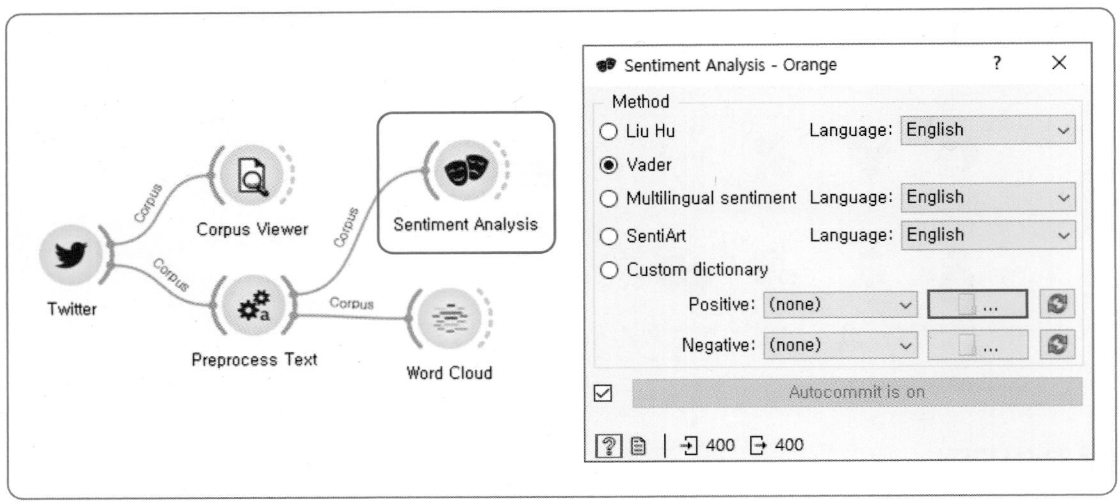

그림 7-4 [Sentiment Analysis] 위젯의 옵션

AI랑 친해지기

감성 분석 알고리즘

- **Liu Hu:** 사전 기반 감정 분석(영어 및 슬로베니아어 지원)으로 최종 점수는 문서 길이로 정규화하고 100을 곱한 긍정적인 단어의 합계와 부정적인 단어의 합계 간의 차이를 이용한다.
- **Vader:** Liu Hu와 비슷한 사전 방식이지만 단어 이외에도 몇 가지 규칙을 추가하여 감성 분석을 실시한다.

2 성능 결과 확인하기

이 활동에서는 감성 분석 모델이 1개이므로 다른 모델과 비교하지 않는다. [Sentiment Analysis] 위젯에 [Data Table] 위젯을 연결한 후 더블 클릭하여 결과를 확인한다.

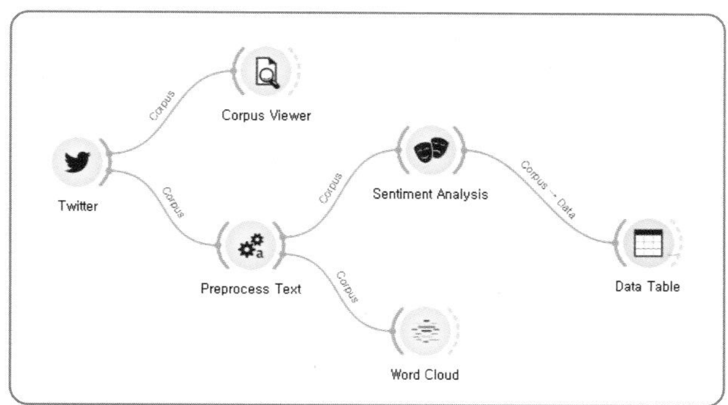

- 결과는 Vader 알고리즘에 의해 긍정(positive), 부정(negative), 중립(neutral)으로 구분되어 표시된다.
- 감성 분석 사전 학습 모델의 경우 성능 평가를 위한 정답이 존재하지 않으므로 성과 지표를 근거한 성능 결과를 확인할 수는 없다. 따라서 사용자가 트윗의 내용을 확인하여 긍정(pos), 부정(neg), 중립(neu) 결과에 대한 적합 여부를 판단할 수 있다.

Content True	pos	neg	neu
"As an athlete, I learned the importance of setting and sticking to ...	0.275	0	0.725
"Dressage is like ballet on horseback." A book for horse lovers tha...	0.256	0.062	0.683
"Eli Bremer": 132 views/day Please help improve it! https://t.co/Bu...	0.506	0	0.494
"How much is a little girl worth? "Public Truth Announcement by ...	0.126	0.135	0.739
"I don't care about watching sport, It takes over half the news" (fr...	0.176	0.169	0.655
"My will is to see sports progress, create a better sport movement ...	0.167	0	0.833
"SHE IS THE FIRST" @kmmalleswari mam. The 1st Indian woman ...	0.302	0	0.698
"The considerable proportion of female employees appears to hav...	0.119	0	0.881
"Together for a Shared Future" has been unveiled as the official m...	0.112	0	0.888
"Together for a Shared Future" has been unveiled as the official m...	0.112	0	0.888
#Fitness | Once a niche subculture, #BMX became an #Olympic s...	0	0	
#French Ambassador to #India #EmmanuelLenain hosted #Olympi...	0.106	0	0.894
#Headline CN The lighting ceremony of the #Olympic flame in ...	0	0.048	0.952
#HockeyHope my @Olympics #Bronze will inspire youngsters of...	0.271	0	0.729
#Kenya's Chef de Mission for #Rio2016 and the country's former ...	0	0	

orange3 장점

Q Orange3 [Sentiment Analysis] 위젯의 성능은 어떤가요?

A 상당히 정확한 감성 분석을 해 주고 중립, 긍정, 부정의 확률을 모두 보여 줍니다. 더욱이 다양한 언어를 처리할 수 있으며 최근에는 한글 감성 분석도 가능하게 되었습니다.

여기서는 [Sentiment Analysis] 위젯을 통해 Pre-Trained Model을 사용하고 트위터의 실제 데이터를 이용해 보았다. 실제 데이터를 이용할 때 가장 어려운 점은 실제 데이터는 훈련 데이터가 아니므로 정답이 존재하지 않는다는 것이다. 즉, Pre-Trained Model은 이미 모델 성능 평가까지 끝낸 것이므로 정답(label)이 없는 실제 데이터를 이용할 때는 얼마나 정확한지 평가하기는 어렵다.

MEMO

8

대기 오염 예측을 부탁해!

Random Forest를 사용하여 서울의 초미세먼지 정도를 예측해 보자.

정형 데이터

Random Forest

해결해야 할 문제는 무엇일까?

문제 상황

대기 오염(大氣汚染, Air pollution)은 공장의 매연, 자동차 배기가스 등의 인간 활동으로 인한 대기상의 환경 오염을 말한다. 미국 질병통제예방센터(CDC)의 연구에 따르면 대기 오염 증가가 암, 심장 질환, 폐렴, 저체중 등의 건강 문제와 함께 판단 오류, 정신 건강 문제, 학업 부진, 높은 범죄율 등과 관련 있다고 한다. 대기 오염으로 인해 발생할 수 있는 이러한 문제를 예방할 방안은 없을까?

서울의 대기 오염 데이터를 분석 및 시각화한 후, 대기 오염 정도를 예측할 수 있는 인공지능 모델을 만들어 보자.

데이터를 준비하자!

1 외부 데이터 다운로드

① 캐글 데이터 다운로드하기

- 캐글에서 'Air Pollution in Seoul'을 검색하여 데이터를 다운로드하거나, 출판사 홈페이지에 접속하여 데이터를 다운로드한다.

(https://bit.ly/4ag2Mth)

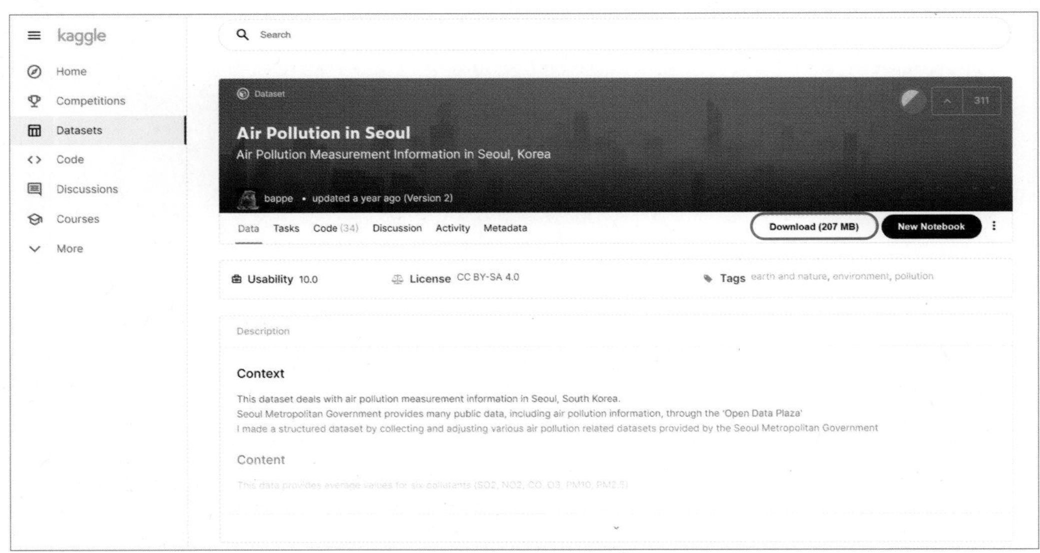

그림 8-1 캐글의 Air Pollution in Seoul 데이터

② 데이터 살펴보기

- 다운로드한 zip 파일의 압축을 풀고 Measurement_summary.csv 파일을 열면 2017년 1월 1일 0시부터 2019년 12월 31일 23시까지 한 시간 간격으로 서울 25개 대기 오염 측정 장소의 SO_2(아황산가스), NO_2(이산화질소), O_3(오존), CO(일산화탄소), PM_{10}(미세먼지), $PM_{2.5}$(초미세먼지)의 값을 측정하여 수집한 데이터 파일을 확인할 수 있다.
- 각 장소의 Latitude(위도)와 Longitude(경도), 영문 주소 등도 포함하고 있다.

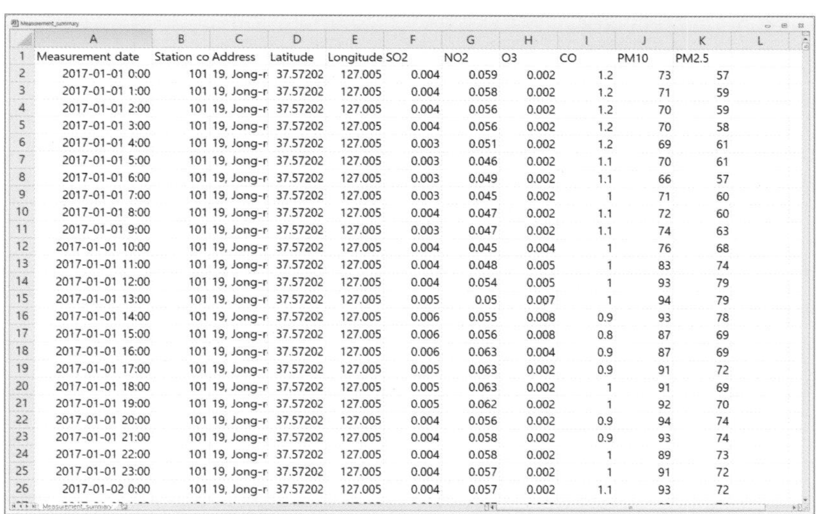

	A	B	C	D	E	F	G	H	I	J	K
1	Measurement date	Station co	Address	Latitude	Longitude	SO2	NO2	O3	CO	PM10	PM2.5
2	2017-01-01 0:00	101	19, Jong-r	37.57202	127.005	0.004	0.059	0.002	1.2	73	57
3	2017-01-01 1:00	101	19, Jong-r	37.57202	127.005	0.004	0.058	0.002	1.2	71	59
4	2017-01-01 2:00	101	19, Jong-r	37.57202	127.005	0.004	0.056	0.002	1.2	70	59
5	2017-01-01 3:00	101	19, Jong-r	37.57202	127.005	0.004	0.056	0.002	1.2	70	58
6	2017-01-01 4:00	101	19, Jong-r	37.57202	127.005	0.003	0.051	0.002	1.2	69	61
7	2017-01-01 5:00	101	19, Jong-r	37.57202	127.005	0.003	0.046	0.002	1.1	70	61
8	2017-01-01 6:00	101	19, Jong-r	37.57202	127.005	0.003	0.049	0.002	1.1	66	57
9	2017-01-01 7:00	101	19, Jong-r	37.57202	127.005	0.003	0.045	0.002	1	71	60
10	2017-01-01 8:00	101	19, Jong-r	37.57202	127.005	0.004	0.047	0.002	1.1	72	60
11	2017-01-01 9:00	101	19, Jong-r	37.57202	127.005	0.003	0.047	0.002	1.1	74	63
12	2017-01-01 10:00	101	19, Jong-r	37.57202	127.005	0.004	0.045	0.004	1	76	68
13	2017-01-01 11:00	101	19, Jong-r	37.57202	127.005	0.004	0.048	0.005	1	83	74
14	2017-01-01 12:00	101	19, Jong-r	37.57202	127.005	0.004	0.054	0.005	1	93	79
15	2017-01-01 13:00	101	19, Jong-r	37.57202	127.005	0.005	0.05	0.007	1	94	79
16	2017-01-01 14:00	101	19, Jong-r	37.57202	127.005	0.006	0.055	0.008	0.9	93	78
17	2017-01-01 15:00	101	19, Jong-r	37.57202	127.005	0.006	0.056	0.008	0.8	87	69
18	2017-01-01 16:00	101	19, Jong-r	37.57202	127.005	0.006	0.063	0.004	0.9	87	69
19	2017-01-01 17:00	101	19, Jong-r	37.57202	127.005	0.005	0.063	0.002	0.9	91	72
20	2017-01-01 18:00	101	19, Jong-r	37.57202	127.005	0.005	0.063	0.002	1	91	69
21	2017-01-01 19:00	101	19, Jong-r	37.57202	127.005	0.005	0.062	0.002	1	92	70
22	2017-01-01 20:00	101	19, Jong-r	37.57202	127.005	0.004	0.056	0.002	0.9	94	74
23	2017-01-01 21:00	101	19, Jong-r	37.57202	127.005	0.004	0.058	0.002	0.9	93	74
24	2017-01-01 22:00	101	19, Jong-r	37.57202	127.005	0.004	0.058	0.002	1	89	73
25	2017-01-01 23:00	101	19, Jong-r	37.57202	127.005	0.004	0.057	0.002	1	91	72
26	2017-01-02 0:00	101	19, Jong-r	37.57202	127.005	0.004	0.057	0.002	1.1	93	72

그림 8-2 Measurement_summary.csv

③ 데이터 편집하기

데이터 처리 속도를 높이기 위해 전체 데이터 중 1년치에 해당하는 2019년 데이터만 편집하여 시각화해 보도록 한다.

- 파일을 연 후 [데이터]-[정렬]에서 Measurement date를 기준으로 오름차순 정렬을 실행한다.

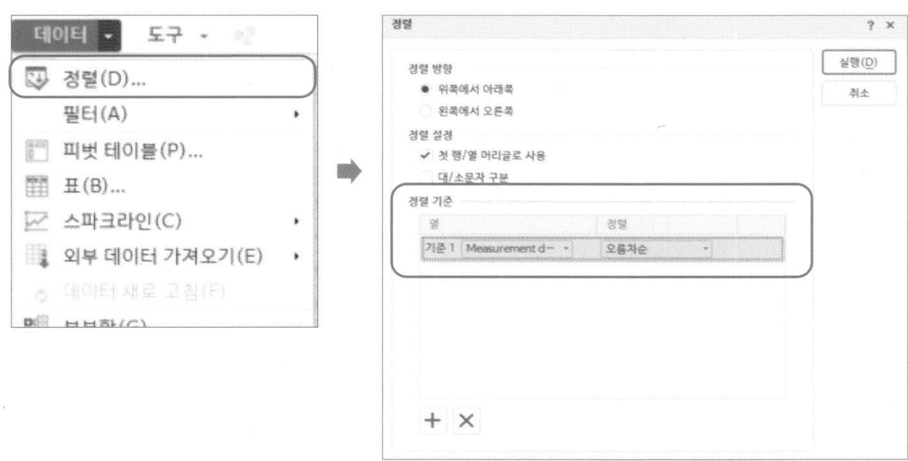

- Measurement date를 기준으로 정렬된 데이터에서 2019년 데이터만 선택하여 복사한 후, [파일]–[새문서]를 만들어 1행은 비워 두고 2행에 붙여 넣는다.

	A	B	C	D	E	F	G	H	I	J	K
1											
2	2019-01-01 1:00	101	19, Jong-r	37.57202	127.005	0.004	0.061	0.002	1.1	37	22
3	2019-01-01 1:00	102	15, Deoksu	37.56426	126.9747	0.003	0.056	0.002	0.8	38	27
4	2019-01-01 1:00	103	136, Hann	37.54003	127.0049	0.002	0.051	0.002	0.8	34	28
5	2019-01-01 1:00	104	215, Jinheu	37.60982	126.9348	0.004	0.039	0.004	1	34	22
6	2019-01-01 1:00	105	32, Segeor	37.59374	126.9497	0.007	0.048	0.003	1.6	41	33
7	2019-01-01 1:00	106	10, Poeun-	37.55558	126.9056	0.003	0.036	0.002	0.7	52	21
8	2019-01-01 1:00	107	18, Ttukse	37.54186	127.0497	0.003	0.053	0.002	0.9	41	26

- Measurement_summary.csv 파일에서 속성명이 입력되어 있는 첫 번째 행을 복사하여 새문서의 1행에 마저 붙여 넣고, 파일명을 'Airpollution'으로 설정한 후 csv파일로 저장한다.

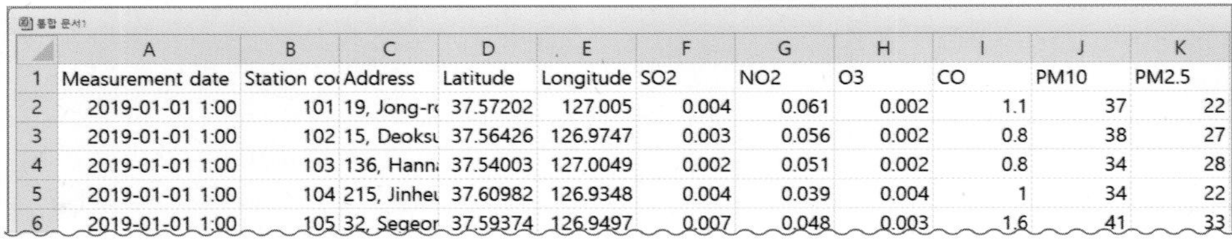

	A	B	C	D	E	F	G	H	I	J	K
1	Measurement date	Station co	Address	Latitude	Longitude	SO2	NO2	O3	CO	PM10	PM2.5
2	2019-01-01 1:00	101	19, Jong-r	37.57202	127.005	0.004	0.061	0.002	1.1	37	22
3	2019-01-01 1:00	102	15, Deoksu	37.56426	126.9747	0.003	0.056	0.002	0.8	38	27
4	2019-01-01 1:00	103	136, Hann	37.54003	127.0049	0.002	0.051	0.002	0.8	34	28
5	2019-01-01 1:00	104	215, Jinheu	37.60982	126.9348	0.004	0.039	0.004	1	34	22
6	2019-01-01 1:00	105	32, Segeor	37.59374	126.9497	0.007	0.048	0.003	1.6	41	33

2 데이터 불러오기

- Data 카테고리의 [File] 위젯을 캔버스로 가져와서 더블 클릭한 후, 미리 준비한 데이터(Airpollution.csv)를 불러온다.
- Data 카테고리의 [Data Table] 위젯을 가져와서 [File] 위젯과 연결한 후, [Data Table] 위젯을 통해 전체 데이터를 한눈에 살펴보고, Info 탭에서 데이터 정보를 확인한다.

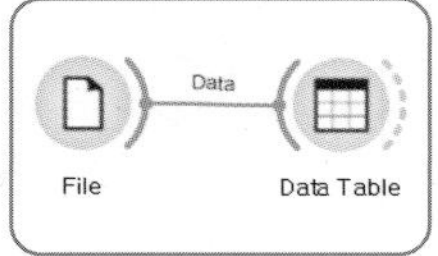

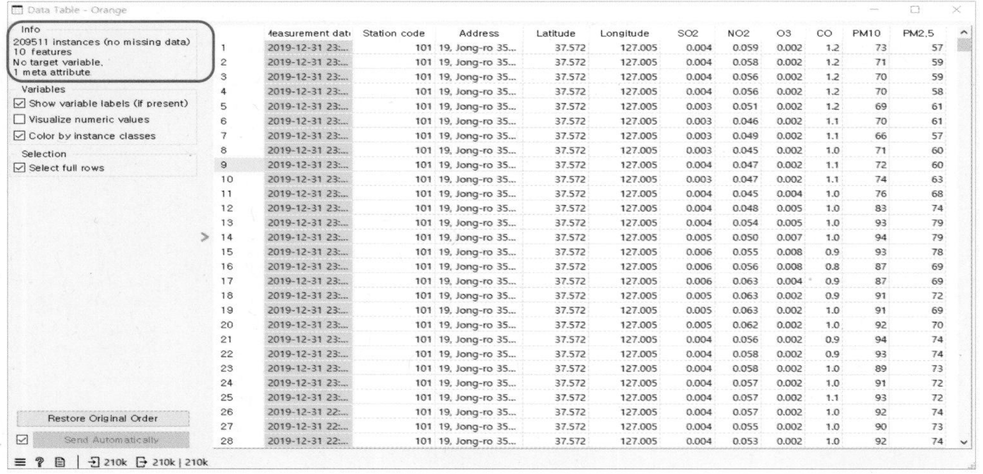

	Measurement date	Station code	Address	Latitude	Longitude	SO2	NO2	O3	CO	PM10	PM2.5
1	2019-12-31 23:...	101	19, Jong-ro 35...	37.572	127.005	0.004	0.059	0.002	1.2	73	57
2	2019-12-31 23:...	101	19, Jong-ro 35...	37.572	127.005	0.004	0.058	0.002	1.2	71	59
3	2019-12-31 23:...	101	19, Jong-ro 35...	37.572	127.005	0.004	0.056	0.002	1.2	70	59
4	2019-12-31 23:...	101	19, Jong-ro 35...	37.572	127.005	0.004	0.056	0.002	1.2	70	58
5	2019-12-31 23:...	101	19, Jong-ro 35...	37.572	127.005	0.003	0.051	0.002	1.2	69	61
6	2019-12-31 23:...	101	19, Jong-ro 35...	37.572	127.005	0.003	0.046	0.002	1.1	70	61
7	2019-12-31 23:...	101	19, Jong-ro 35...	37.572	127.005	0.003	0.049	0.002	1.1	66	57
8	2019-12-31 23:...	101	19, Jong-ro 35...	37.572	127.005	0.003	0.045	0.002	1.0	71	60
9	2019-12-31 23:...	101	19, Jong-ro 35...	37.572	127.005	0.004	0.047	0.002	1.1	72	60
10	2019-12-31 23:...	101	19, Jong-ro 35...	37.572	127.005	0.003	0.047	0.002	1.1	74	63
11	2019-12-31 23:...	101	19, Jong-ro 35...	37.572	127.005	0.004	0.045	0.004	1.0	76	68
12	2019-12-31 23:...	101	19, Jong-ro 35...	37.572	127.005	0.004	0.048	0.005	1.0	83	74
13	2019-12-31 23:...	101	19, Jong-ro 35...	37.572	127.005	0.004	0.054	0.005	1.0	93	79
14	2019-12-31 23:...	101	19, Jong-ro 35...	37.572	127.005	0.005	0.050	0.007	1.0	94	79
15	2019-12-31 23:...	101	19, Jong-ro 35...	37.572	127.005	0.006	0.055	0.008	0.9	93	78
16	2019-12-31 23:...	101	19, Jong-ro 35...	37.572	127.005	0.006	0.056	0.008	0.8	87	69
17	2019-12-31 23:...	101	19, Jong-ro 35...	37.572	127.005	0.006	0.063	0.004	0.9	87	69
18	2019-12-31 23:...	101	19, Jong-ro 35...	37.572	127.005	0.005	0.063	0.002	0.9	91	72
19	2019-12-31 23:...	101	19, Jong-ro 35...	37.572	127.005	0.005	0.063	0.002	1.0	91	69
20	2019-12-31 23:...	101	19, Jong-ro 35...	37.572	127.005	0.005	0.062	0.002	1.0	92	70
21	2019-12-31 23:...	101	19, Jong-ro 35...	37.572	127.005	0.004	0.056	0.002	0.9	94	74
22	2019-12-31 23:...	101	19, Jong-ro 35...	37.572	127.005	0.004	0.058	0.002	0.9	93	74
23	2019-12-31 23:...	101	19, Jong-ro 35...	37.572	127.005	0.004	0.058	0.002	1.0	89	73
24	2019-12-31 23:...	101	19, Jong-ro 35...	37.572	127.005	0.004	0.057	0.002	1.0	91	72
25	2019-12-31 23:...	101	19, Jong-ro 35...	37.572	127.005	0.004	0.057	0.002	1.1	93	72
26	2019-12-31 22:...	101	19, Jong-ro 35...	37.572	127.005	0.004	0.057	0.002	1.0	92	74
27	2019-12-31 22:...	101	19, Jong-ro 35...	37.572	127.005	0.004	0.055	0.002	1.0	90	73
28	2019-12-31 22:...	101	19, Jong-ro 35...	37.572	127.005	0.004	0.053	0.002	1.0	92	74

3 데이터 속성 정보 확인하기

대기 오염 데이터의 속성명과 속성 정보를 확인해 보자.

◆ 대기 오염 데이터: 2017년부터 2019년까지 수집한 데이터의 11개 속성 정보

Measurement date	대기 오염 정도를 측정한 날과 시간을 '년-월-일 시간'으로 표시
Station code	측정 장소 코드 • 101~125값 부여
Address	서울 25개 대기 오염 측정 장소의 구체적인 영문 주소
Latitude	측정 장소의 위도
Longitude	측정 장소의 경도
SO2	공기 1㎥ 중 아황산가스(SO_2) 농도를 ppm 단위로 표시
NO2	공기 1㎥ 중 이산화질소(NO_2) 농도를 ppm 단위로 표시
O3	공기 1㎥ 중 오존(O_3)의 농도를 ppm 단위로 표시
CO	공기 1㎥ 중 일산화탄소(CO)의 농도를 ppm 단위로 표시
PM10	공기 1㎥ 중 지름이 10㎛보다 작은 미세먼지의 양
PM2.5	공기 1㎥ 중 지름이 25㎛보다 작은 미세먼지의 양

미세먼지 크기 비교도

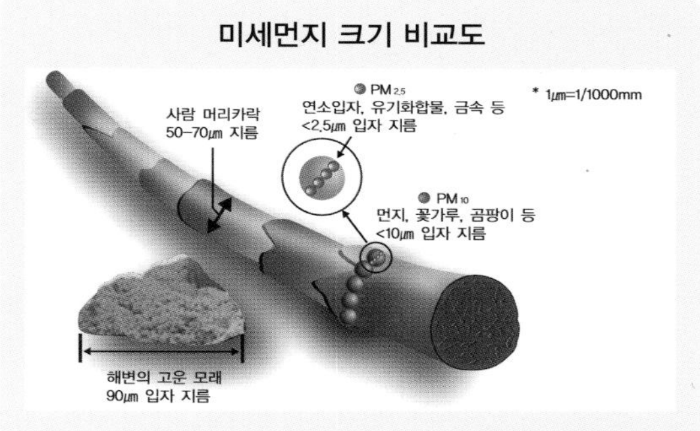

PM_{10}은 먼지, 꽃가루, 곰팡이 등 10㎛ 이하의 미세먼지이고, $PM_{2.5}$는 연소 입자, 유기 화합물, 금속 등과 같이 미세먼지의 1/4 크기인 작은 초미세먼지를 말한다.

① 속성 형식 및 역할 변경하기

- File 창에서 속성 중 'Station code', 'Latitude', 'Longitude'가 데이터 분석에 영향을 주지 않도록 역할을 meta로 변경한다.
- 속성 중 'Address'는 데이터 분석 시 무시할 속성이므로 역할을 skip으로 변경한다.
- 속성 중 'PM2.5'의 역할을 target으로 변경한다.

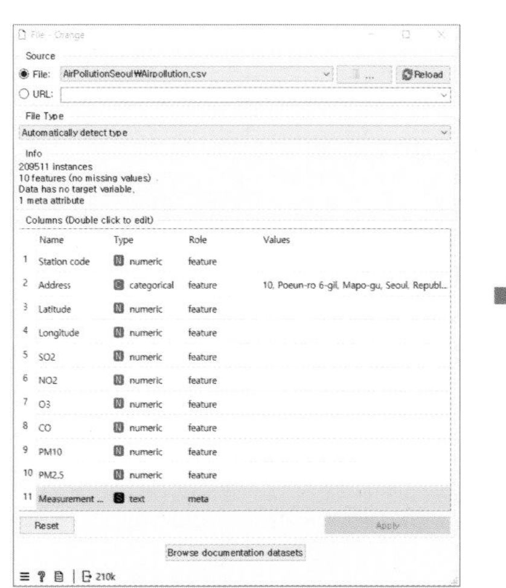

그림 8-3 속성의 역할 변경 전

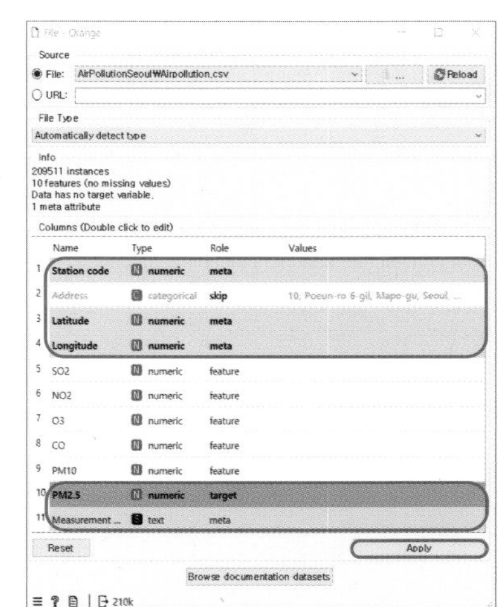

그림 8-4 속성의 역할 변경 후

4 데이터 시각화하기

초미세먼지 정보 예측에 사용되는 속성은 어떤 값을 가지고 있을까? 데이터를 시각화하여 어떤 속성이 초미세먼지 예측에 영향을 미치는지 확인해 보자.

① [Feature Statistics] 위젯 이용하기

Data 카테고리의 [Feature Statistics] 위젯을 가져와서 [File] 위젯과 연결한다.

② [Feature Statistics] 위젯 더블 클릭하기

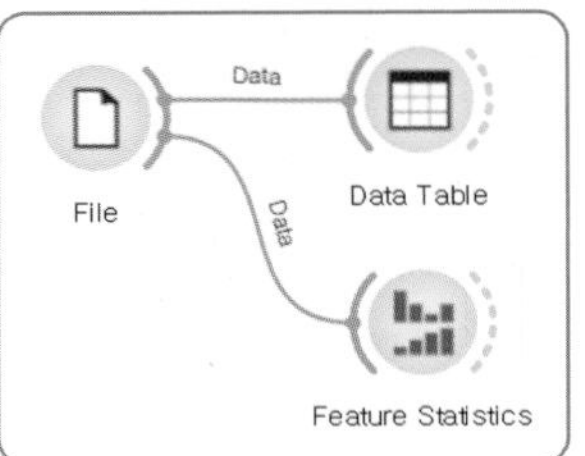

- [Feature Statistics] 위젯을 더블 클릭하여 특성 통계표를 확인한다.
- 속성 SO2, NO2, O3, CO의 최솟값(Min.)과 최댓값(Max.)의 차이는 크지 않은데 반해 PM10, PM2.5는 그 차이가 큰 것을 확인할 수 있다. 평균값(Mean)과 중앙값(Median)도 확인한다.
- 특성 통계표에서 SO2, NO2, O3, CO, PM10, PM2.5의 최솟값이 −1인 것을 확인할 수 있는데 이 수치는 −1이 나올 수 없는 수치이므로 이상치로 판단한다. Airpollution.csv 파일을 열어서 이상치가 있는 행을 모두 삭제한 후, 캔버스에 있는 [File] 위젯을 더블 클릭하여 창을 열고 파일을 다시 불러온다.

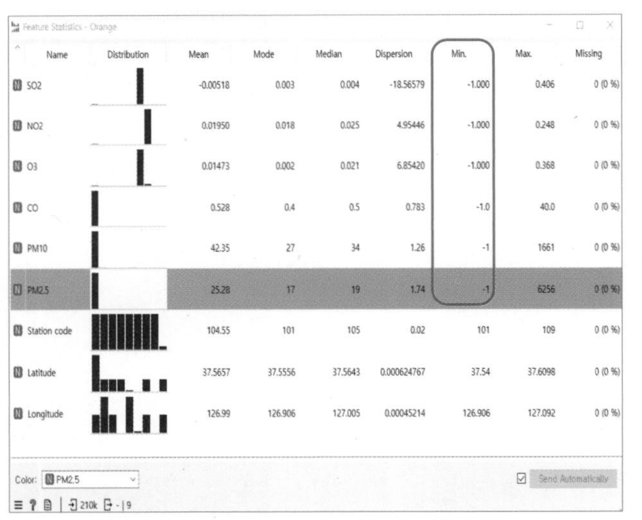

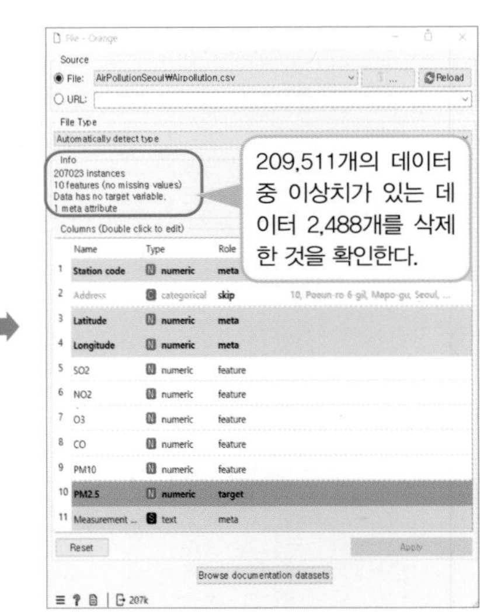

AI랑 친해지기

특성 통계표(feature statistics)

특성 통계표는 데이터 테이블을 구성하는 각 속성값의 통계 정보와 도수 분포를 동시에 볼 수 있는 그래프이다. 특성 통계표에서 특성별 도수 분포와 최솟값, 최댓값, 중앙값 등을 확인할 수 있으며, 이를 통해 상대적으로 작은 값과 큰 값을 가지는 속성이 있는지 전처리가 필요한지 확인할 수 있다.

어떤 모델을 선택하고 학습시킬까?

1 훈련 데이터와 테스트 데이터 나누기

① [Data Sampler] 위젯 이용하기

Transform 카테고리의 [Data Sampler] 위젯을 가져와서 [File] 위젯과 연결한다.

② [Data Sampler] 위젯 더블 클릭하기

[Data Sampler] 위젯을 더블 클릭한 후 Fixed proportion of data를 70%로 설정한다. 전체 데이터 중 70%는 훈련 데이터로, 30%는 테스트 데이터로 사용할 수 있다.

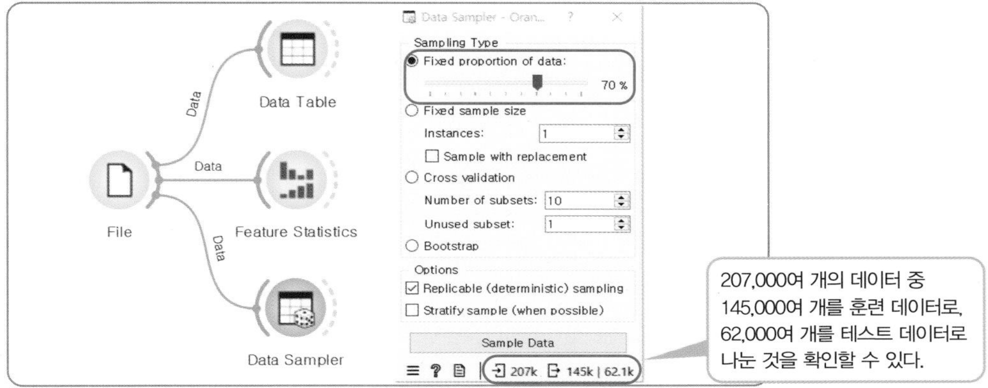

2 모델 선택하고 학습시키기

모델의 성능을 분석 및 비교하기 위해 여러 가지 모델 위젯을 동시에 연결하여 학습시킨다.

① 학습 모델 선택하기

Model 카테고리에서 선형 회귀에 활용 가능한 모델인 [Linear Regression] 위젯과 [Random Forest] 위젯을 가져와 [Data Sampler] 위젯에 연결한다.

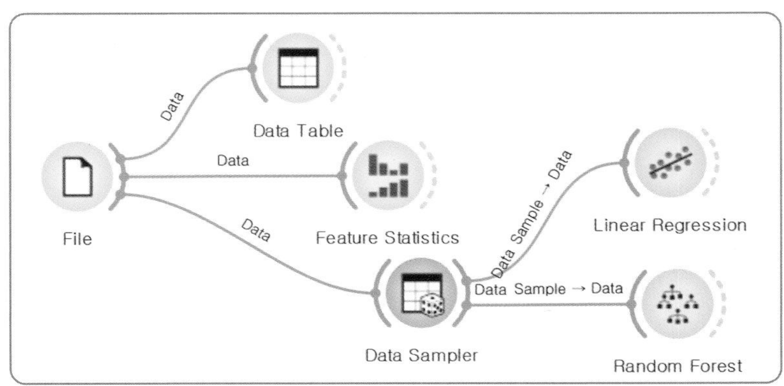

② 모델 성능 비교하기

- Linear Regression과 Random Forest 모델의 성능을 비교하기 위해 Evaluate 카테고리의 [Predictions] 위젯을 가져와 연결한다.
- [Data Sampler] 위젯과 [Predictions] 위젯의 연결선을 더블 클릭하여 링크를 아래와 같이 수정한다.

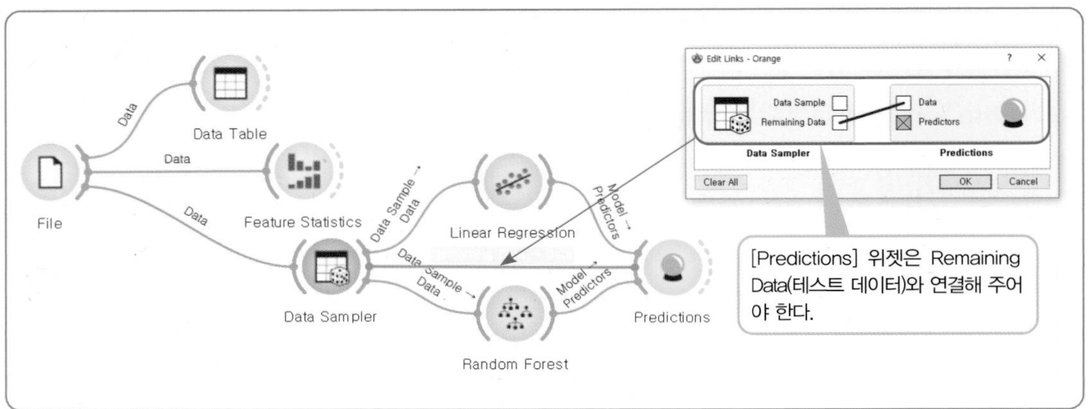

그림 8-5 **테스트 데이터로 모델 성능 비교하기**

- 실제 측정한 값에 대해 회귀 분석을 하는 경우 결괏값이 완벽하게 일치하기는 쉽지 않다. 그럼에도 불구하고 [그림 8-6] 처럼 [Predictions] 위젯을 더블 클릭하여 결과를 확인해 보면 Random Forest 모델보다 Linear Regression 모델의 성능이 더 우수한 것을 확인할 수 있다.

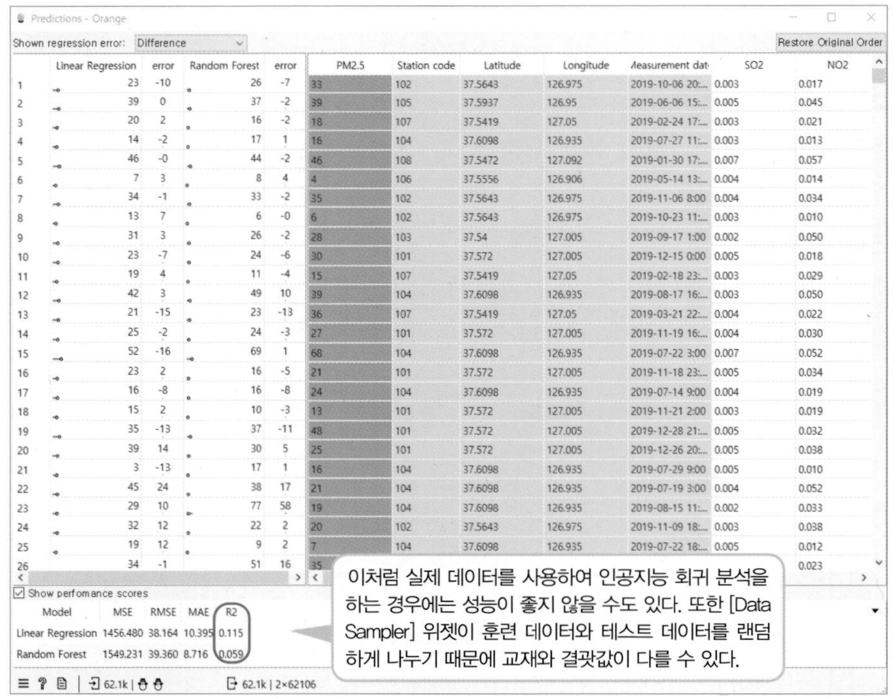

그림 8-6 **모델 성능 비교 결과 확인하기**

3 데이터 속성을 추가하여 다시 학습시키기

우리가 일기 예보에서 얻을 수 있는 대기 오염에 대한 정보는 초미세먼지의 수치가 아닌 좋음, 보통, 나쁨, 매우 나쁨 등과 같은 범주이다. 따라서 데이터에 있는 초미세먼지 측정값을 이용하여 초미세먼지의 좋음, 보통, 나쁨, 매우 나쁨을 예측하는 인공지능 모델로 수정할 수 있다.

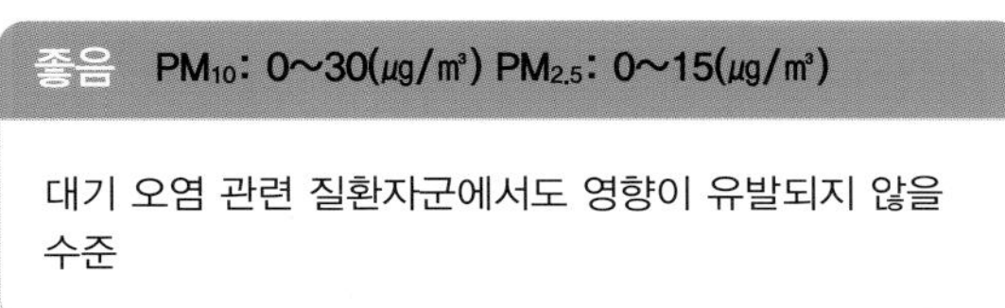

좋음 PM_{10}: 0~30(㎍/㎥) $PM_{2.5}$: 0~15(㎍/㎥)
대기 오염 관련 질환자군에서도 영향이 유발되지 않을 수준

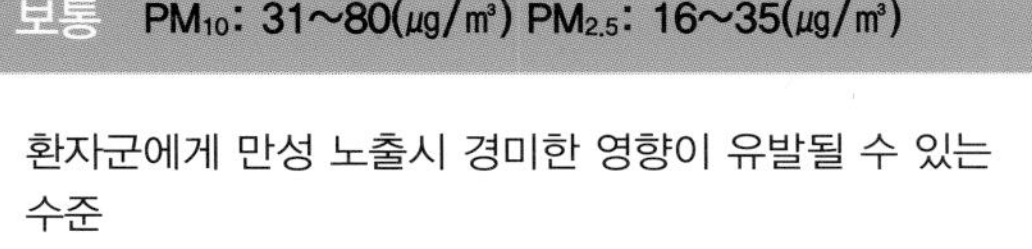

보통 PM_{10}: 31~80(㎍/㎥) $PM_{2.5}$: 16~35(㎍/㎥)
환자군에게 만성 노출시 경미한 영향이 유발될 수 있는 수준

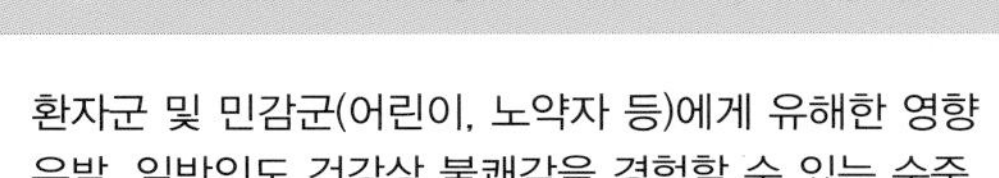

나쁨 PM_{10}: 81~150(㎍/㎥) $PM_{2.5}$: 36~75(㎍/㎥)
환자군 및 민감군(어린이, 노약자 등)에게 유해한 영향 유발, 일반인도 건강상 불쾌감을 경험할 수 있는 수준

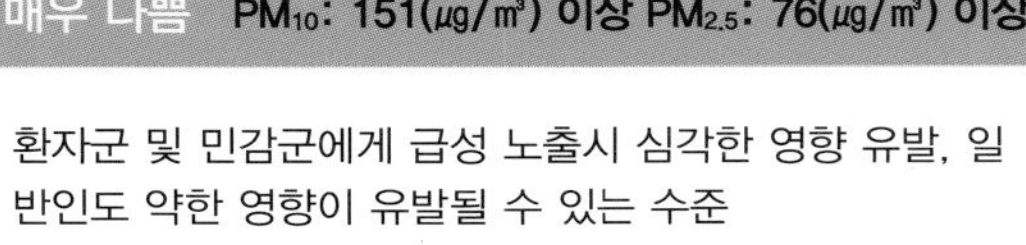

매우 나쁨 PM_{10}: 151(㎍/㎥) 이상 $PM_{2.5}$: 76(㎍/㎥) 이상
환자군 및 민감군에게 급성 노출시 심각한 영향 유발, 일반인도 약한 영향이 유발될 수 있는 수준

그림 8-7 **미세먼지 농도별 예보 등급**

① [Feature Constructor] 위젯 추가하기

[File] 위젯과 [Data Sampler] 위젯의 연결선을 오른쪽 마우스로 클릭한 후, 'Insert Widget'을 클릭한다. 검색창에 새로운 속성을 만들 수 있는 [Formula] 위젯을 검색하여 선택한다.

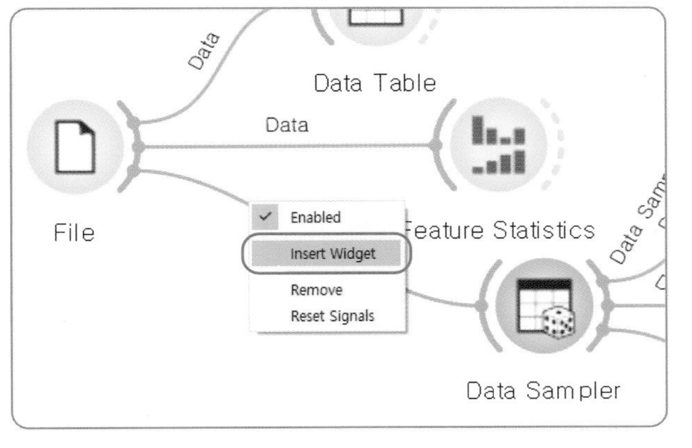

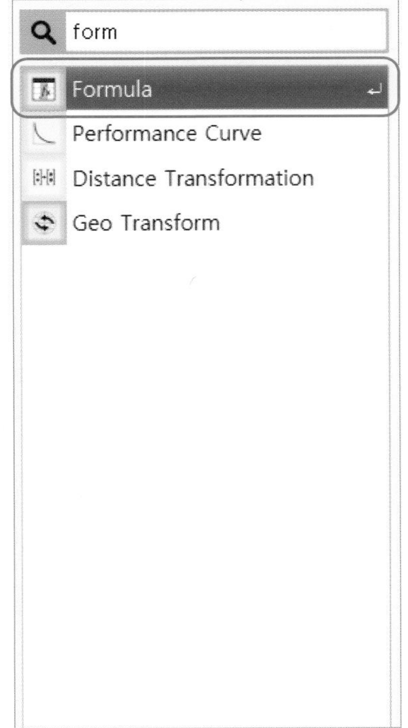

② 새로운 범주형 feature 만들기

- [Formula] 위젯을 더블 클릭한 후, 범주형 속성을 만들기 위해 'New'에서 Categorical을 선택한다.

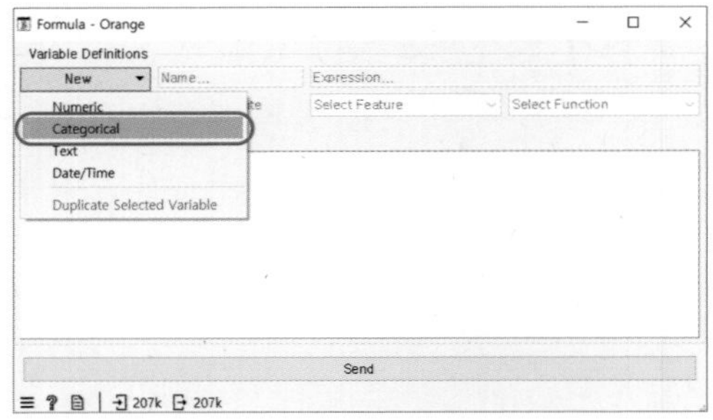

- feature의 이름을 'PM25_C'로 변경한 후, 'Select feature'에서 'PM2.5'를 선택한다.

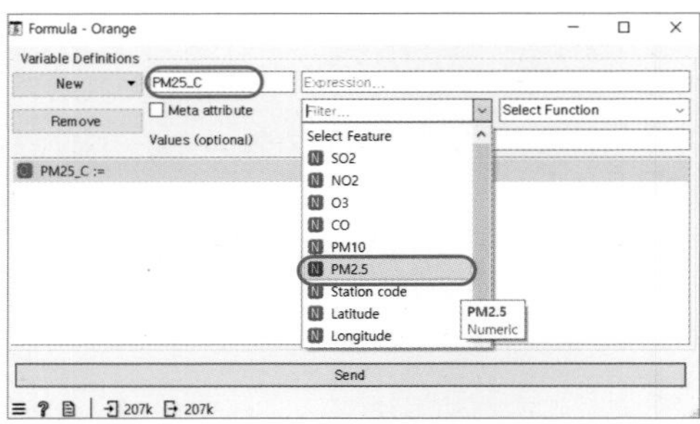

- 수식과 Value(optional)를 아래 표를 참고하여 채운 후, Send를 클릭한다.

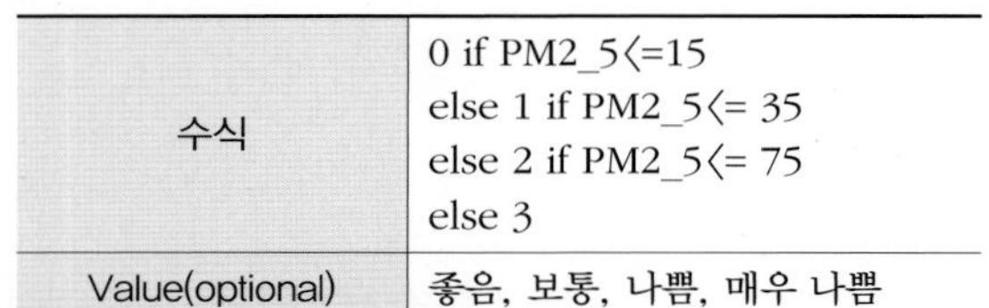

수식	0 if PM2_5〈=15 else 1 if PM2_5〈= 35 else 2 if PM2_5〈= 75 else 3
Value(optional)	좋음, 보통, 나쁨, 매우 나쁨

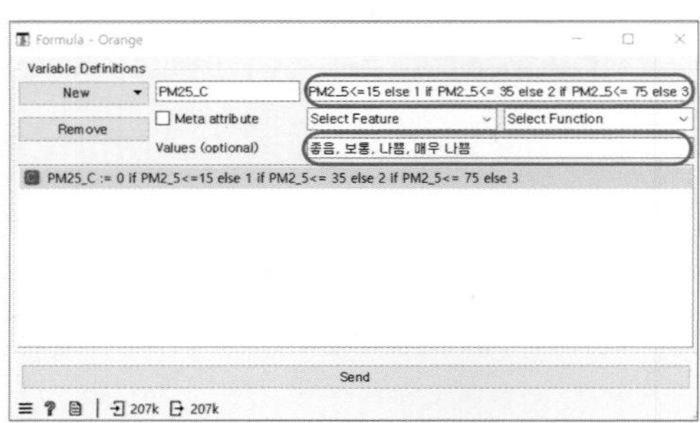

- [Data Table] 위젯을 새로 끌어와 [Formula] 위젯에 연결한 후 더블 클릭하여 속성 'PM25_C'가 생성된 것을 확인한다.

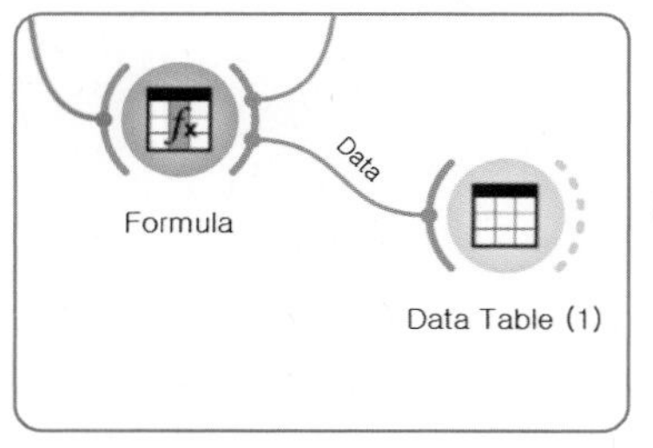

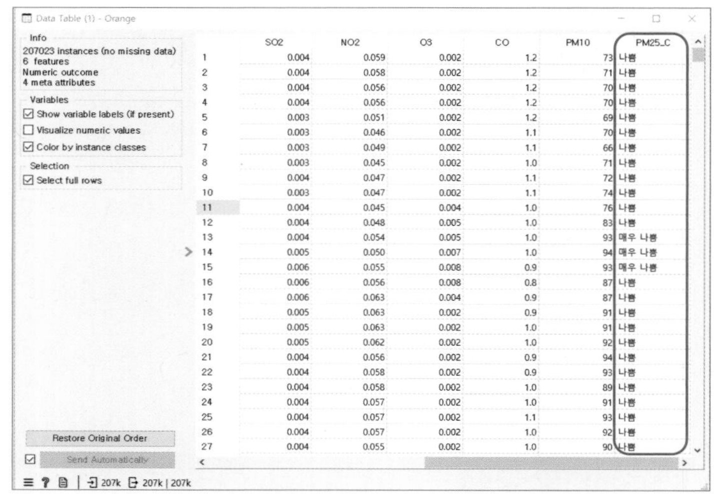

③ 속성 'PM25_C'의 역할 변경하기

- 미세먼지 수치를 연속형 값으로 표현한 PM2.5 변수를 범주형 변수인 PM25_C로 변경하였다. 이제 PM25_C를 target으로 지정하여 새로운 모델을 만들고자 한다.
- [Formula] 위젯과 [Data Sampler] 위젯의 연결선을 오른쪽 마우스로 클릭한 후, Insert Widget을 선택하고 'Select Columns'을 검색하여 [Select Columns] 위젯을 사이에 연결한다.

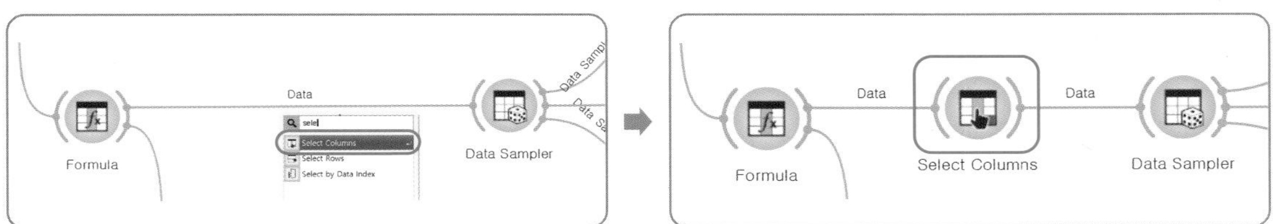

- [Select Columns] 위젯을 더블 클릭하여 속성 'PM25_C'의 역할을 target으로 변경하고, 원래 target이었던 속성 'PM2.5'의 역할은 제외시킨다.

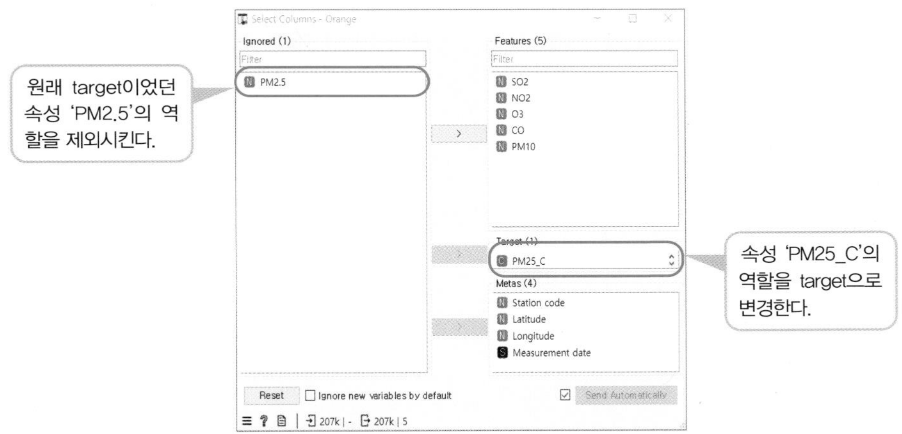

④ 모델 연결하여 학습시키기

- 123~124쪽에서 숫자형 데이터를 예측할 때 사용한 Linear Regression 모델은 target이 범주형으로 바뀌게 됨에 따라 오른쪽 그림과 같이 사용할 수 없게 된다.

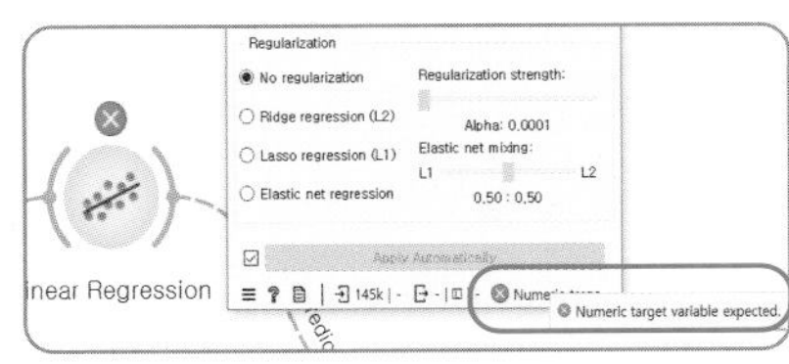

- [Linear Regression] 위젯을 삭제하고 [Logistic Regression]과 [kNN] 위젯을 추가한 후, 오른쪽 그림과 같이 각각 [Data Sampler] 위젯에 연결하여 학습시킨다.

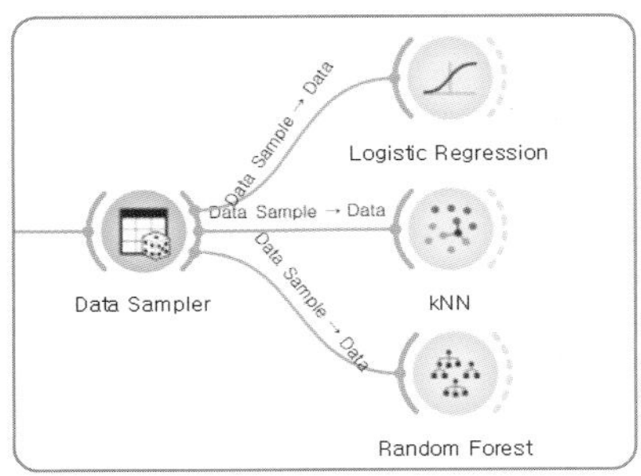

4 모델의 성능을 확인해 보자!

1 학습 결과 확인하기

① 성능 확인하기

- Evaluate 카테고리의 [Predictions] 위젯을 가져온 후, 각 모델 위젯과 [Data Sampler] 위젯에 연결한다.
- [Predictions] 위젯을 더블 클릭하여 모델 성능 평가값을 확인하면 세 가지 모델의 성능이 비슷하기 때문에 구체적인 성능을 확인할 필요가 있다.

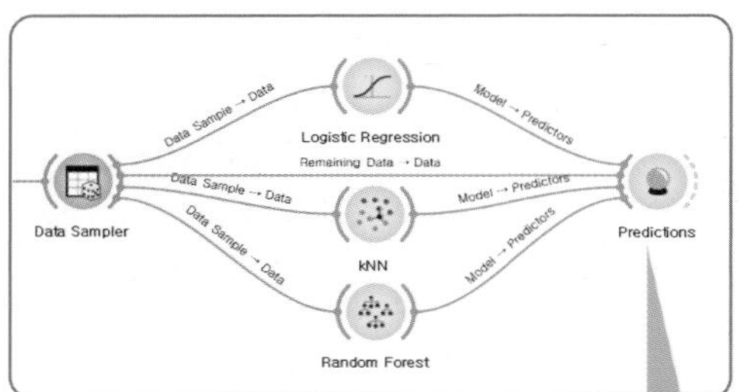

124쪽에서 설정했던 것과 마찬가지로 [Predictions] 위젯은 Remaining Data(테스트 데이터)와 연결해 주어야 한다.

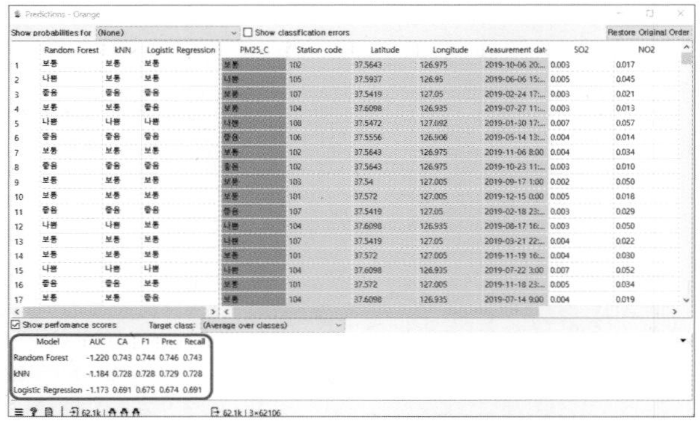

② 혼동 행렬로 결과 분석하기

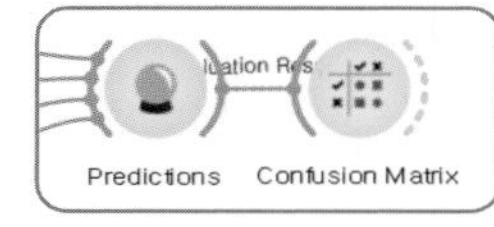

- Evaluate 카테고리의 [Confusion Matrix] 위젯을 가져와 [Predictions] 위젯에 연결한다.
- 우리가 사용한 데이터와 같이 많은 양의 실제 데이터를 활용하면 확률적으로 계산되는 값으로 성능의 차이를 정확히 알기 어려운 경우가 많다. 이러한 경우 혼동 행렬을 이용하여 각 모델별 성능을 확인한다.

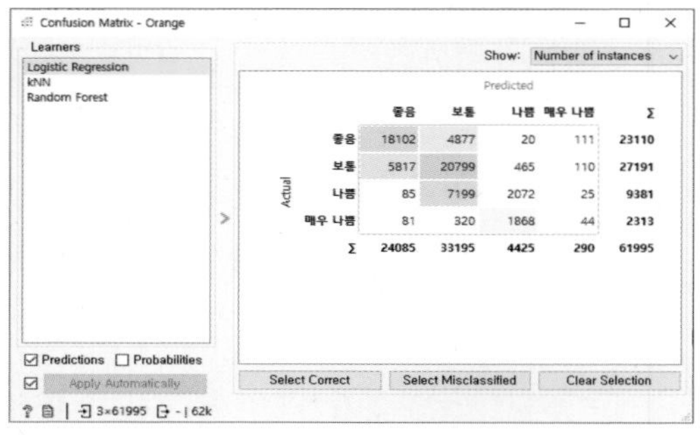

Confusion Matrix - Orange (Logistic Regression)

Actual \ Predicted	좋음	보통	나쁨	매우 나쁨	Σ
좋음	18102	4877	20	111	23110
보통	5817	20799	465	110	27191
나쁨	85	7199	2072	25	9381
매우 나쁨	81	320	1868	44	2313
Σ	24085	33195	4425	290	61995

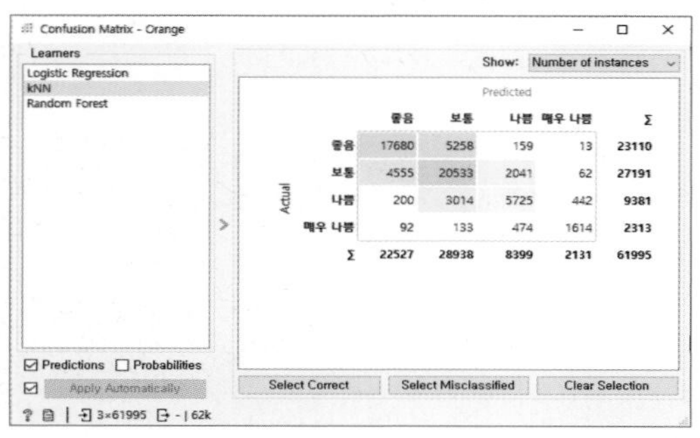

Confusion Matrix - Orange (kNN)

Actual \ Predicted	좋음	보통	나쁨	매우 나쁨	Σ
좋음	17680	5258	159	13	23110
보통	4555	20533	2041	62	27191
나쁨	200	3014	5725	442	9381
매우 나쁨	92	133	474	1614	2313
Σ	22527	28938	8399	2131	61995

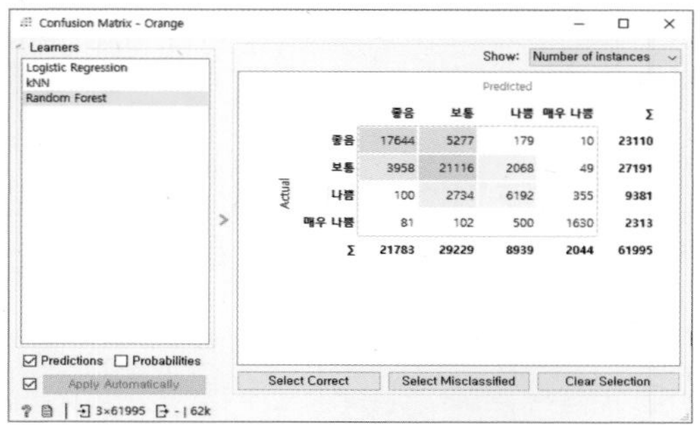

Confusion Matrix - Orange (Random Forest)

Actual \ Predicted	좋음	보통	나쁨	매우 나쁨	Σ
좋음	17644	5277	179	10	23110
보통	3958	21116	2068	49	27191
나쁨	100	2734	6192	355	9381
매우 나쁨	81	102	500	1630	2313
Σ	21783	29229	8939	2044	61995

2 위치와 시간 정보를 활용하여 데이터 시각화하기

데이터의 위도, 경도, 시간 정보를 바탕으로 지도 위에 데이터를 표시해 보자.

① Geo, Time Series 카테고리 추가하기

- Geo 카테고리를 추가하는 방법은 77쪽에서 확인한다.
- Time Series 카테고리는 시계열 데이터를 활용하여 데이터를 분석하는 기능을 제공한다. 대기 오염 데이터는 매일 대기 오염 정보를 한 시간마다 기록한 시계열 데이터이다.
- 시간에 따른 초미세먼지 예측 결과를 시각화하기 위해 [Options] – [Add-ons]를 선택하여 Time Series 카테고리를 설치한다.

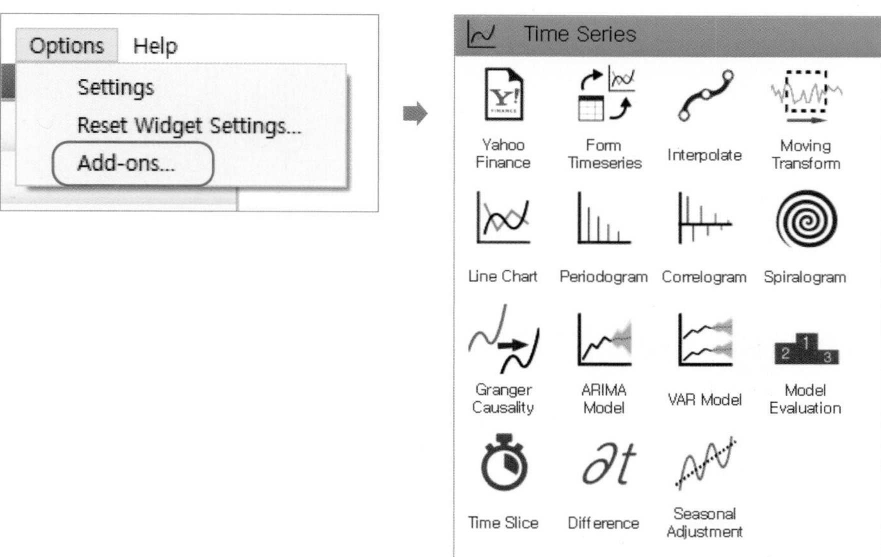

AI랑 친해지기

시계열 데이터(time series data)

- 시계열 데이터란 시간의 흐름에 따라 순차적으로 기록된 데이터를 말한다. 관찰된 시계열 데이터를 분석하여 미래를 예측하는 문제가 바로 시계열 예측 문제이다. 시계열 예측 문제는 우리가 흔히 접하는 문제로써 주요 경제 지표나 어떤 상품의 수요를 예측하는 문제에 이르기까지 다양하다.
- 시계열 데이터는 시간 간격이 반드시 고정되어 있어야 한다는 조건이 있다. 어떤 구간은 일별 구간이었다가, 어떤 구간은 주간, 또 어떤 구간은 연간이어서 다양한 구간이 동시에 존재하면 데이터 분석에 사용하기 어렵다.
- 시계열이 갖고 있는 법칙성을 발견해 이를 모형화하고, 이 추정된 모형을 통해서 미래값을 예측하기 위해 시계열 데이터를 분석하여 활용한다.

[출처: https://techblog-history-younghunjo1.tistory.com/68]

② 데이터 형식 바꾸기

- Orange3에서는 특정한 형식의 데이터만 시계열 데이터로 자동 인식하므로, 데이터 형식을 변경하기 위해 Data 카테고리의 [Edit Domain] 위젯을 가져와 [Formula] 위젯에 연결한다.
- 속성 중 'Measurement date'를 선택하고, Name을 'Ddate'로, Type을 'Time'으로 설정한 후 적용한다.

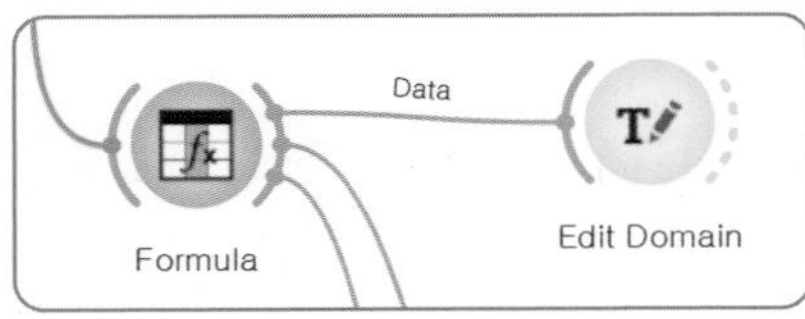

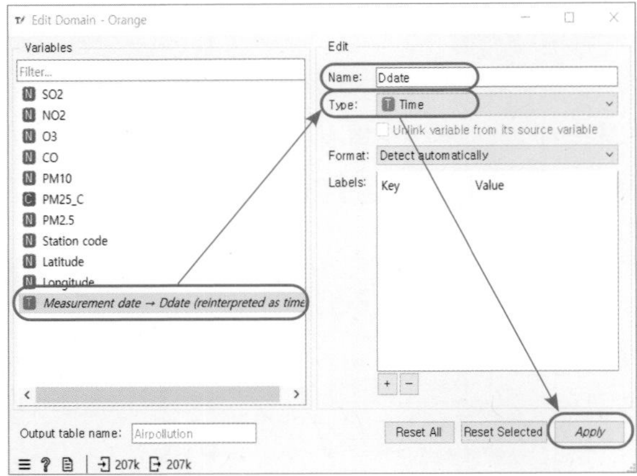

③ 속성 설정하기

- Transform 카테고리의 [Select Columns] 위젯을 새로 가져와 [Edit Domain] 위젯에 연결하고, 창을 열어 아래와 같이 속성을 설정한다.

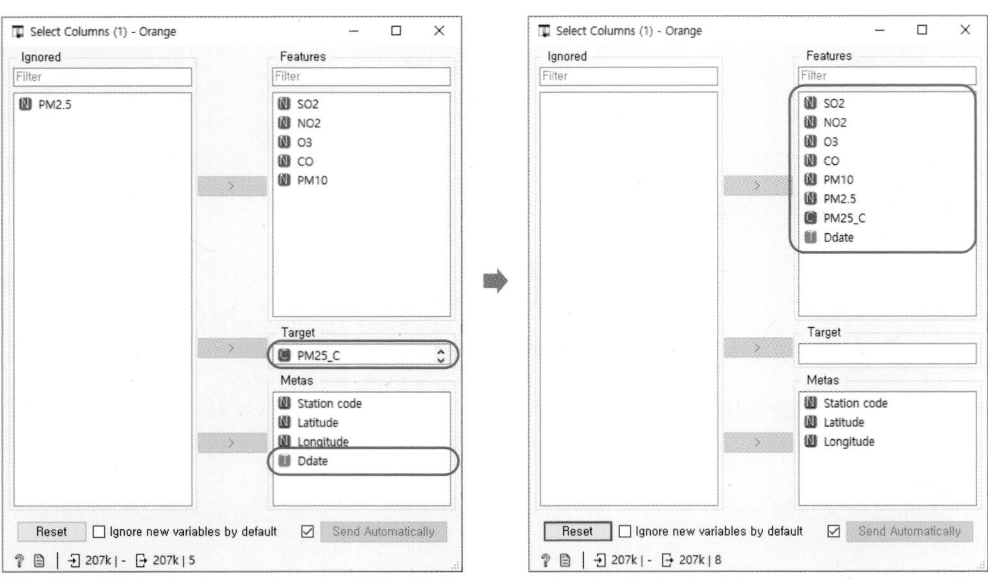

④ 시간에 따른 데이터 변화 확인하기

- Time Series 카테고리의 [Time Slice] 위젯을 가져와 [Select Columns] 위젯에 연결한다. [Time Slice] 위젯은 시간 간격으로 데이터를 잘라서 볼 수 있도록 도와준다.
- [Time Slice] 위젯에는 [Data Table] 위젯을 새로 끌어와 연결한다.

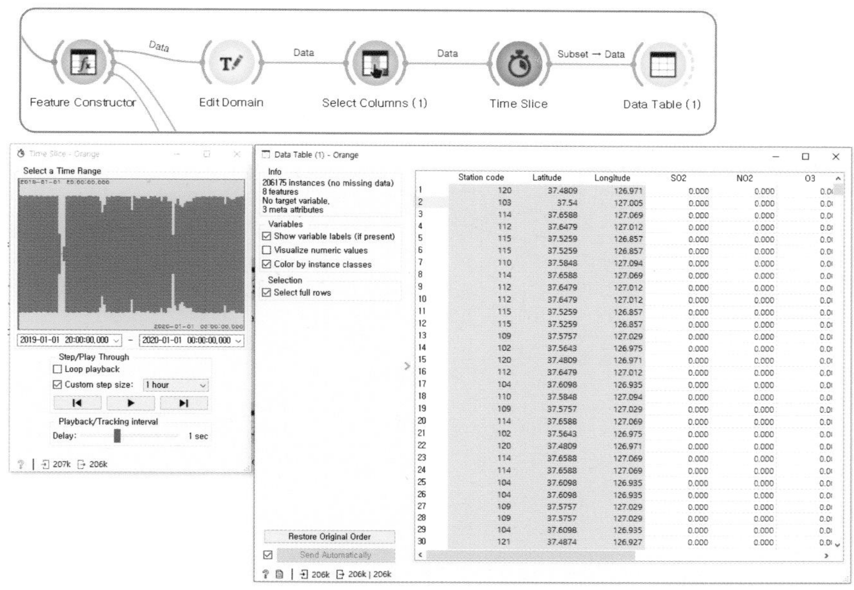

⑤ 시간에 따른 초미세먼지 예보를 지도에 표시하기

- Geo 카테고리의 [Geo Map] 위젯을 가져와 [Time Slice] 위젯에 연결한 후, 두 위젯 창을 나란히 연다.
- Geo Map 창을 아래와 같이 설정하고, Time Slice 창의 [▶]를 눌러 시간에 따른 각 지역의 시간별 초미세먼지 정보를 확인한다.

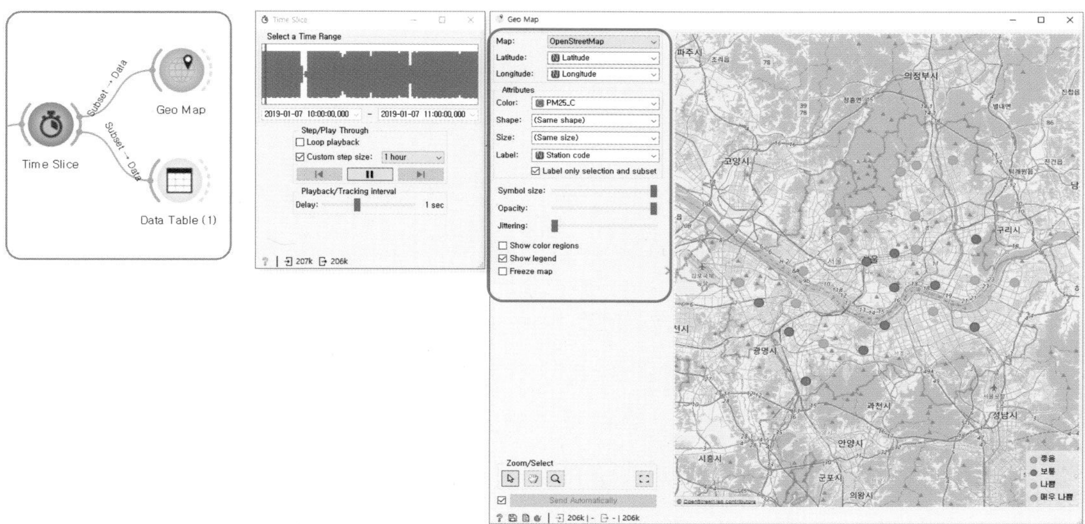

AI 전문가 되기

랜덤 포레스트(Random Forest)

랜덤 포레스트는 특정 데이터에서만 잘 작동할 가능성이 큰 의사결정트리의 단점을 극복하기 위한 알고리즘으로, 같은 데이터에 대해 의사결정트리를 여러 개 만들어 그 결과를 종합해 내는 방식의 모델이다. 이와 같은 앙상블(Ensemble)을 이용하여 정확도와 안정성을 높일 수 있다.

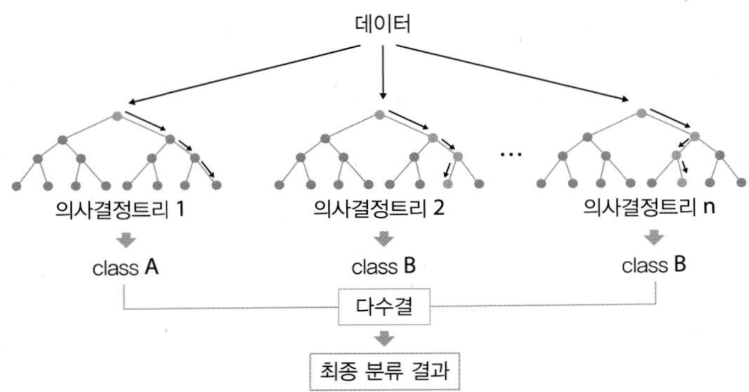

예를 들어 건강 위험도를 예측하기 위해 성별, 키, 몸무게, 운동량, 흡연 유무, 음주 여부, 혈당, 근육량, 기초 대사량 등 30개의 속성을 활용하여 의사결정트리를 만든다면, 너무 많은 트리를 만들어야 하는 과적합(오버피팅; overfitting)이 발생할 수 있다. 30개의 속성 중 임의로 5개의 속성만 선택해서 하나의 의사결정트리를 만들고, 이런 식으로 또 다른 의사결정트리를 만드는 것을 반복하여 랜덤 포레스트를 만들면 여러 개의 작은 의사결정트리가 예측한 값들 중 가장 많은 값(분류) 혹은 평균값(회귀)을 최종 예측값으로 정한다.

랜덤 포레스트의 장점은 예측의 변동성이 적고, 과적합을 방지할 수 있으며 결측치의 비율이 높아져도 정확도가 높다는 점이다. 하지만 데이터의 수가 많아지면 의사결정트리에 비해 속도가 크게 떨어지고 결과에 대한 해석이 어렵다는 단점이 있다.

정리하기

지금까지 대기 오염 데이터를 분석하고, Orange3의 시각화 기능을 활용하여 시각화하였다. 대기 오염의 정도를 측정한 수치형 데이터를 기준에 따라 범주형 데이터로 변형하여 데이터 분석에 사용할 수도 있다. 이 경우 종속 변수가 수치형 데이터일 때와 범주형 데이터일 때 활용 가능한 모델이 다르기 때문에 적절한 모델을 선택하는 것이 중요하다.

9

와인을 분류해 볼까?

k-NN을 사용하여 화이트 와인과
레드 와인을 분류해 보자.

해결해야 할 문제는 무엇일까?

문제 상황

한 잔의 와인 속에는 수많은 맛과 향이 내포되어 있다.

와인 감별사들은 와인 잔에 와인을 따르고 크게 원을 그리며 향을 맡아 본다. 그 이유는 와인의 냄새 성분인 알코올 휘발성 물질이 공기와 밀착하여 기화되기 때문이다. 따라서 와인과 공기의 접촉 면적이 넓어지면 와인의 향기 분자가 도드라져 효과적으로 냄새를 맡을 수 있다.

레드 와인과 화이트 와인은 맛과 향이 어떻게 다를까? 레드 와인과 화이트 와인을 구분할 수 있는 성분이 있을까?

→ **와인의 성분값으로 레드 와인과 화이트 와인을 분류할 수 있는 인공지능 모델을 만들어 보자.**

데이터를 준비하자!

1 외부 데이터 다운로드

와인 데이터를 다운로드하기 위해 UCI Machine Learning Repository에서 '와인 품질'(wine quality) 데이터를 검색하거나 다음 주소(https://archive.ics.uci.edu/ml/datasets/wine%20quality)에 접속한 후 Data Folder를 클릭한다.

그림 9-1 UCI Machine Learning Repository

그림 9-2 UCI의 와인 품질 데이터 셋

Data Folder를 클릭하면 아래와 같이 레드 와인(red wine)과 화이트 와인(white wine)의 데이터를 다운로드할 수 있다(출판사 홈페이지에서도 데이터를 다운로드할 수 있다.).

(https://bit.ly/47SS2zo)

그림 9-3 레드 와인과 화이트 와인 데이터 셋

2 데이터 불러오기

① 2개의 데이터 불러오기

- Data 카테고리의 [File] 위젯을 캔버스로 가져와서 더블 클릭한 후, 앞에서 다운로드한 화이트 와인 데이터(winequality-white.csv) 파일을 불러온다. 같은 방법으로 [File] 위젯을 하나 더 추가하여 레드 와인 데이터(winequality-red.csv) 파일을 불러온다.

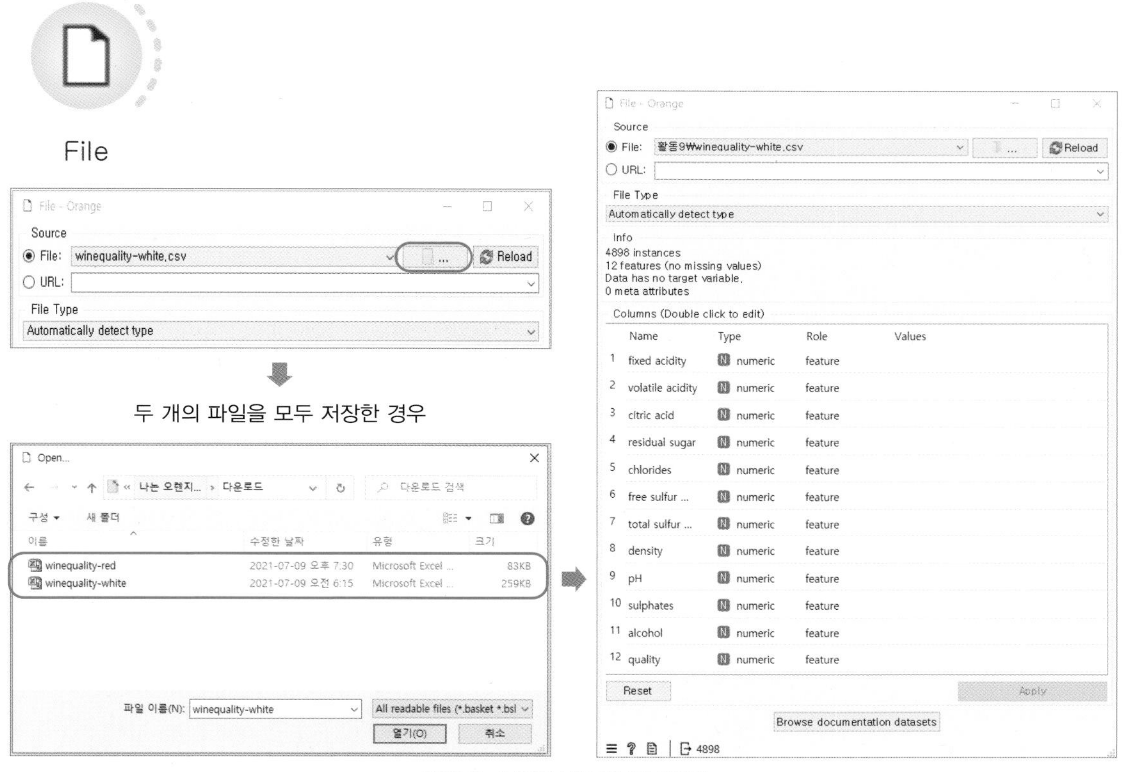

그림 9-4 와인 데이터 불러오기

② 위젯명 변경하기

- 두 위젯을 구분하기 위해 [File]과 [File (1)] 위젯을 각각 마우스 오른쪽 버튼으로 클릭하고 Rename을 클릭하여 위젯의 이름을 각각 [white wine]과 [red wine]으로 변경한다.

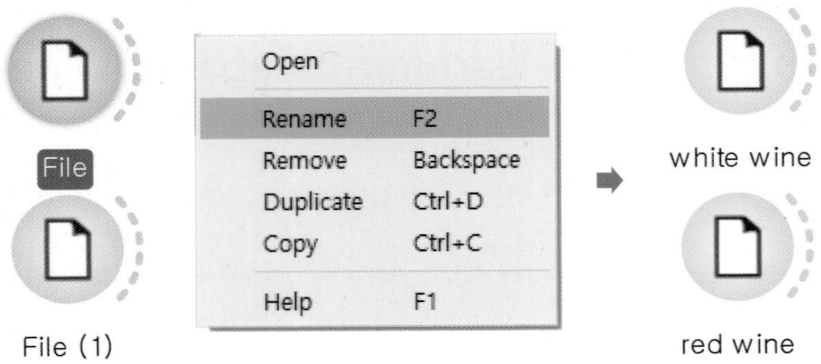

③ 2개의 데이터 합치기

- 2개의 데이터를 하나로 합치기 위해 Transform 카테고리의 [Concatenate] 위젯을 캔버스로 가져와서 [white wine]과 [red wine] 위젯에 각각 연결한다.
- 레드 와인과 화이트 와인을 두 가지 class로 구분하기 위해 [Concatenate] 위젯을 더블 클릭하고 'type'이라는 이름으로 속성을 추가한 후, Place를 'Class attribute'로 설정한다.

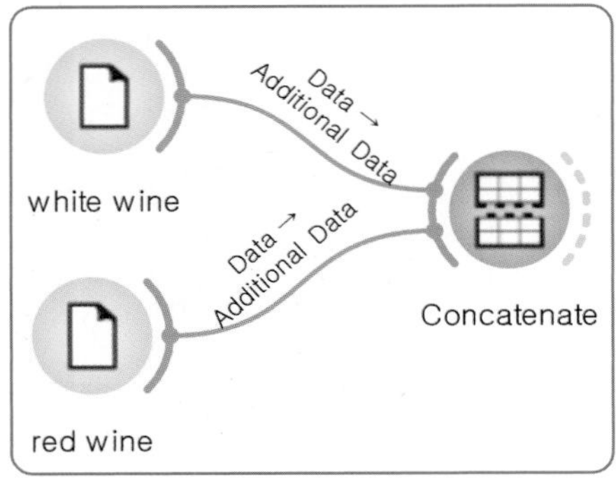

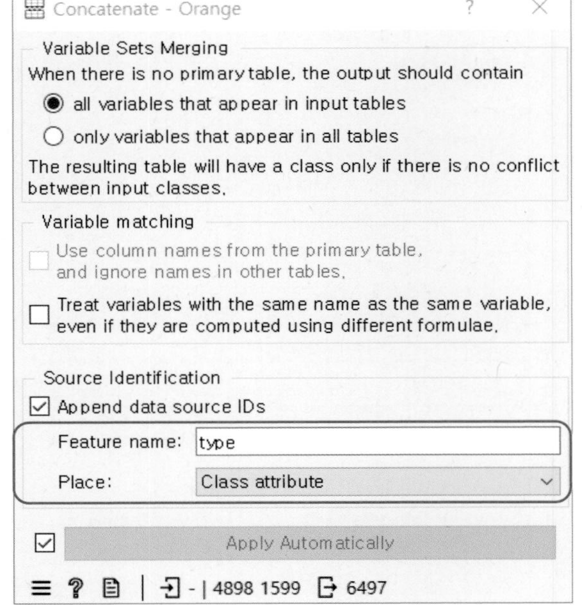

3 데이터 속성 정보 확인하기

- Data 카테고리에서 [Data Table] 위젯을 가져와서 [Concatenate] 위젯과 연결하고 [Data Table] 위젯을 더블 클릭하면 하나로 합쳐진 데이터 테이블을 확인할 수 있다.
- 새로운 type의 속성값에는 'winequality-white'와 'winequality-red'의 값이 할당된다.
- 데이터 테이블에 6,497개의 인스턴스와 12개의 속성이 추가된 것을 확인할 수 있다.

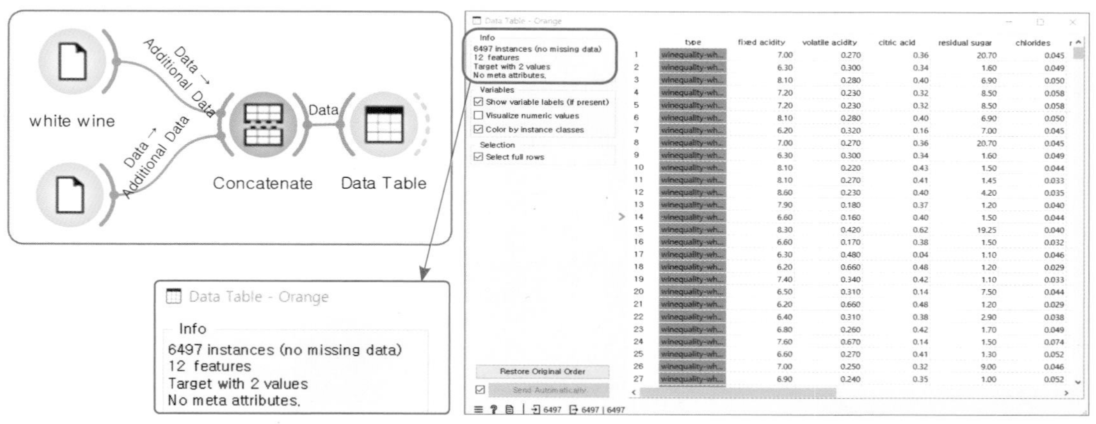

그림 9-5 데이터 테이블

와인 데이터는 와인의 맛과 향, 품질을 결정하는 12개의 속성으로 구성되어 있다. 와인 데이터의 속성명과 속성 정보를 확인해 보자.

속성명	속성 정보
fixed acidity	고정 산도: 와인과 관련된 대부분의 산도 값으로, 고정 또는 비휘발성 산도
volatile acidity	휘발성 산도: 농도가 높을수록 신 맛 유발
citric acid	구연산 농도: 와인에 신선함과 풍미를 더함.
residual sugar	당도: 1g/리터 미만인 경우는 드물고 45g/리터 이상의 와인은 달콤한 것으로 간주
chlorides	염화물 농도
free sulfur dioxide	유리 이산화황 농도: 미생물의 성장과 와인의 산화 방지
total sulfur dioxide	총이산화황 농도: 보통 와인에서 감지할 수 없으나 농도가 50ppm 이상이 되면 향과 맛이 느껴짐.
density	밀도: 알코올과 당도의 퍼센트에 따른 밀도
pH	산도(1~14): 대부분의 와인은 pH 척도에서 3~4 사이
sulphates	황산칼륨 농도: 항균 및 산화 방지제 역할
alcohol	알코올 함량(%)
quality	품질(1~10)

4 데이터 시각화하기

화이트 와인과 레드 와인의 속성값이 어떻게 다른지 데이터 시각화를 통해 살펴보자.

① 도수분포 시각화하기

- Visualize 카테고리의 [Distributions] 위젯을 가져와서 [Concatenate] 위젯과 연결하고 [Distributions] 위젯을 더블 클릭하면 도수분포를 확인할 수 있다.

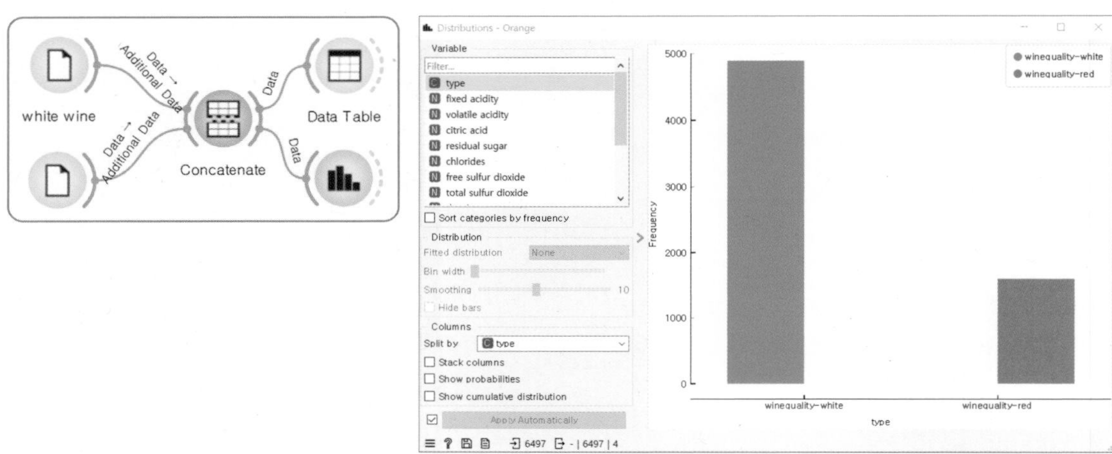

그림 9-6 type의 도수분포

- 위 그림을 살펴보면, 레드 와인보다 화이트 와인의 데이터 수가 훨씬 많다는 것을 알 수 있다.
- Variable을 바꾸면 나머지 12개 속성의 도수분포도 확인할 수 있다.

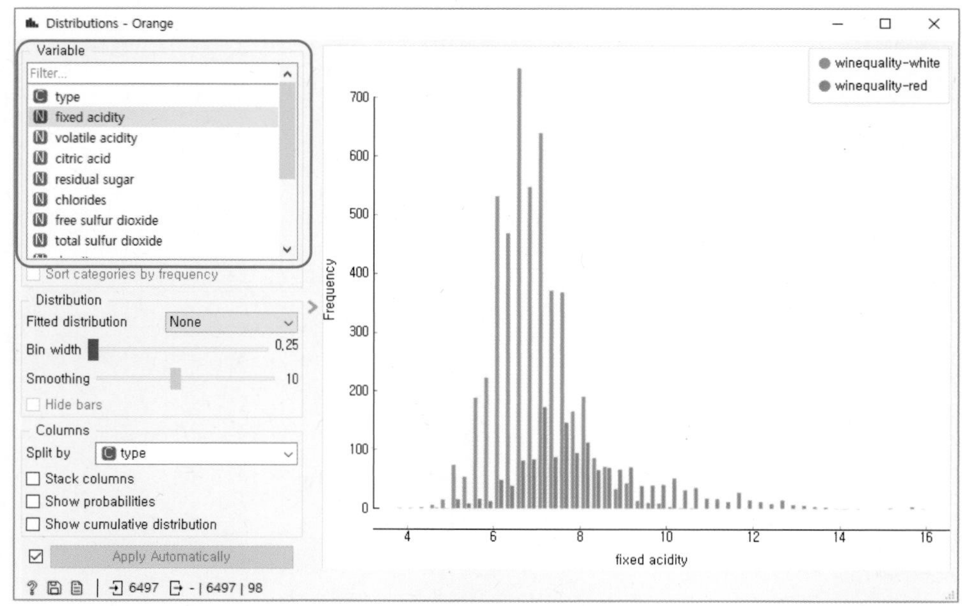

그림 9-7 고정 산도(fixed acidity)의 도수분포

- Fitted distribution을 Normal로 바꾸고 Hide bars에 체크하면 막대그래프를 숨긴다. 이렇게 정규분포 곡선 형태로 나타내면 두 가지 와인값의 분포를 쉽게 비교할 수 있다.

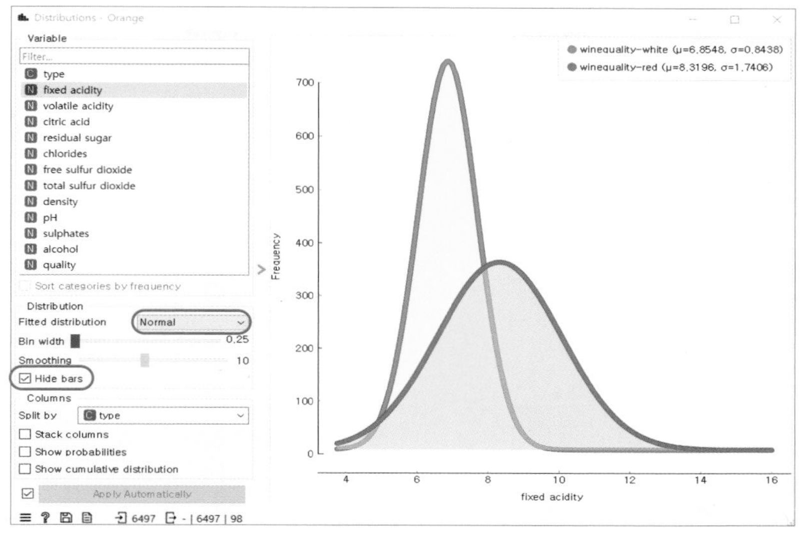

그림 9-8 **곡선형 도수분포(정규분포)**

- 이와 같은 방법으로 12개의 속성을 도수분포 그래프로 비교해 보면 어떤 속성이 레드 와인과 화이트 와인을 분류하는 데 더 많은 영향을 미치는지도 알 수 있다.
- [그림 9-9]와 [그림 9-10] 그래프에서 화이트 와인과 레드 와인의 휘발성 산도(volatile acidity), 총이산화황(total sulfur dioxide) 속성의 분포가 다른 것을 확인할 수 있다. 이러한 속성의 영향으로 두 와인을 분류할 가능성이 높다.

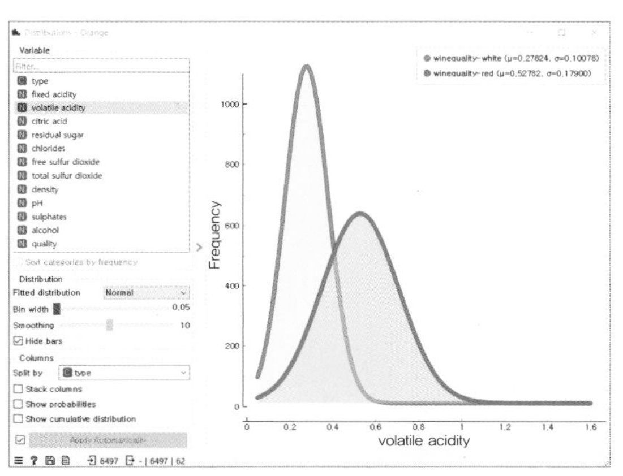

그림 9-9 **휘발성 산도(volatile acidity) 분포**

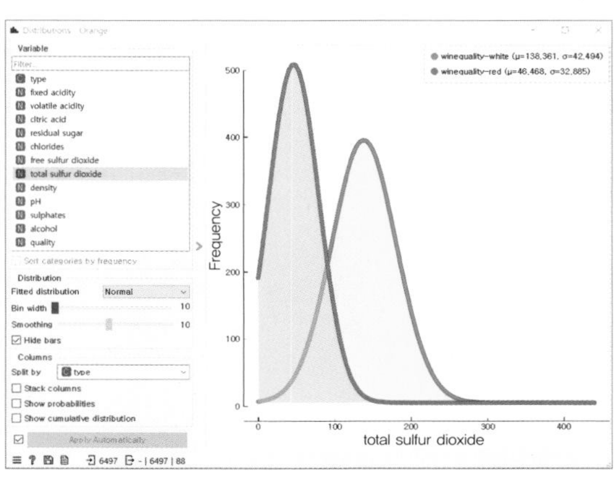

그림 9-10 **총이산화황(total sulfur dioxide) 분포**

위 그래프의 가로축을 보면 다음과 같은 사실을 알 수 있다.

- 레드 와인은 화이트 와인에 비해 휘발성 산도가 높다.
- 화이트 와인은 레드 와인에 비해 총이산화황 농도가 높다.

반면, [그림 9-11]과 [그림 9-12]를 살펴보면 알코올(alcohol), 품질(quality) 속성은 두 와인 간에 큰 차이가 없다. 따라서 알코올과 품질 속성은 두 가지 와인을 분류하는 데 크게 영향을 미치지 않을 것이라고 예상할 수 있다.

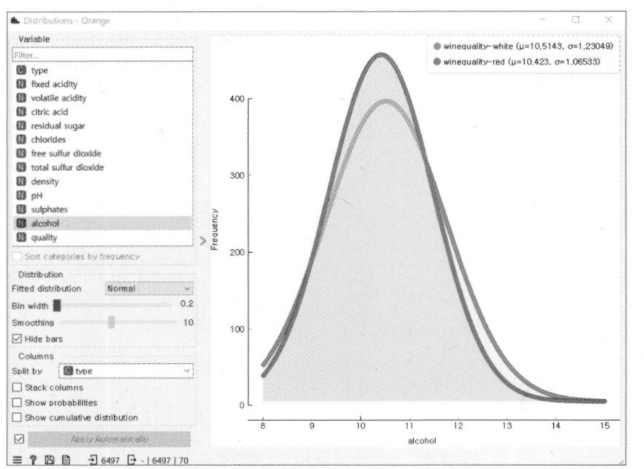

그림 9-11 **알코올(alcohol) 분포**

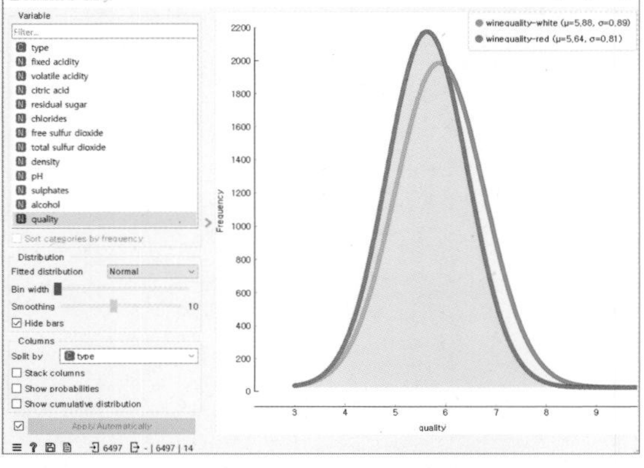

그림 9-12 **품질(quality) 분포**

② 산점도로 시각화하기

- Visualize 카테고리의 [Scatter Plot] 위젯을 가져와서 [Concatenate] 위젯과 연결하고 [Scatter Plot] 위젯을 더블 클릭한다.
- 산점도는 두 변수를 x축과 y축으로 설정하고 두 값이 만나는 곳을 점으로 나타낸 그래프이다. 산점도를 통해 데이터 간의 관계를 쉽게 알아볼 수 있으며, 다른 데이터와 차이가 많이 나는 이상치를 발견할 수 있다.
- [그림 9-13]은 고정 산도(fixed acidity)와 휘발성 산도(volatile acidity) 속성을 이용하여 나타낸 산점도이다. 두 개의 Class가 잘 분류된다면 고정 산도와 휘발성 산도는 두 가지 와인을 잘 분류할 수 있는 속성이다.

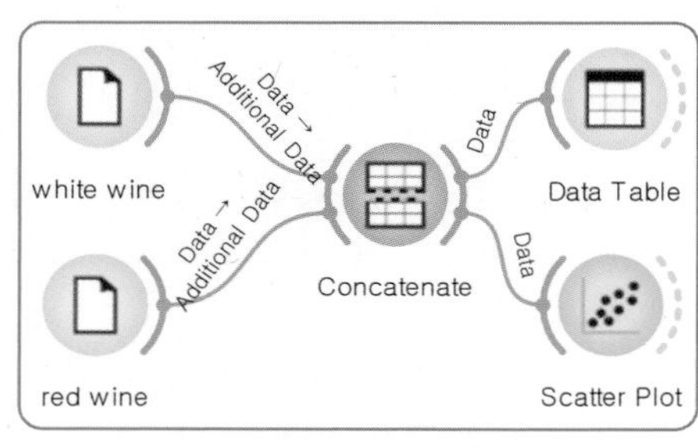

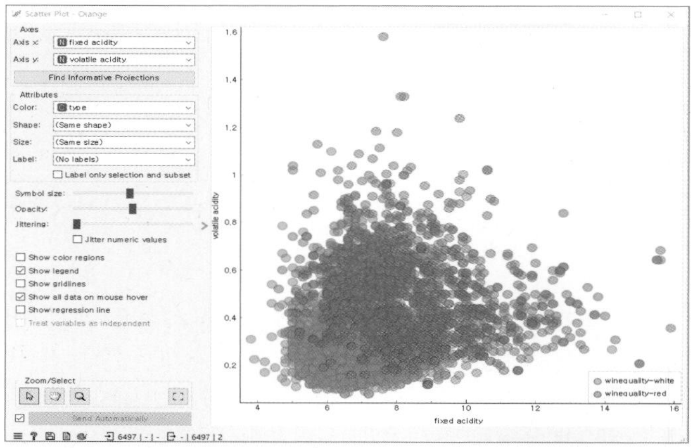

그림 9-13 **고정 산도(fixed acidity)와 휘발성 산도(volatile acidity)의 산점도**

- 아래와 같이 Find Informative Projections를 클릭하면 Score Plots 창이 나타난다. 이 창의 아래에 있는 Start를 클릭하면 어떤 속성끼리 조합했을 때 Class를 가장 잘 분류하는지 리스트([그림 9-15] 오른쪽 부분)로 확인할 수 있다.

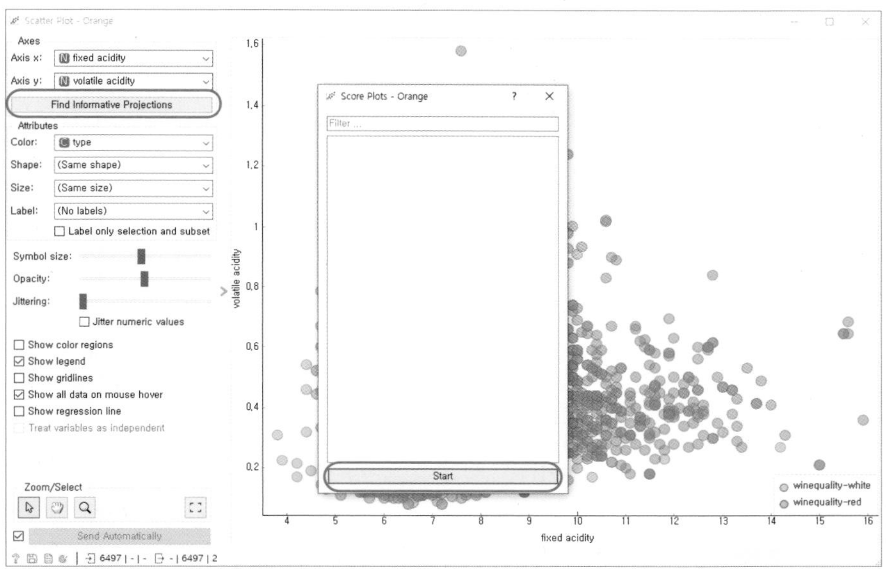

그림 9-14 **속성 조합**

- Score Plots 창에서 확인한 결과 염화물(chlorides)과 총이산화황(total sulfur dioxide) 속성을 조합하면 상대적으로 두 가지 와인을 분류하기 쉬운 것으로 나타났다. 다음으로는 염화물(chlorides)과 당도(residual sugar) 속성의 조합, 세 번째로는 밀도(density)와 총이산화황(total sulfur dioxide) 속성을 조합하면 와인의 종류를 분류하기가 쉽다.

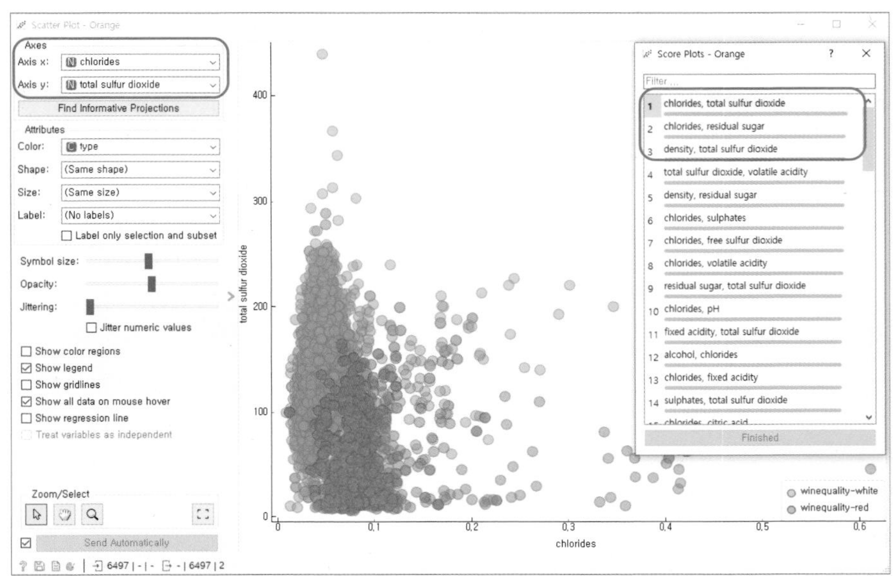

그림 9-15 **염화물(chlorides)과 총이산화황(total sulfur dioxide)의 산점도**

③ 특성 통계표 확인하기

- Data 카테고리의 [Feature Statistics] 위젯을 가져와서 [Concatenate] 위젯과 연결하고 [Feature Statistics] 위젯을 더블 클릭하면 특성 통계표를 볼 수 있다.
- [그림 9-16] 특성 통계표는 type 속성을 포함한 전체 13개의 속성을 나타낸 것으로 빨간색은 레드 와인, 파란색은 화이트 와인을 나타낸다. 모든 속성에 결측치(Missing data)는 없다.
- 염화물(chlorides) 속성값의 범위는 0.009~0.611로 상당히 작고, 총이산화황(total sulfur dioxide) 속성값의 범위는 6.0~440.0으로 상대적으로 크다. 이렇게 두 속성의 스케일(scale) 차이가 매우 큰 경우에는 전체 데이터를 0~1 사이의 값으로 정규화하는 전처리 과정을 거쳐 기계학습의 효율을 높인다.

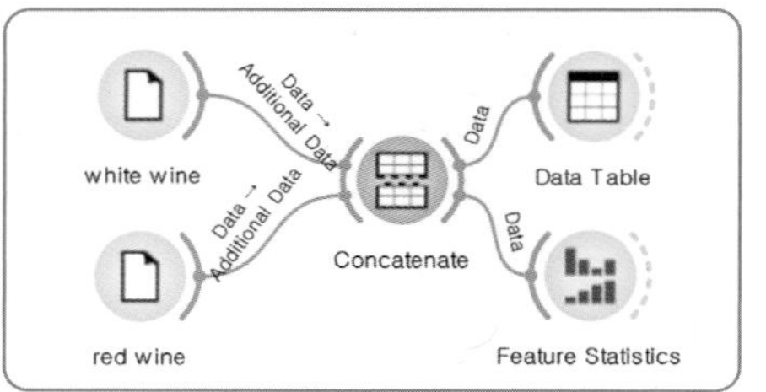

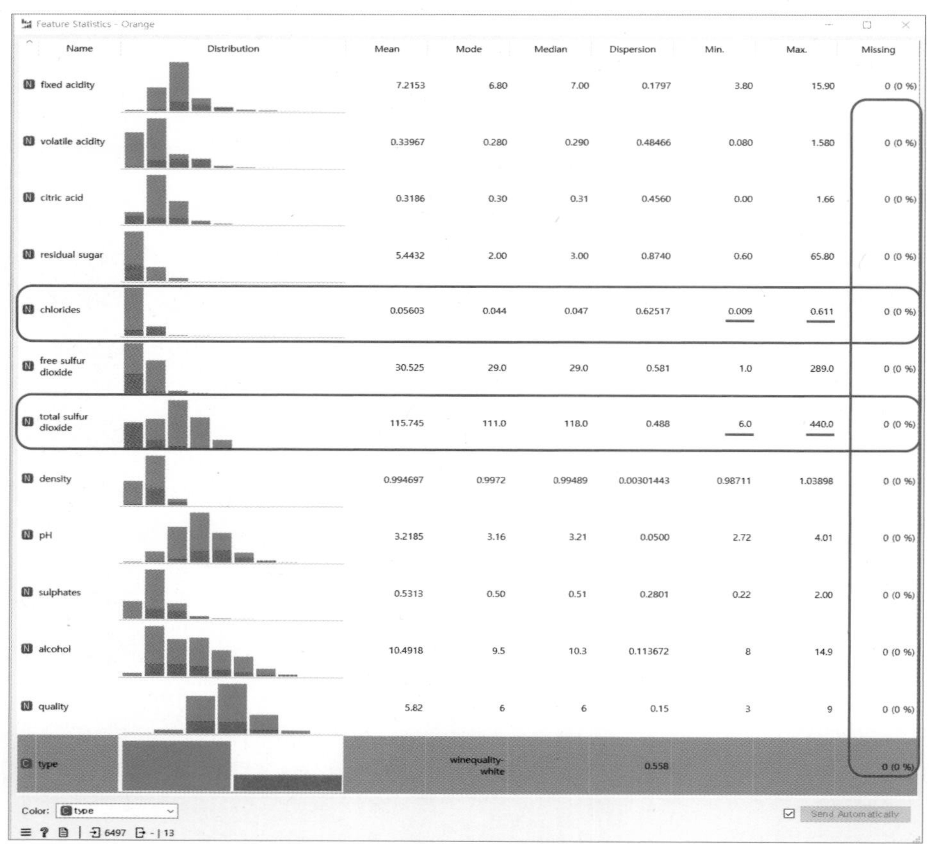

Name	Mean	Mode	Median	Dispersion	Min.	Max.	Missing
fixed acidity	7.2153	6.80	7.00	0.1797	3.80	15.90	0 (0 %)
volatile acidity	0.33967	0.280	0.290	0.48466	0.080	1.580	0 (0 %)
citric acid	0.3186	0.30	0.31	0.4560	0.00	1.66	0 (0 %)
residual sugar	5.4432	2.00	3.00	0.8740	0.60	65.80	0 (0 %)
chlorides	0.05603	0.044	0.047	0.62517	0.009	0.611	0 (0 %)
free sulfur dioxide	30.525	29.0	29.0	0.581	1.0	289.0	0 (0 %)
total sulfur dioxide	115.745	111.0	118.0	0.488	6.0	440.0	0 (0 %)
density	0.994697	0.9972	0.99489	0.00301443	0.98711	1.03898	0 (0 %)
pH	3.2185	3.16	3.21	0.0500	2.72	4.01	0 (0 %)
sulphates	0.5313	0.50	0.51	0.2801	0.22	2.00	0 (0 %)
alcohol	10.4918	9.5	10.3	0.113672	8	14.9	0 (0 %)
quality	5.82	6	6	0.15	3	9	0 (0 %)
type		winequality-white		0.558			0 (0 %)

그림 9-16 **특성 통계표**

- 특성 통계표는 데이터 테이블을 구성하는 각 속성값의 통계 정보와 도수분포를 동시에 볼 수 있는 그래프로서 특성별 도수분포와 최솟값, 최댓값, 중앙값 등을 확인할 수 있다. 또한 상대적으로 작은 값과 큰 값을 가지는 속성이 있는지, 전처리가 필요한지도 확인할 수 있다.

5 데이터 전처리하기

[Preprocess] 위젯을 이용하면 결측치 처리, 정규화 등의 전처리를 수행할 수 있다.

① 데이터 정규화하기

- Transform 카테고리의 [Preprocess] 위젯을 캔버스로 가져와서 [Concatenate] 위젯과 연결하고 [Preprocess] 위젯을 더블 클릭하면 Preprocess 창이 나타난다.
- Preprocessors에서 Normalize Features를 더블 클릭하여 오른쪽에 Normalize Features가 생기면 Normalize to interval [0, 1]을 클릭한다. 데이터 정규화(Normalize)는 데이터의 값을 0~1 사이의 값으로 변환한다.

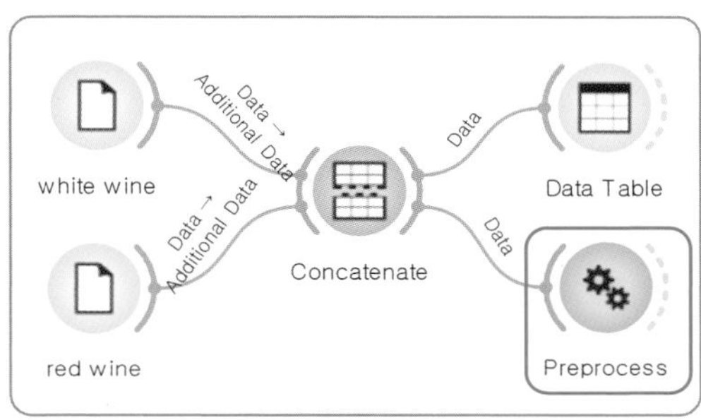

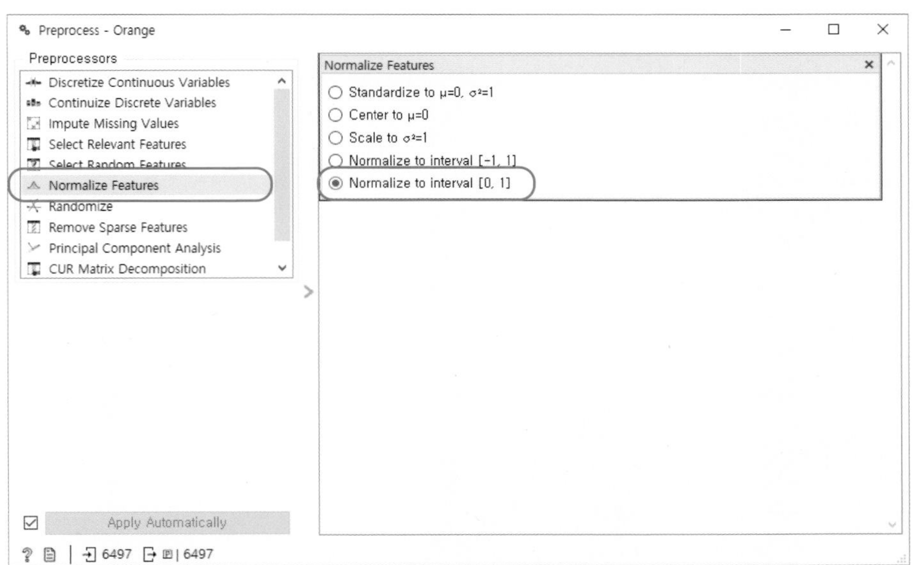

그림 9-17 [Preprocess] 위젯으로 데이터 전처리

AI랑 친해지기

데이터 정규화와 데이터 표준화는 어떻게 다른가요?

데이터 정규화는 값의 범위를 0~1의 구간 값으로 변환하여 나타낸 것으로, $(x_i - \min)/(\max - \min)$로 계산한다. 데이터 표준화는 평균이 0이고 분산이 1이 되도록 값을 변경하는 것을 말한다.

② 전처리 후 데이터 시각화

전처리 후 데이터의 분포가 어떻게 달라졌는지 살펴보자.

- Visualize 카테고리의 [Scatter Plot] 위젯을 가져와서 [Preprocess] 위젯과 연결하고 [Scatter Plot] 위젯을 더블 클릭하면 Scatter Plot 창이 나타난다.
- 전처리한 결과에서 기계학습에 반영할 핵심 속성을 추출하기 위해 Find Informative Projections로 결과를 확인한다.
- 전처리 후에도 염화물(chlorides)과 총이산화황(total sulfur dioxide) 속성의 조합이 두 가지 와인을 가장 잘 분류할 수 있는 것으로 나타났다. 하지만 두 번째는 밀도(density)와 총이산화황(total sulfur dioxide) 속성 조합으로 바뀌었고, 세 번째도 총이산화황(total sulfur dioxide)과 휘발성 산도(volatile acidity) 속성 조합이 잘 분류할 수 있는 것으로 바뀌었다.

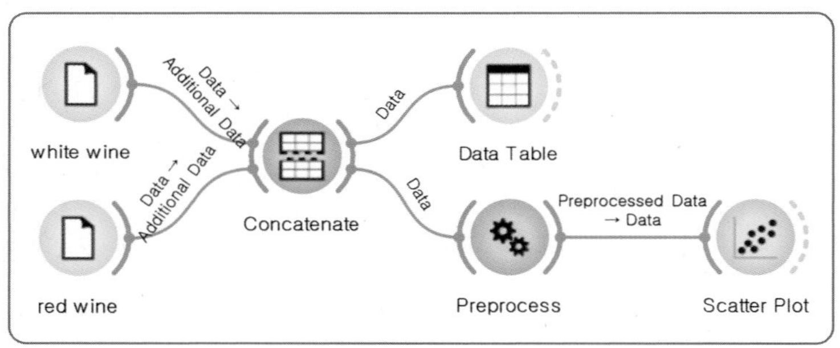

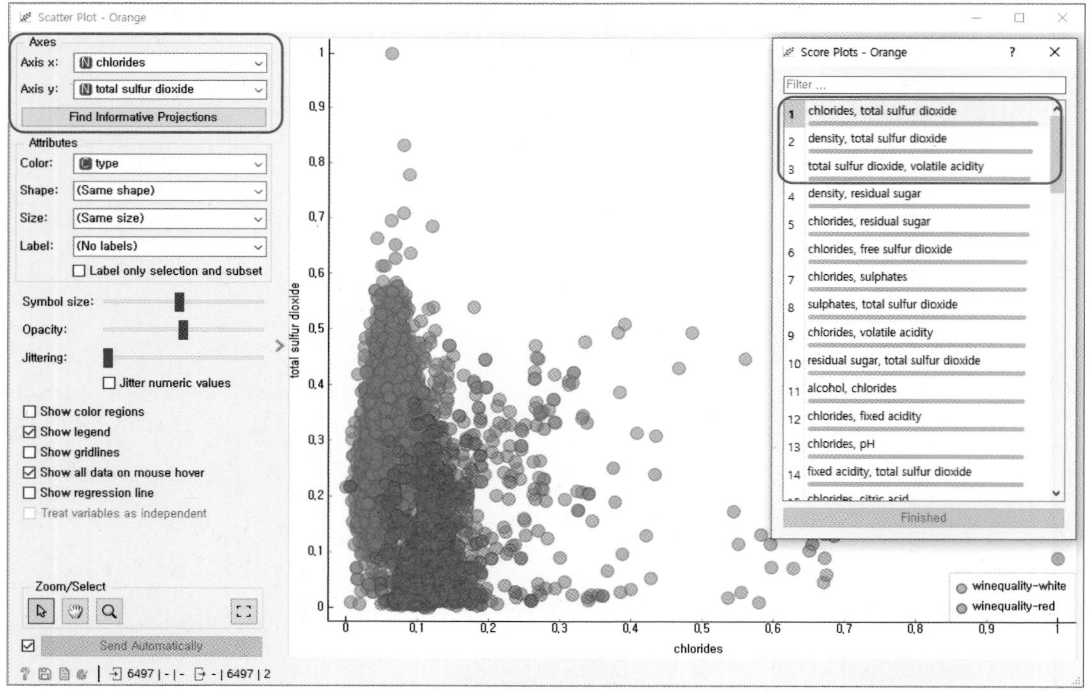

그림 9-18 전처리 후 염화물과 총이산화황의 분포

③ Rank 위젯으로 속성 추출하기

- Data 카테고리의 [Rank] 위젯을 캔버스로 가져와서 [Preprocess] 위젯과 연결하고 [Rank] 위젯을 더블 클릭하면 데이터 속성의 관련성을 바탕으로 점수를 산출하여 속성을 필터링 한다.
- Rank는 기계학습에 반영할 핵심 속성을 추출하기 위해 점수를 산출하는 방법으로 정보 획득량(Information Gain)과 ReliefF 등을 이용할 수 있다.
- Scoring Methods의 순위를 계산하는 기준을 어떤 것으로 하느냐에 따라 선택되는 속성이 달라진다.
- 정보 획득량(Information Gain)은 어떤 속성을 선택하느냐에 따라 데이터가 더 잘 구분되는 정도를 나타낸다. 정보 획득량이 클수록 분류가 더 잘 이루어진다.
- [그림 9-19]에서 ReliefF 탭을 클릭하면 아래 창과 같이 ReliefF에 영향을 주는 속성 순으로 나열된다.

이와 같은 방법으로 핵심 속성을 추출하여 모델 학습을 한다면 연산 속도를 빠르게 하고 예측의 정확도를 높일 수 있어요.

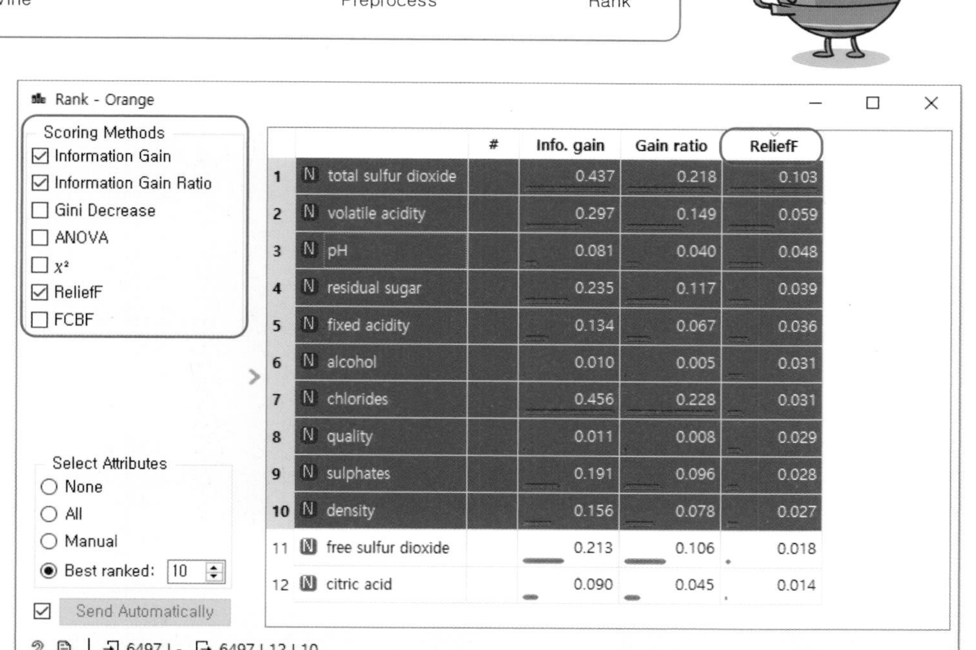

		#	Info. gain	Gain ratio	ReliefF
1	N total sulfur dioxide		0.437	0.218	0.103
2	N volatile acidity		0.297	0.149	0.059
3	N pH		0.081	0.040	0.048
4	N residual sugar		0.235	0.117	0.039
5	N fixed acidity		0.134	0.067	0.036
6	N alcohol		0.010	0.005	0.031
7	N chlorides		0.456	0.228	0.031
8	N quality		0.011	0.008	0.029
9	N sulphates		0.191	0.096	0.028
10	N density		0.156	0.078	0.027
11	N free sulfur dioxide		0.213	0.106	0.018
12	N citric acid		0.090	0.045	0.014

그림 9-19 Rank 창

- ReliefF를 기준으로 속성 10개를 추출한 후 [Data Table(Ranked)] 위젯을 연결하고 더블 클릭하면, Data Table(Ranked) 창의 Info에서 feature가 10개인 것을 확인할 수 있다.

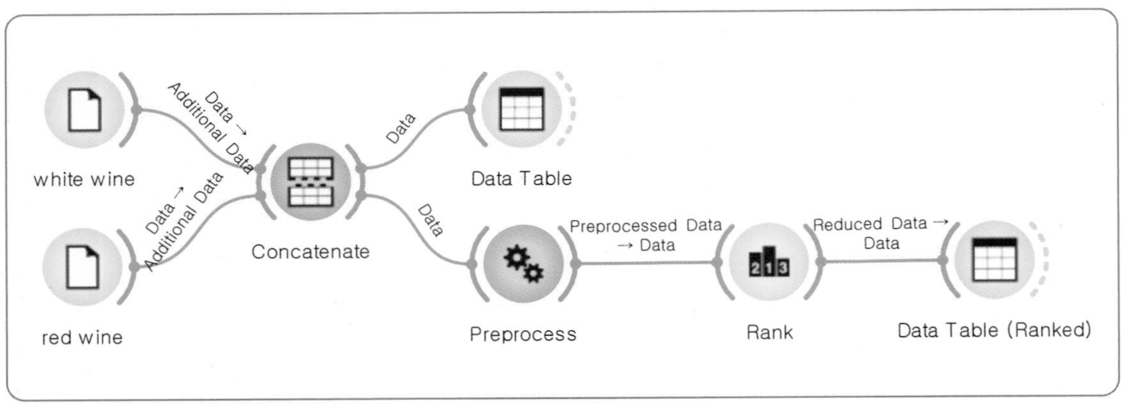

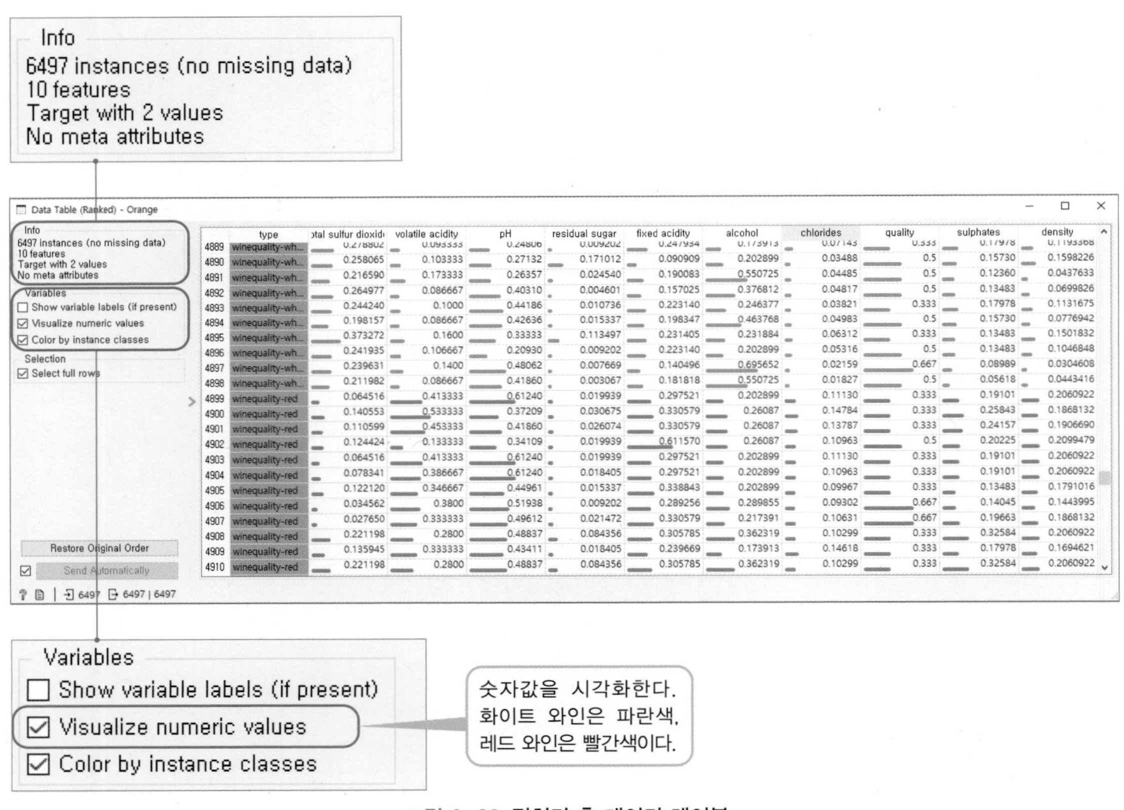

그림 9-20 **전처리 후 데이터 테이블**

앞서 살펴본 산점도, 특성 통계표, Rank 등의 결과를 종합적으로 보고, 어떤 속성을 기계학습에 사용할 것인지 판단하는 것이 좋다.

어떤 모델을 선택하고 학습시킬까?

1 학습 모델 선택하고 학습시키기

① 훈련 데이터와 테스트 데이터 나누기

• [Data Sampler] 위젯을 이용하여 훈련 데이터와 테스트 데이터로 분리한다. 보통 전처리 전에 데이터를 분리하는 경우가 많지만, 여기서는 전처리를 한꺼번에 수행한 후 훈련 데이터와 테스트 데이터로 나누었다.

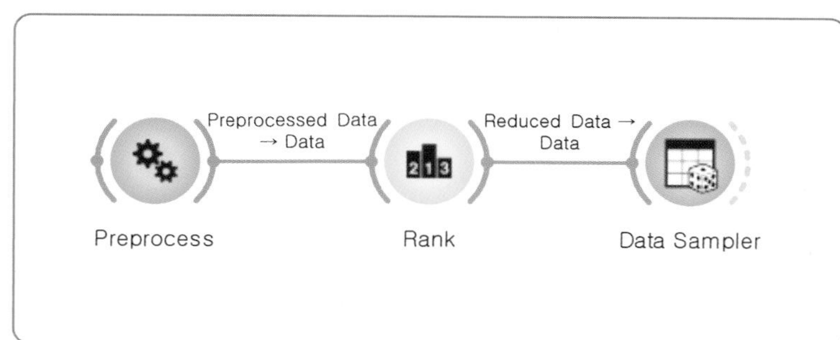

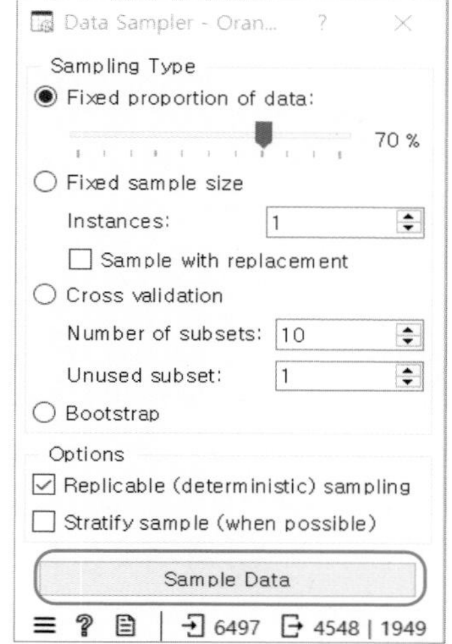

② 모델 선택하고 학습시키기

• Model 카테고리의 [kNN], [Logistic Regression], [Naive Bayes] 위젯을 캔버스로 가져와서 [Data Sampler] 위젯에 각각 연결한다.

• [Data Sampler] 위젯과 [kNN] 위젯을 연결한 후, 더블 클릭하면 k-NN 모델에 들어오는 입력 데이터의 수를 확인할 수 있다.

• 아래의 4,548은 훈련 데이터의 수로 전체 데이터 수(6,497)의 70%에 해당한다.

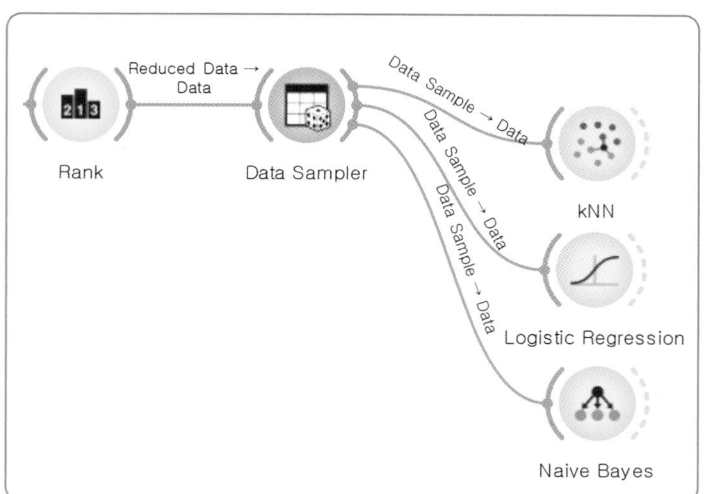

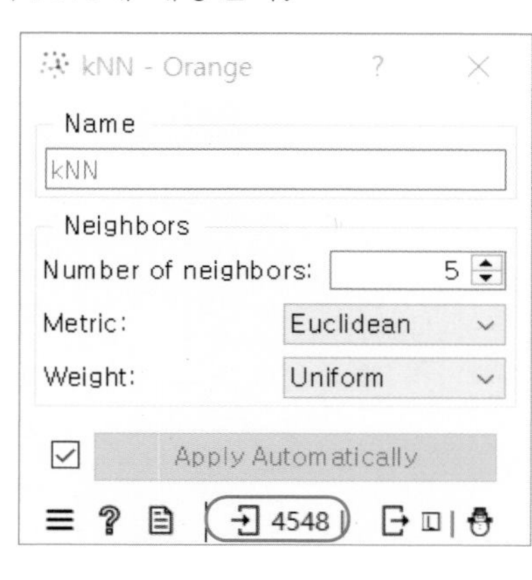

2 모델 학습 결과 확인하기

- Evaluate 카테고리의 [Predictions] 위젯을 캔버스로 가져와서 [Data Sampler], [kNN], [Logistic Regression], [Naive Bayes] 위젯과 각각 연결한다.
- [Data Sampler] 위젯과 모델 위젯의 연결선을 더블 클릭하여 나온 Edit Links 창에서 Data Sample(훈련 데이터)과 Data를 연결한다.

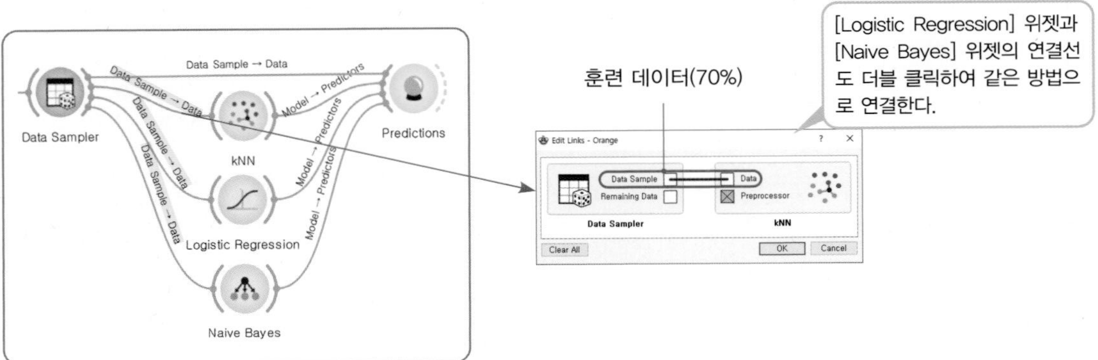

- [Predictions] 위젯을 더블 클릭하면 모델이 예측한 결과와 훈련 데이터의 수가 4,548개인 것을 확인할 수 있다.
- 성능 평가 지표 중 CA(Classification Accuracy)는 분류 정확도를 나타낸다. 훈련 데이터로 학습한 결과 kNN 모델이 매우 높은 분류 정확도(0.994)를 보여 주었다.

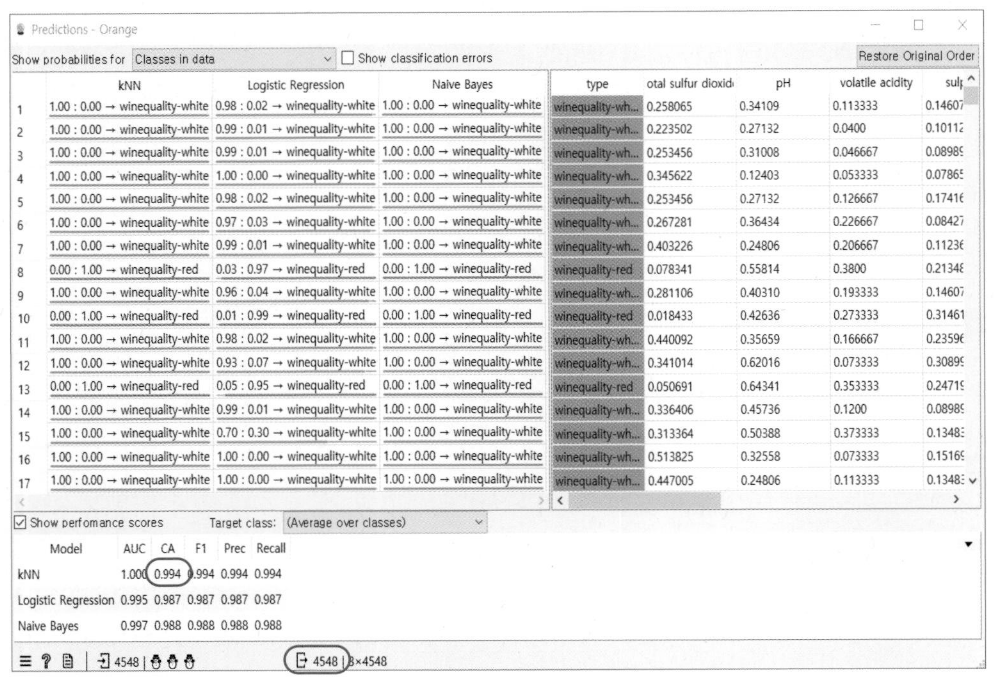

4 모델의 성능을 확인해 보자!

1 성능 결과 확인하기

- [Data Sampler] 위젯과 [Predictions] 위젯의 연결선을 더블 클릭하여 나온 Edit Links 창에서 Remaining Data(테스트 데이터)와 Data를 연결한다.

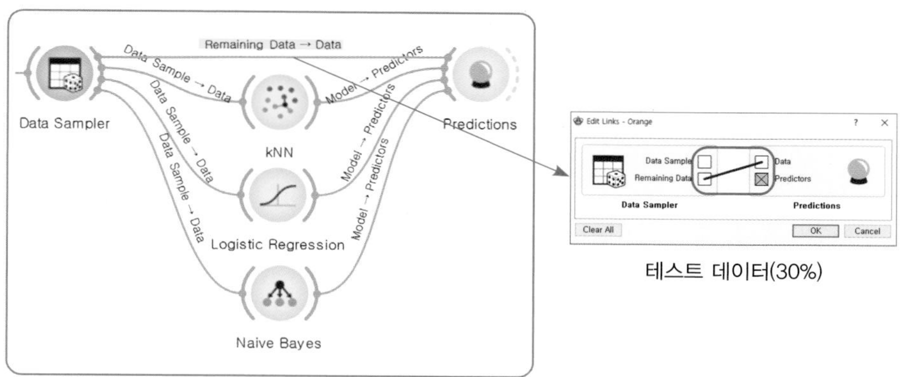

테스트 데이터(30%)

- [Predictions] 위젯을 더블 클릭하면 테스트 데이터를 이용하여 예측한 결과를 비교해 준다. 테스트 데이터의 수가 1,949개인 것을 확인할 수 있다.
- 여기서는 k-NN 모델과 앞서 배운 Logistic Regression, Naive Bayes 모델을 분류 정확도(CA)로 성능 평가하였다.
- 테스트 데이터를 이용하여 모델의 성능을 평가한 결과, k-NN 모델의 분류 정확도(CA)가 0.995로 가장 높다.

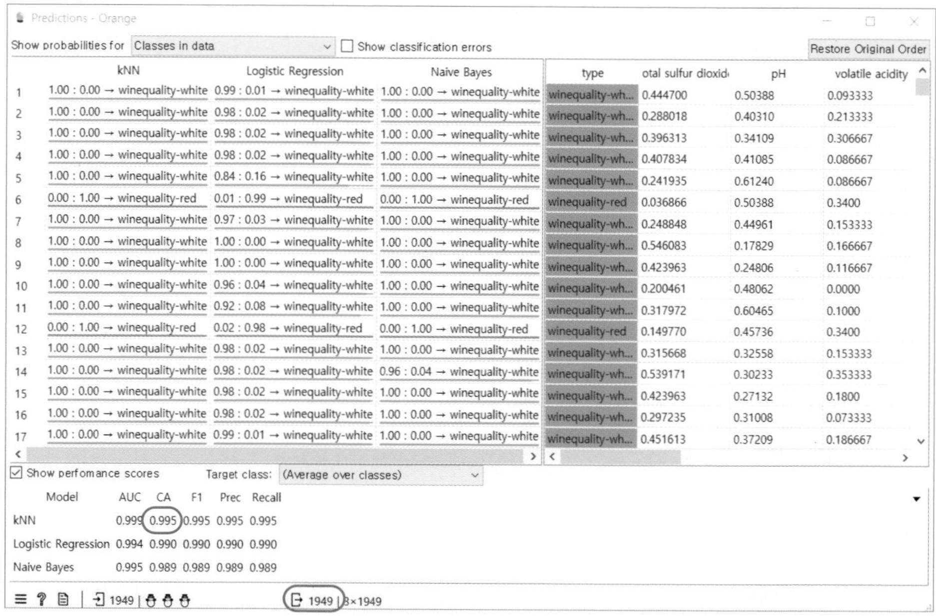

	kNN	Logistic Regression	Naive Bayes	type	otal sulfur dioxid	pH	volatile acidity
1	1.00 : 0.00 → winequality-white	0.99 : 0.01 → winequality-white	1.00 : 0.00 → winequality-white	winequality-wh...	0.444700	0.50388	0.093333
2	1.00 : 0.00 → winequality-white	0.98 : 0.02 → winequality-white	1.00 : 0.00 → winequality-white	winequality-wh...	0.288018	0.40310	0.213333
3	1.00 : 0.00 → winequality-white	0.98 : 0.02 → winequality-white	1.00 : 0.00 → winequality-white	winequality-wh...	0.396313	0.34109	0.306667
4	1.00 : 0.00 → winequality-white	0.98 : 0.02 → winequality-white	1.00 : 0.00 → winequality-white	winequality-wh...	0.407834	0.41085	0.086667
5	1.00 : 0.00 → winequality-white	0.84 : 0.16 → winequality-white	1.00 : 0.00 → winequality-white	winequality-wh...	0.241935	0.61240	0.086667
6	0.00 : 1.00 → winequality-red	0.01 : 0.99 → winequality-red	0.00 : 1.00 → winequality-red	winequality-red	0.036866	0.50388	0.3400
7	1.00 : 0.00 → winequality-white	0.97 : 0.03 → winequality-white	1.00 : 0.00 → winequality-white	winequality-wh...	0.248848	0.44961	0.153333
8	1.00 : 0.00 → winequality-white	1.00 : 0.00 → winequality-white	1.00 : 0.00 → winequality-white	winequality-wh...	0.546083	0.17829	0.166667
9	1.00 : 0.00 → winequality-white	1.00 : 0.00 → winequality-white	1.00 : 0.00 → winequality-white	winequality-wh...	0.423963	0.24806	0.116667
10	1.00 : 0.00 → winequality-white	0.96 : 0.04 → winequality-white	1.00 : 0.00 → winequality-white	winequality-wh...	0.200461	0.48062	0.0000
11	1.00 : 0.00 → winequality-white	0.92 : 0.08 → winequality-white	1.00 : 0.00 → winequality-white	winequality-wh...	0.317972	0.60465	0.1000
12	0.00 : 1.00 → winequality-red	0.02 : 0.98 → winequality-red	0.00 : 1.00 → winequality-red	winequality-red	0.149770	0.45736	0.3400
13	1.00 : 0.00 → winequality-white	0.98 : 0.02 → winequality-white	1.00 : 0.00 → winequality-white	winequality-wh...	0.315668	0.32558	0.153333
14	1.00 : 0.00 → winequality-white	0.98 : 0.02 → winequality-white	0.96 : 0.04 → winequality-white	winequality-wh...	0.539171	0.30233	0.353333
15	1.00 : 0.00 → winequality-white	0.98 : 0.02 → winequality-white	1.00 : 0.00 → winequality-white	winequality-wh...	0.423963	0.27132	0.1800
16	1.00 : 0.00 → winequality-white	0.98 : 0.02 → winequality-white	1.00 : 0.00 → winequality-white	winequality-wh...	0.297235	0.31008	0.073333
17	1.00 : 0.00 → winequality-white	0.99 : 0.01 → winequality-white	1.00 : 0.00 → winequality-white	winequality-wh...	0.451613	0.37209	0.186667

Model	AUC	CA	F1	Prec	Recall
kNN	0.999	0.995	0.995	0.995	0.995
Logistic Regression	0.994	0.990	0.990	0.990	0.990
Naive Bayes	0.995	0.989	0.989	0.989	0.989

2 성능 평가하기

Evaluate 카테고리의 [Confusion Matrix] 위젯을 가져와서 [Predictions] 위젯과 연결한다.

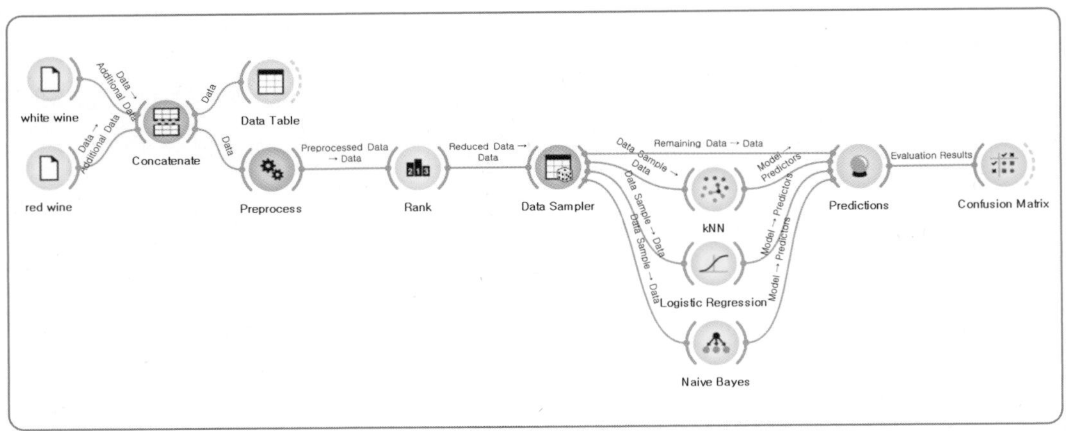

[Confusion Matrix] 위젯을 더블 클릭하여 나온 Confusion Matrix(혼동 행렬) 창의 성능 평가 지표를 살펴보자.

- 세 가지 모델 중 가장 성능이 좋은 k-NN 모델의 혼동 행렬을 살펴보면, 테스트 데이터(1,949개)에서 실제 화이트 와인 1,476개 중 1,474개를 화이트 와인으로 분류하였고, 실제 레드 와인 473개 중 466개를 레드 와인으로 분류하였다.
- 화이트 와인을 제대로 분류한 것이 1,474개, 레드 와인을 제대로 분류한 것이 466개이므로 분류 정확도(CA) $= \dfrac{1474+466}{1474+2+7+466} = 0.995$로 계산된다.

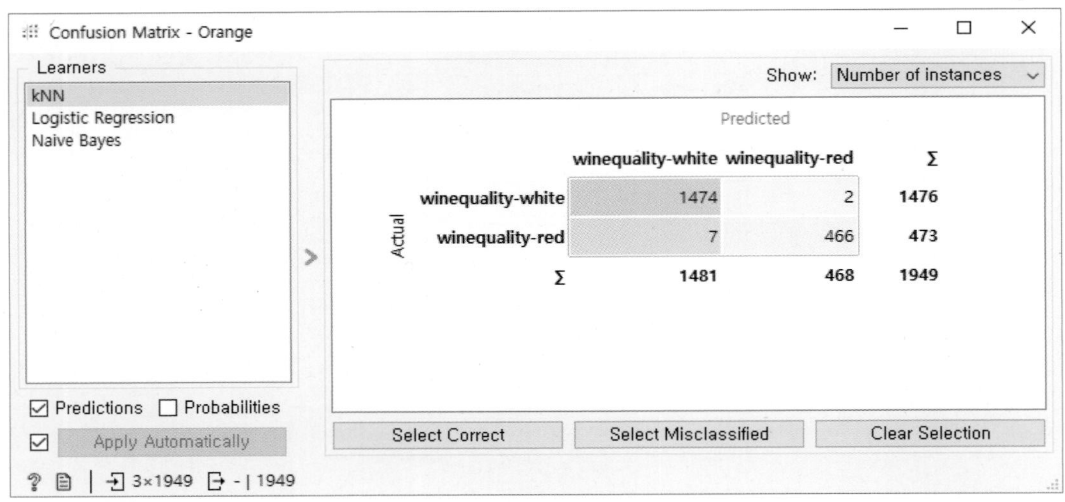

	winequality-white	winequality-red	Σ
winequality-white	1474	2	1476
winequality-red	7	466	473
Σ	1481	468	1949

- 새로운 와인의 속성값을 안다면 이렇게 만들어진 모델을 활용하여 레드 와인인지 화이트 와인인지 예측할 수 있다.

전문가 되기

k-NN(k-Nearest Neighbors) 알고리즘

k-NN(k-Nearest Neighbors)은 새로운 데이터가 들어왔을 때 특징 공간 내에 데이터 간의 거리가 가까운 데이터를 찾아서 그것의 레이블값으로 분류하는 알고리즘이다. 이때 k는 새로 입력된 데이터를 기준으로 가장 가까운 데이터의 개수를 의미한다.

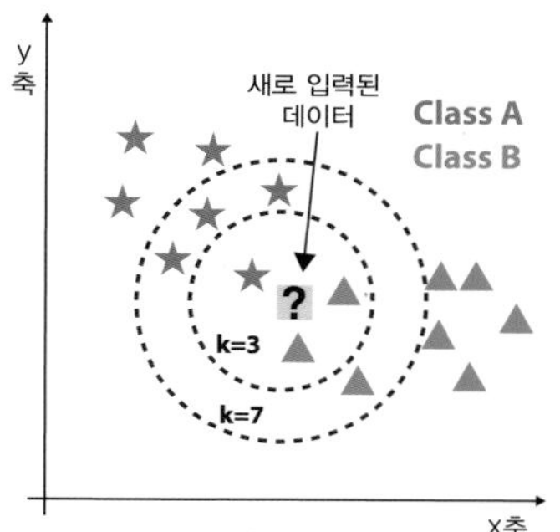

k-NN 알고리즘의 수학적 이해

두 가지 속성을 사용한 공간에서 최근접 이웃을 어떻게 찾아야 할까?

두 가지 속성은 2차원 공간에 나타낼 수 있고, 2차원 공간에서의 거리는 피타고라스의 정리를 적용하여 계산할 수 있다.

그림에서 별(1, 2)와 동그라미(5, 5) 사이의 거리는 아래와 같이 계산할 수 있다.

$$\sqrt{(5-1)^2+(5-2)^2} = \sqrt{25} = 5$$

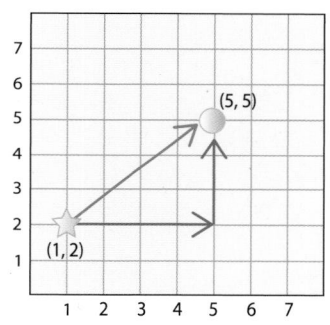

k-NN 알고리즘을 적용한 분류기 함수를 정의하면 다음과 같다.

① 분류하고 싶은 데이터와 분류된 데이터 사이의 거리를 계산한다.

② 분류하고 싶은 데이터와 가까운 순서대로 나열한다.

③ 가장 가까운 k개의 데이터 중에서 레이블별 빈도를 센다.

④ 최다 빈도의 레이블 값을 반환한다.

와인 데이터의 속성 중 염화물(chlorides)과 총이산화황(total Sulfur dioxide) 속성으로 k-NN을 적용하여 분류한다면 A는 레드 와인이지만 주변에 있는 k개의 데이터 중에 화이트 와인이 많기 때문에 화이트 와인으로 분류된다.

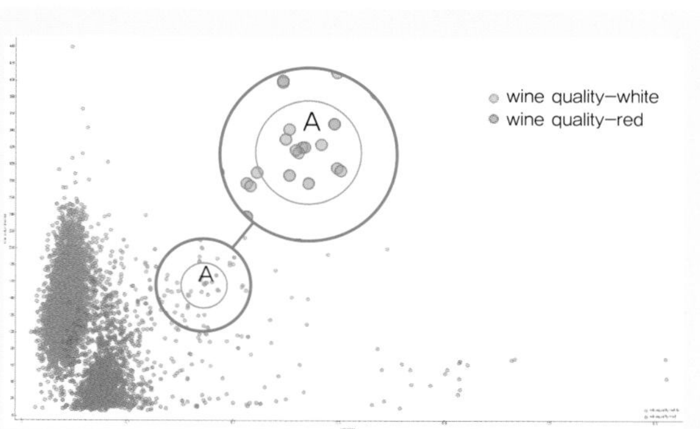

그림 9-21 k-NN을 적용한 와인 데이터

기계학습에 영향을 미치는 핵심 속성을 추출하기 위해 다양한 방법으로 시각화하고 분석해 보았다. 어떤 하나의 방법이나 기준에만 의존하지 않고 앞서 살펴본 산점도, 특성 통계표, Rank 등의 결과를 종합적으로 보고 어떤 속성을 기계학습에 사용할 것인지 판단하는 것이 좋다. 이와 같은 방법으로 핵심 속성을 추출하여 모델 학습을 한다면 연산 속도를 빠르게 하고 예측의 정확도를 높일 수 있다.

MEMO

10

무는 강아지 입장 불가!

Logistic Regression을 사용하여
무는 강아지를 분류해 보자.

해결해야 할 문제는 무엇일까?

문제 상황

반려견이 목줄을 매지 않아도 맘껏 뛰어 놀 수 있는 반려견 놀이터가 생기고 있다. 만약 목줄을 매지 않은 강아지가 사람을 문다면 그 누구도 반려견 놀이터에 오기를 꺼려할 것이다.

이러한 사고를 예방하기 위해 인공지능 카메라를 설치하여 강아지의 얼굴을 보고 무는 강아지인지 물지 않는 강아지인지 확인한 후 입장을 시키려고 한다.

→ **무는 강아지와 물지 않는 강아지를 분류할 수 있는 인공지능 모델을 만들어 보자.**

데이터를 준비하자!

1 강아지 데이터 셋(Dog Dataset) 다운로드

강아지 데이터 셋(Dog Dataset)은 40개의 무는 강아지와 물지 않는 강아지 이미지 데이터로 구성되어 있으며, 출판사 홈페이지에 접속하여 데이터를 다운로드할 수 있다.

(https://bit.ly/47S7OKP)

[출처: Stefan Seegerer가 제작한 원숭이 데이터 특징 참고(https://aiunplugged.org)]

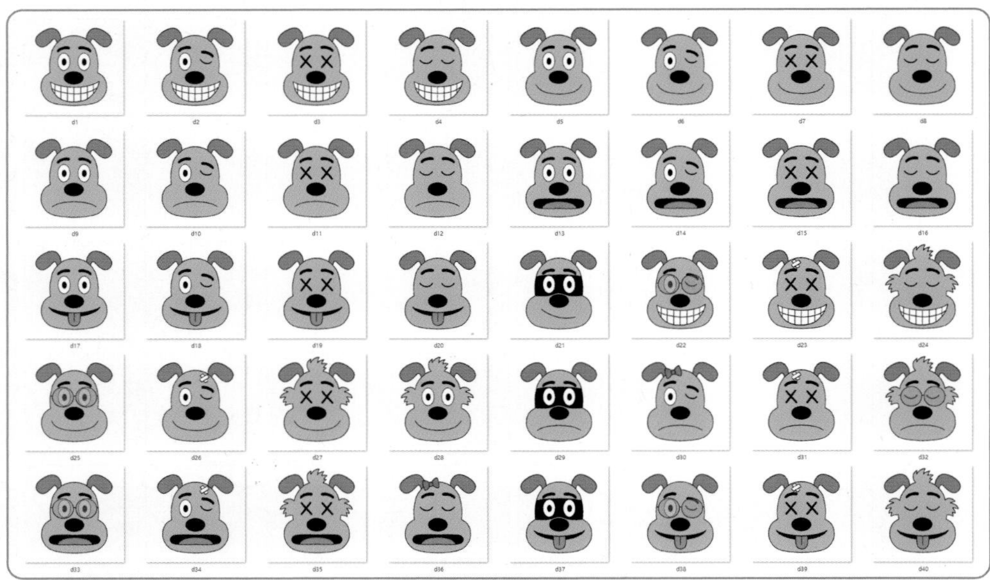

그림 10-1 강아지 데이터 셋(Dog Dataset)

2 훈련 데이터와 테스트 데이터 나누기

지도 학습을 위해 강아지 데이터 셋을 훈련 데이터와 테스트 데이터로 나누고 레이블(정답)을 붙인다. 전체 이미지 데이터는 무는 강아지가 17개, 물지 않는 강아지가 23개로 총 40개이다. 일반적으로 훈련 데이터와 테스트 데이터는 7:3의 비율로 분리하지만, 이 활동에서는 이 비율을 정확히 맞추지 않았다.

① 훈련 데이터 준비하기

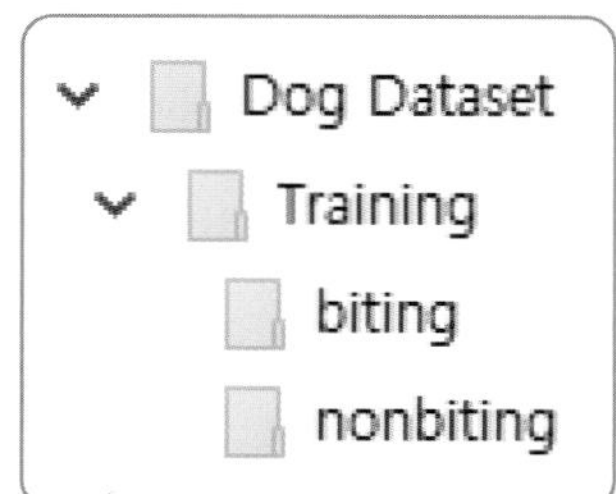

- Dog Dataset 폴더를 만들고, 하위로 Training 폴더를 만들고 다시 하위로 biting과 nonbiting 폴더를 만든다.
- [그림 10-2]와 [그림 10-3]처럼 biting과 nonbiting 폴더에 이미지를 넣는 것은 이미지 데이터에 레이블을 붙이는 것과 같다.
- [Training]-[biting] 폴더에 [그림 10-2]와 같이 무는 강아지 이미지(훈련 데이터) 13개를 넣는다.

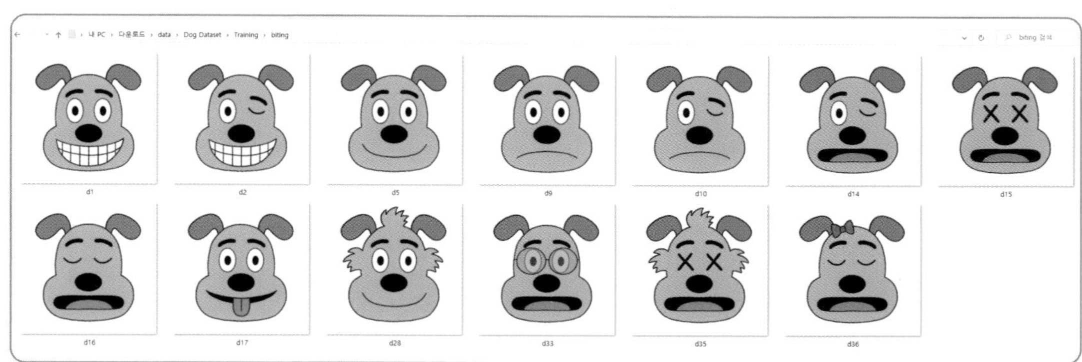

그림 10-2 훈련 데이터 중 무는 강아지 이미지 13개

- [Training]-[nonbiting] 폴더에도 [그림 10-3]과 같이 물지 않는 강아지 이미지(훈련 데이터) 15개를 넣는다.

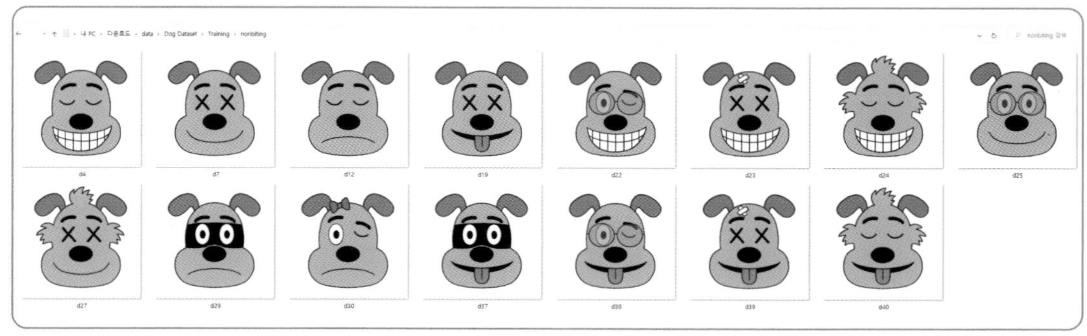

그림 10-3 훈련 데이터 중 물지 않는 강아지 이미지 15개

② 테스트 데이터 준비하기

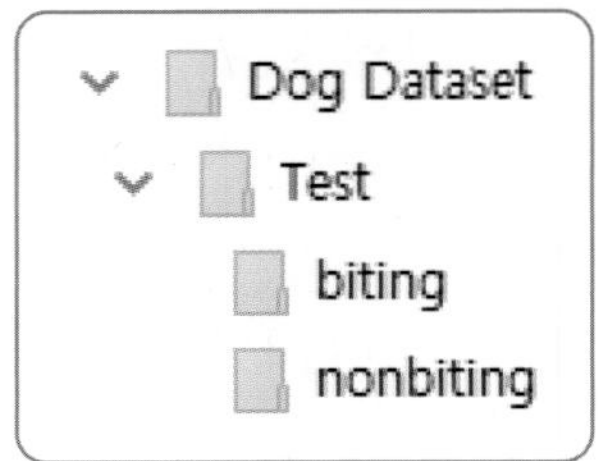

- 테스트 데이터도 마찬가지로 오른쪽 그림과 같이 Dog Dataset 하위로 Test 폴더를 만들고 다시 하위로 biting과 nonbiting 폴더를 만든다.
- 이 데이터는 훈련 데이터를 학습한 모델의 성능 평가 결과를 확인하기 위해 사용한다.

- [Test]–[biting] 폴더에 [그림 10–4]와 같이 4개의 무는 강아지 이미지(테스트 데이터)를 넣는다.

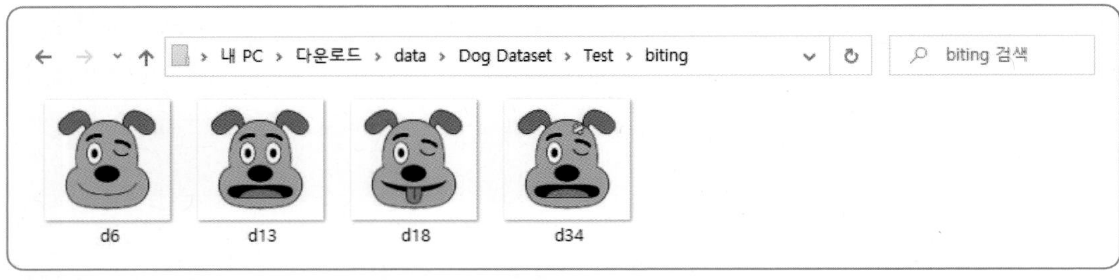

그림 10–4 **테스트 데이터 중 무는 강아지 이미지 4개**

- [Test]–[nonbiting] 폴더에 [그림 10–5]와 같이 8개의 물지 않는 강아지 이미지(테스트 데이터)를 넣는다.

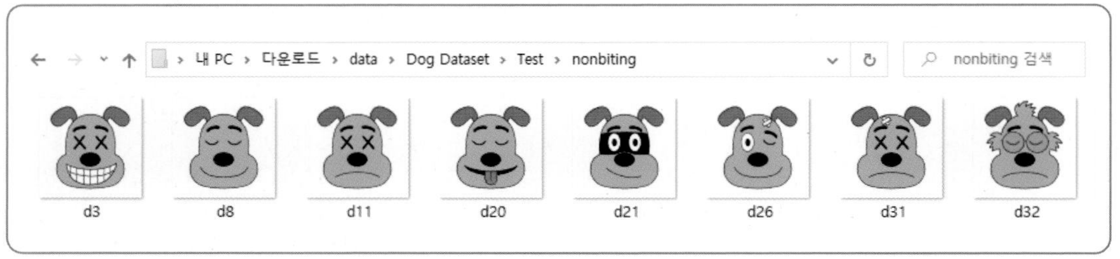

그림 10–5 **테스트 데이터 중 물지 않는 강아지 이미지 8개**

- 전체 데이터 40개 중 훈련 데이터는 28개, 테스트 데이터는 12개이다.
- 여기서는 훈련 데이터로 기계학습을 하고 테스트 데이터로 모델의 성능을 평가한다.
- 성능 평가의 신뢰도를 높이려면 두 class의 테스트 데이터 개수를 비슷하게 하는 것이 좋다.

이 활동에서는 기계학습으로 무는 강아지와 물지 않는 강아지를 학습하고 새로운 강아지가 반려견 놀이터에 입장했을 때 무는지 물지 않는지 예측하는 것이 목표이다.

3 데이터 전처리하기

① 데이터 불러오기

- Image Analytics 카테고리에서 [Import Images] 위젯을 가져와 캔버스에 놓고 더블 클릭하면 [그림 10-6]과 같이 이미지를 업로드할 수 있는 창이 나타난다.

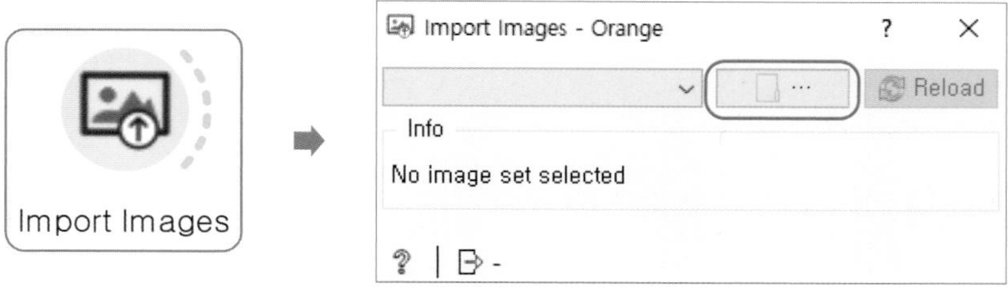

그림 10-6 이미지 업로드 창

- Dog Dataset에서 Training 폴더를 선택하면 무는 강아지 이미지 13개, 물지 않는 강아지 이미지 15개, 총 28개 이미지(훈련 데이터)가 업로드된다.

그림 10-7 훈련 데이터 업로드하기

② 이미지 데이터 확인하기

- 이미지를 확인하기 위해 Image Analytics 카테고리에서 [Image Viewer] 위젯을 캔버스에 가져와 [Import Images] 위젯과 연결한다.

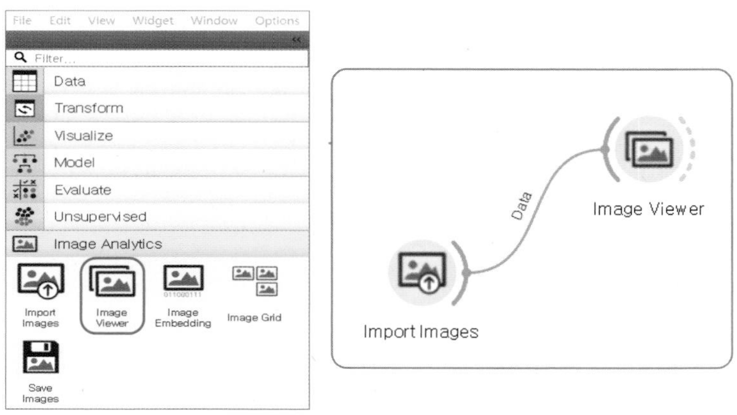

그림 10-8 [Image Viewer] 위젯 연결하기

- [Image Viewer] 위젯을 더블 클릭하면 폴더에 있는 이미지를 레이블과 함께 볼 수 있다.

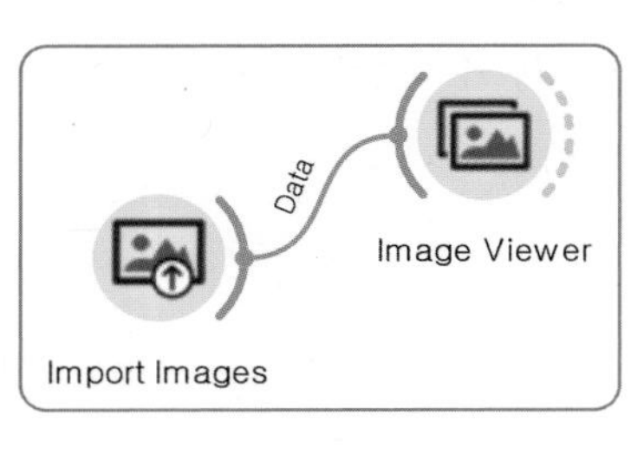

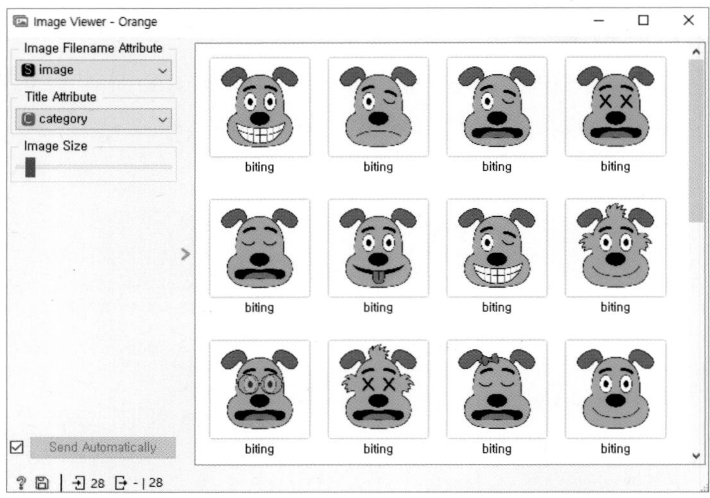

그림 10-9 [Image Viewer] 위젯으로 데이터 이미지 확인

③ 데이터 테이블 정보 확인하기

- Data 카테고리에서 [Data Table] 위젯을 가져와 [Import Images] 위젯에 연결하고 더블 클릭하면 [그림 10-10]과 같이 파일명(image name)과 파일 경로, 크기(size), 가로(width), 세로(height) 속성을 볼 수 있다.
- 정보(Info)를 살펴보면 기계학습에 필요한 독립 변수(features)는 없고 종속 변수(Target)와 5개의 meta 속성으로만 구성되어 있는 것을 확인할 수 있다.

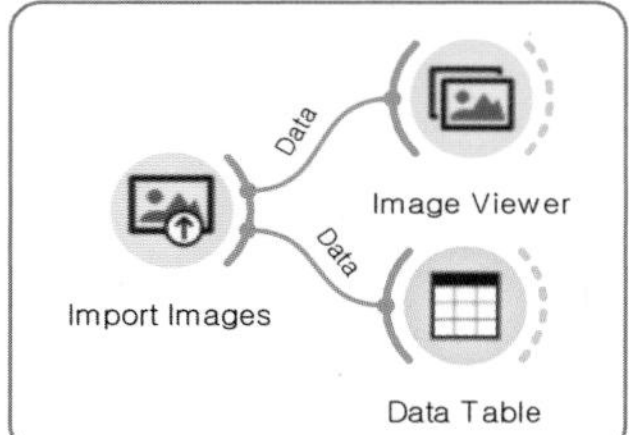

Data Table - Orange

Target　　meta attributes

Info
28 instances (no missing data)
0 features
Target with 2 values
5 meta attributes

Variables
☐ Show variable labels (if present)
☑ Visualize numeric values
☑ Color by instance classes

Selection
☑ Select full rows

Restore Original Order
☑ Send Automatically

28　28 | 28

	category	image name	image	size	width	height
1	biting	d1	biting/d1.jpg	846458	827	827
2	biting	d10	biting/d10.jpg	796312	827	827
3	biting	d14	biting/d14.jpg	801760	827	827
4	biting	d15	biting/d15.jpg	816393	827	827
5	biting	d16	biting/d16.jpg	798192	827	827
6	biting	d17	biting/d17.jpg	823165	827	827
7	biting	d2	biting/d2.jpg	835733	827	827
8	biting	d28	biting/d28.jpg	843282	827	827
9	biting	d33	biting/d33.jpg	849453	827	827
10	biting	d35	biting/d35.jpg	848996	827	827
11	biting	d36	biting/d36.jpg	808698	827	827
12	biting	d5	biting/d5.jpg	810305	827	827
13	biting	d9	biting/d9.jpg	806637	827	827
14	nonbiting	d12	nonbiting/d12.j...	786882	827	827
15	nonbiting	d19	nonbiting/d19.j...	820700	827	827
16	nonbiting	d22	nonbiting/d22.j...	866849	827	827
17	nonbiting	d23	nonbiting/d23.j...	854769	827	827
18	nonbiting	d24	nonbiting/d24.j...	859219	827	827
19	nonbiting	d25	nonbiting/d25.j...	841553	827	827
20	nonbiting	d27	nonbiting/d27.j...	841308	827	827
21	nonbiting	d29	nonbiting/d29.j...	804019	827	827
22	nonbiting	d30	nonbiting/d30.j...	806975	827	827
23	nonbiting	d37	nonbiting/d37.j...	820631	827	827

그림 10-10 이미지 데이터 테이블(Data Table)

4 데이터 전처리하기

앞서 했던 이미지 분류 활동에서 비정형 데이터인 이미지 데이터를 기계학습에 이용하려면 전처리 작업으로 이미지 임베딩을 수행해야 한다는 것을 배웠다. 이번 활동에서 사용하는 이미지 데이터도 비정형 데이터이므로 이미지 임베딩을 하는 이유와 방법을 정확히 이해해 보자.

① 훈련 데이터 이미지 임베딩하기

- Image Analytics 카테고리에서 [Image Embedding] 위젯을 캔버스에 가져와서 [Import Images] 위젯과 연결한다.

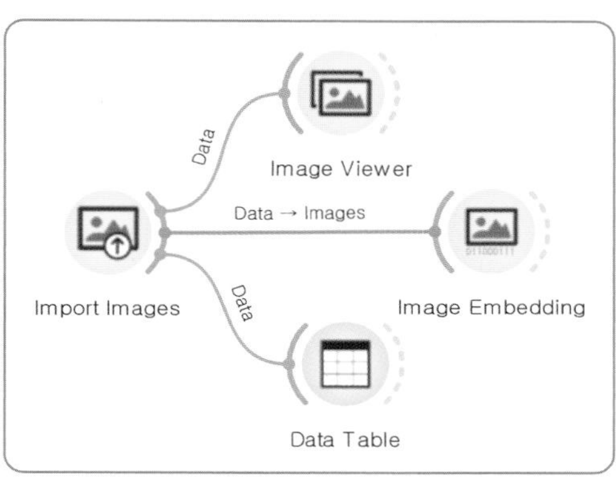

AI랑 친해지기

이미지 임베딩(Image Embedding)

- orange3의 이미지 임베딩은 딥러닝을 이용하여 각 이미지의 특징값을 추출해 내는 역할을 한다.
- 이미지 임베딩에 사용하는 [Image Embedding] 위젯은 이미지 데이터를 수치화된 벡터로 변환하기 위해 사전 훈련된 임베더(Embedder)를 사용한다.
- Embedder 옵션을 클릭해 보면 사전 훈련된 심층 신경망(Deep Neural Network)인 Inception v3, VGG-16, VGG-19 등이 있다.
- 이 Embedder를 사용하기 위해서는 컴퓨터가 인터넷에 연결되어 있어야 한다. 만약, 컴퓨터가 인터넷에 연결되지 않았다면 두 번째 옵션인 SqueezeNet(local)을 사용한다. SqueezeNet Embedder는 1000개의 특징만 추출해 낸다.

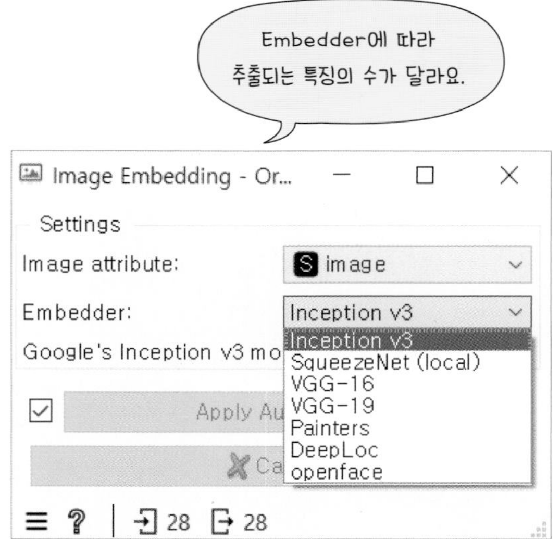

▲ Image Embedding에서 Inception v3 임베더

- Data 카테고리에서 [Data Table] 위젯을 가져와 [Image Embedding] 위젯에 연결하고 [Data Table] 위젯을 더블 클릭하면 [그림 10-11]과 같이 feature가 n0에서 n2047까지 총 2,048개 추가된 것을 확인할 수 있다.
- 추가된 features는 이미지 데이터에서 특징을 추출하여 수치화한 것이다. 인공지능은 이를 이용하여 모델 학습을 수행한다.

Embeddings → Data
Image Embedding
Data Table (1)

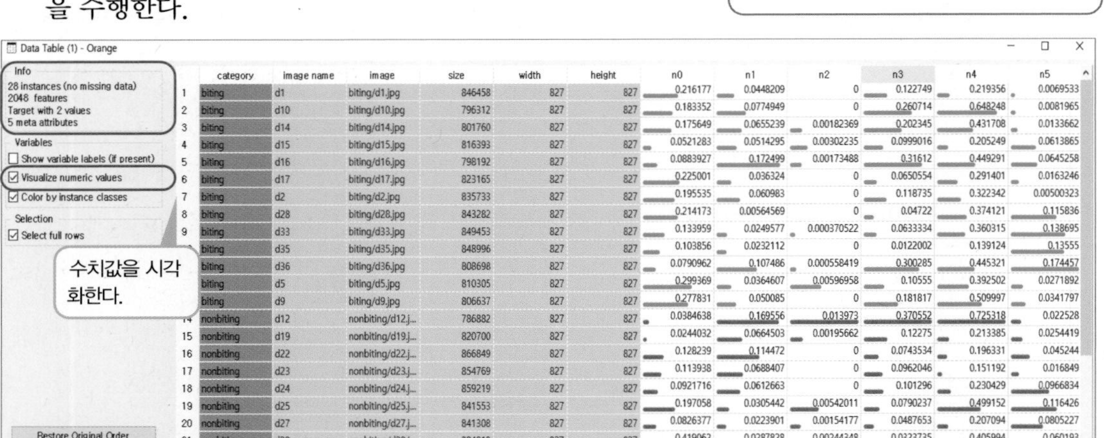

	category	image name	image	size	width	height
1	biting	d1	biting/d1.jpg	846458	827	827
2	biting	d10	biting/d10.jpg	796312	827	827
3	biting	d14	biting/d14.jpg	801760	827	827
4	biting	d15	biting/d15.jpg	816393	827	827
5	biting	d16	biting/d16.jpg	798192	827	827
6	biting	d17	biting/d17.jpg	823165	827	827
7	biting	d2	biting/d2.jpg	835733	827	827
8	biting	d28	biting/d28.jpg	843282	827	827
9	biting	d33	biting/d33.jpg	849453	827	827
	biting	d35	biting/d35.jpg	848996	827	827
	biting	d36	biting/d36.jpg	808698	827	827
	biting	d5	biting/d5.jpg	810305	827	827
	biting	d9	biting/d9.jpg	806637	827	827
14	nonbiting	d12	nonbiting/d12.j...	786882	827	827
15	nonbiting	d19	nonbiting/d19.j...	820700	827	827
16	nonbiting	d22	nonbiting/d22.j...	866849	827	827
17	nonbiting	d23	nonbiting/d23.j...	854769	827	827
18	nonbiting	d24	nonbiting/d24.j...	859219	827	827
19	nonbiting	d25	nonbiting/d25.j...	841553	827	827
20	nonbiting	d27	nonbiting/d27.j...	841308	827	827
21	nonbiting	d29	nonbiting/d29.j...	804019	827	827

	n0	n1	n2	n3	n4	n5
1	0.216177	0.0448209	0	0.122749	0.219356	0.0069533
2	0.183352	0.0774949	0	0.260714	0.648248	0.0081965
3	0.175649	0.0655239	0.00182369	0.202345	0.431708	0.0133662
4	0.0521283	0.0514295	0.00302235	0.0999016	0.205249	0.0613865
5	0.0883927	0.172499	0.00173488	0.31612	0.449291	0.0645258
6	0.225001	0.036324	0	0.0650554	0.291401	0.0163246
7	0.195535	0.060983	0	0.118735	0.322342	0.00500323
8	0.214173	0.00564569	0	0.04722	0.374121	0.115836
9	0.133959	0.0249577	0.000370522	0.0633334	0.360315	0.138695
	0.103856	0.0232112	0	0.0122002	0.139124	0.13555
	0.0790962	0.107486	0.000558419	0.300285	0.445321	0.174457
	0.299369	0.0364607	0.00596958	0.10555	0.392502	0.0271892
	0.277831	0.050085	0	0.181817	0.509997	0.0341797
14	0.0384638	0.169556	0.013973	0.370552	0.725318	0.022528
15	0.0244032	0.0664503	0.00195662	0.12275	0.213385	0.0254419
16	0.128239	0.114472	0	0.0743534	0.196331	0.045244
17	0.113938	0.0688407	0	0.0962046	0.151192	0.016849
18	0.0921716	0.0612663	0	0.101296	0.230429	0.0966834
19	0.197058	0.0305442	0.00542011	0.0790237	0.499152	0.116426
20	0.0826377	0.0223901	0.00154177	0.0487653	0.207094	0.0805227
21	0.419062	0.0287828	0.00244348	0.0323735	0.405994	0.060193

그림 10-11 이미지 임베딩 후 데이터 테이블

5 이미지 특징 시각화

강아지 이미지 데이터에서 특징을 수치화한 값이 분류에 어떻게 활용되는지 알아보기 위해 [Radviz] 위젯으로 시각화해 보자.

- Visualize 카테고리에서 [Radviz] 위젯을 캔버스로 가져와 [Image Embedding] 위젯과 연결한다.

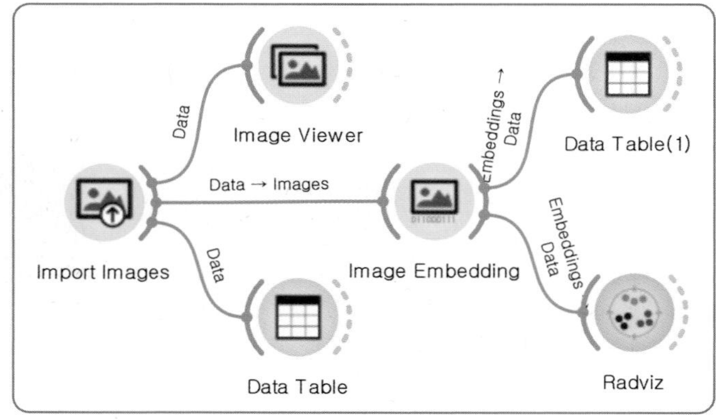

- [Radviz] 위젯은 3개 이상의 변수 데이터(features)를 2차원에 투영하여 시각화해 준다.

- 추가된 2,048개의 features 중 어떤 속성으로 분류가 잘 이루어지는지 자동으로 추출하기 위해 [그림 10-12]와 같이 [Radviz] 위젯의 실행 창에서 Suggest features를 클릭한다. 그러면 오른쪽 부분과 같이 Score Plots 창이 나타난다.
- 데이터 인스턴스는 원 내부의 점으로 나타나며 다차원의 데이터 속성으로 분류할 수 있는지 나타내어 준다.
- Score Plots 창에서 Start를 클릭하면 많은 속성 중에 분류가 잘 이루어지는 속성의 조합을 찾는다. 그러나 결과가 나오기까지 아주 오랜 시간이 걸리므로 중간에 멈추도록 한다.(여기서는 시각적으로 확인할 수 있다는 것에만 의미를 둔다.)

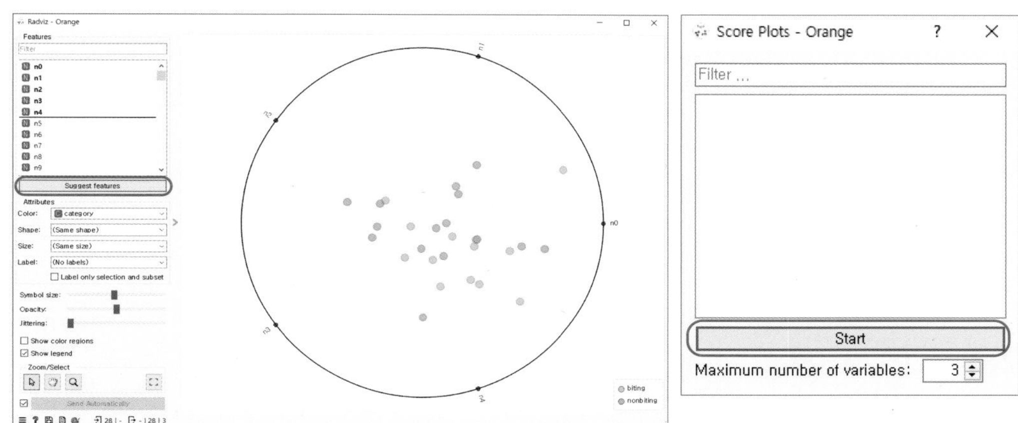

그림 10-12 [Ridviz] 위젯으로 분류가 잘 이루어지는 특징 조합 찾기

- Show color regions 옵션에 체크하면 아래 그림과 같이 두 가지 배경색으로 나타낸다.

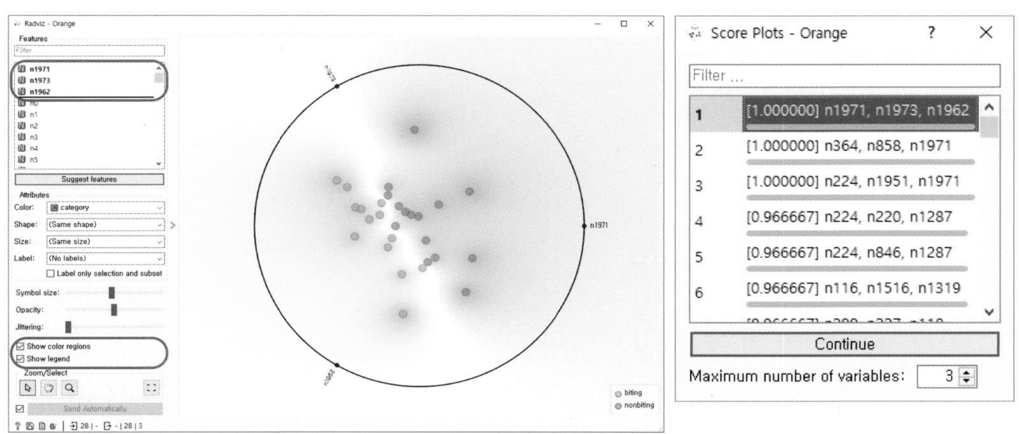

그림 10-13 Score Plots가 찾은 세 가지 속성으로 무는 강아지와 물지 않는 강아지 분류

- 이미지 데이터에서 추출한 특징값으로 무는 강아지와 물지 않는 강아지를 [그림 10-13]과 같이 분류할 수 있다는 것을 시각적으로 확인할 수 있다.

어떤 모델을 선택하고 학습시킬까?

1 학습 모델 선택하고 학습시키기

- 이미지 임베딩으로 처리한 이미지 데이터와 기계학습 모델을 연결하면 이미지를 분류하는 분류 모델을 만들 수 있다.
- Model 카테고리에서 [Logistic Regression] 위젯을 캔버스로 가져와 [Image Embedding] 위젯에 연결한다.

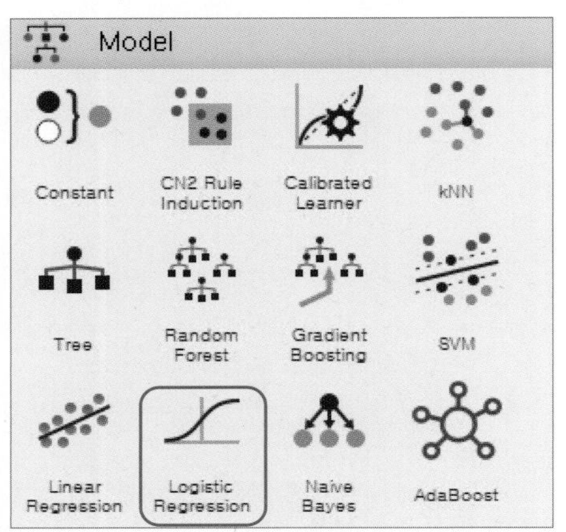

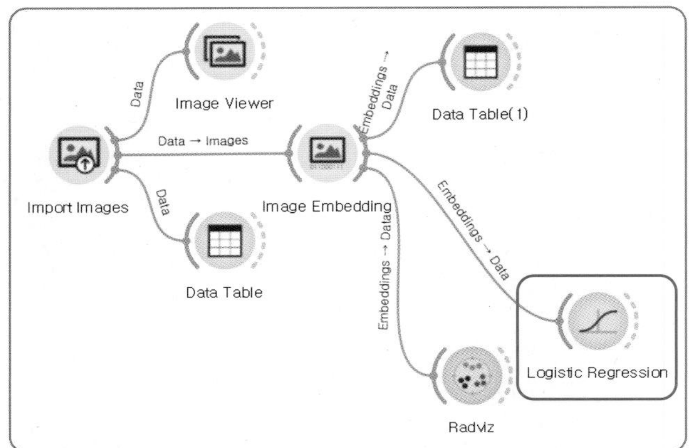

2 모델 학습 결과 확인하기

Evaluate 카테고리에서 [Test and Score] 위젯을 캔버스로 가져와 [Image Embedding] 위젯과 [Logistic Regression] 위젯에 연결하고 [Test and Score] 위젯을 더블 클릭하면 학습 결과를 확인할 수 있다.

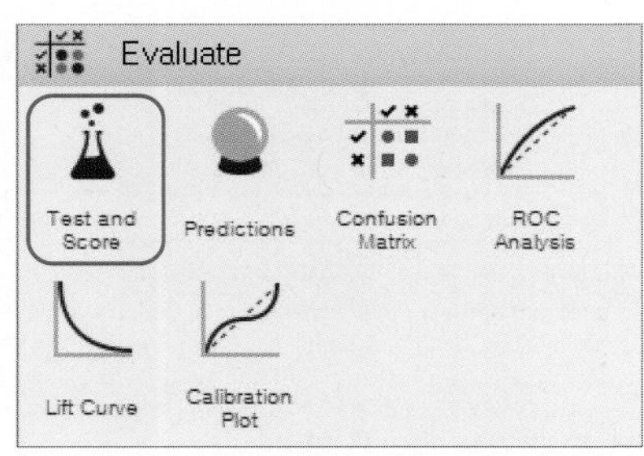

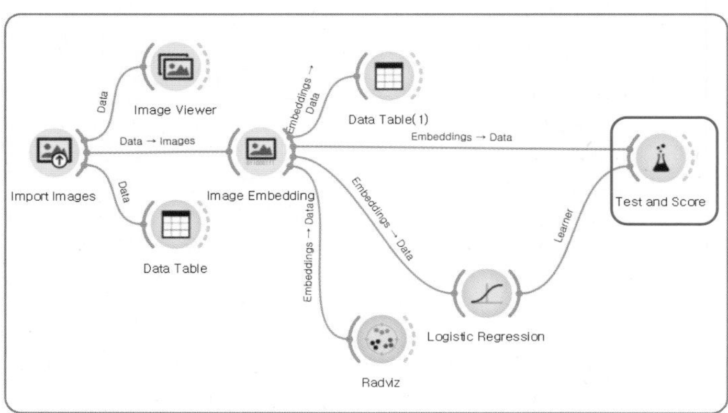

- [Test and Score] 위젯을 더블 클릭한 후 나타난 창에서 다양한 샘플링 방법을 정할 수 있다. 여기서는 총 40개의 데이터 중 28개의 훈련 데이터를 이용하여 Sampling 옵션 중 Cross validation을 선택하였다.
- Cross validation은 검증 데이터로 모델 학습의 결과를 알 수 있다.
- Cross validation에서 folds 수를 10으로 설정하면 28개의 훈련 데이터 중에서 1/10을 검증 데이터로 사용하고 검증을 10번 반복한다.
- 이 활동에서는 folds의 수를 10으로 설정하여 검증 데이터로 성능을 평가했더니 분류 정확도(CA)가 0.929으로 나타났다.

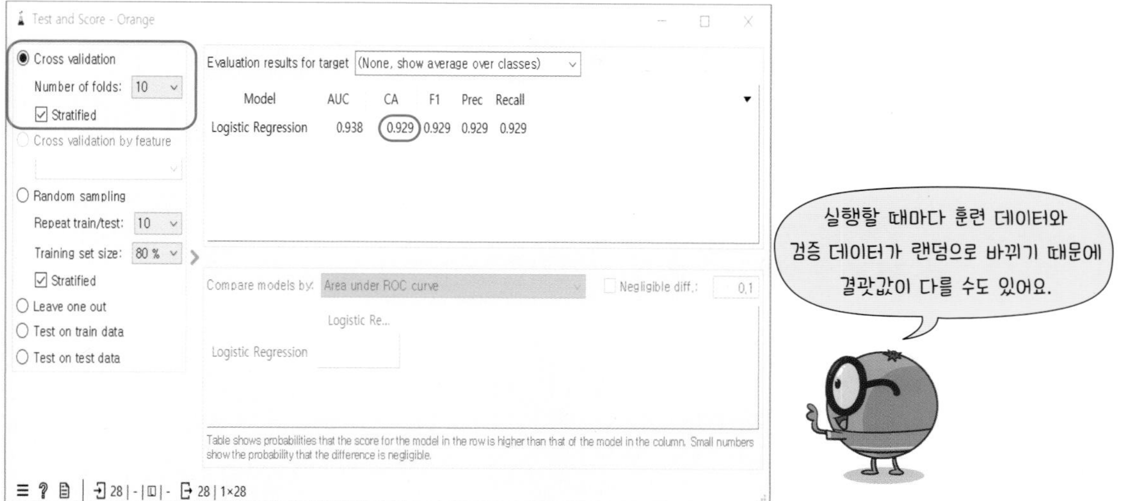

그림 10-14 검증 데이터로 성능 평가하기

3 모델 비교하기

다른 모델과 성능을 비교하기 위해 [Test and Score] 위젯과 [Image Embedding] 위젯에 [Logistic Regression]과 [kNN], [Naive Bayes] 위젯을 동시에 연결한다.

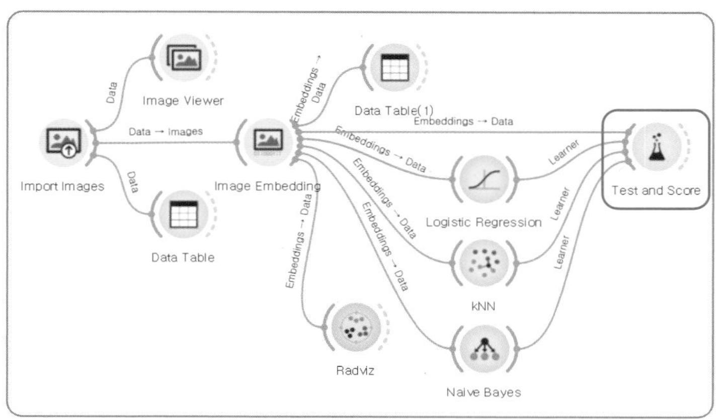

① 세 가지 모델의 성능 평가 지표 비교하기

28개의 훈련 데이터를 사용하여 10번 교차 검증한 결과 Logistic Regression 모델의 정확도(CA)가 가장 우수한 것으로 나타났다. 따라서 무는 강아지와 물지 않는 강아지를 분류하는 문제는 Logistic Regression 모델을 선택하는 것이 적합하다.

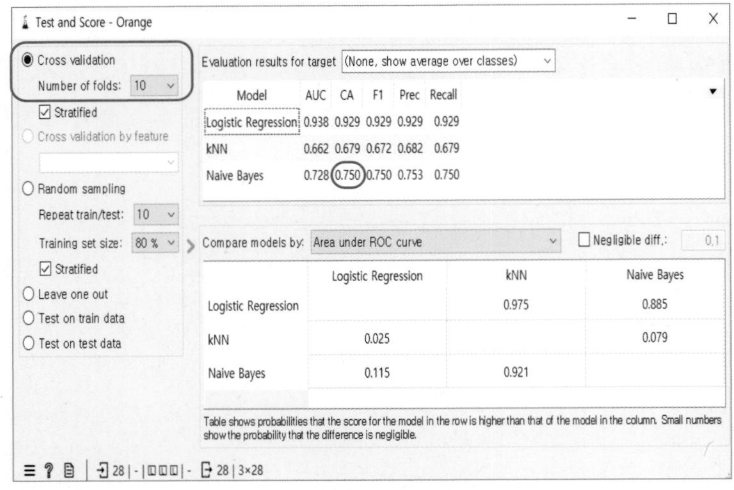

그림 10-15 세 가지 모델의 검증 결과 비교

② 혼동 행렬로 결과 분석하기

[Test and Score] 위젯으로 검증한 결과를 [Confusion Matrix] 위젯에 연결하여 실제 데이터를 어떻게 분류하는지 살펴보자.

- 여기서 혼동 행렬로 결과를 분석하는 이유는 선택한 모델이 실젯값을 얼마나 잘 예측했는지 보여 주기 때문이다.
- [그림 10-16]에서 Logistic Regression 모델은 무는 강아지 이미지 13개 중 12개를 무는 강아지로 분류하였고, 물지 않는 강아지는 15개 중 14개를 물지 않는 강아지로 분류하였다. 따라서 분류 정확도(CA)는 $\frac{12+14}{28}=\frac{26}{28}\fallingdotseq 0.929$이다.

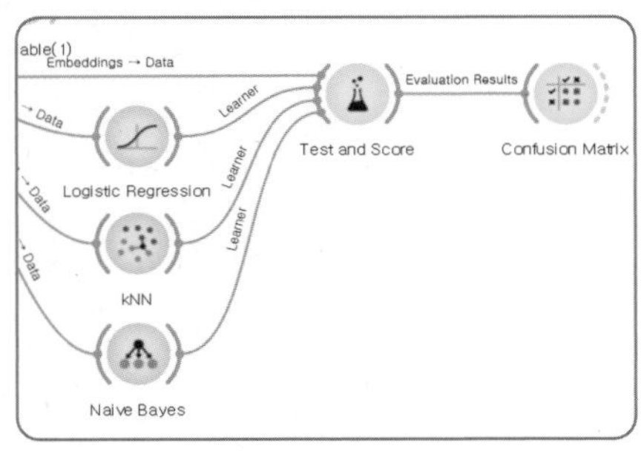

그림 10-16 Logistic Regression 모델의 분류 혼동 행렬 결과

4 모델의 성능을 확인해 보자!

1 성능 결과 확인하기

테스트 데이터로 무는 강아지와 물지 않는 강아지가 잘 예측되는지 모델의 성능을 평가해 보자.

① 테스트 데이터 불러오기

- 테스트 데이터도 같은 방법으로 Image Analytics 카테고리에서 [Import Images] 위젯을 가져와 캔버스에 놓고 이름을 [Import Image(test)]로 바꾼 후 더블 클릭한다.
- Import Image(test) 창에서 업로드할 폴더를 선택하는 버튼을 클릭한다.
- Dog Dataset에서 Test 폴더를 선택하면 테스트 데이터 이미지가 업로드된다.

그림 10-17 **테스트 데이터 업로드하기**

② 테스트 데이터 이미지 임베딩

- 테스트 데이터도 biting과 nonbiting 폴더로 구분했기 때문에 정답 레이블이 있는 데이터이다.
- 테스트 데이터도 같은 방법으로 [Image Embedding(test)] 위젯을 연결하여 이미지 임베딩을 수행하면 Data Table(test)에서 수치화된 데이터를 확인할 수 있다.

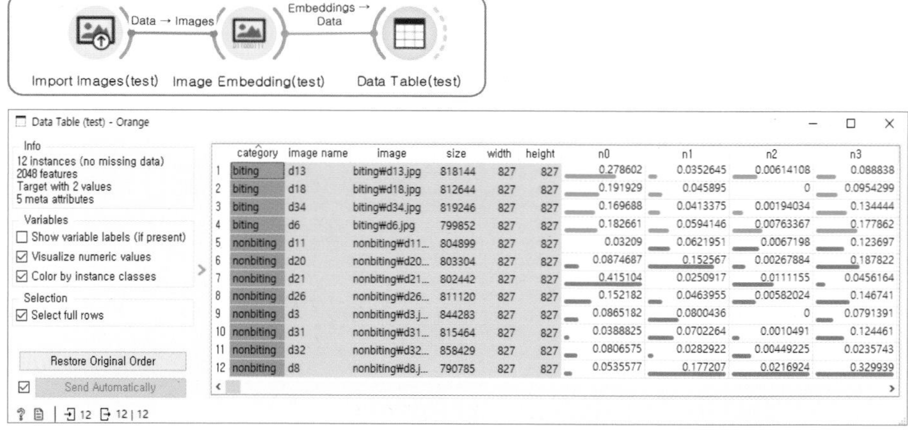

③ 테스트 데이터로 예측하기

- 세 가지 모델 중 성능이 가장 좋았던 [Logistic Regression] 위젯과 [Image Embedding(test)] 위젯을 [Predictions] 위젯에 각각 연결한다.

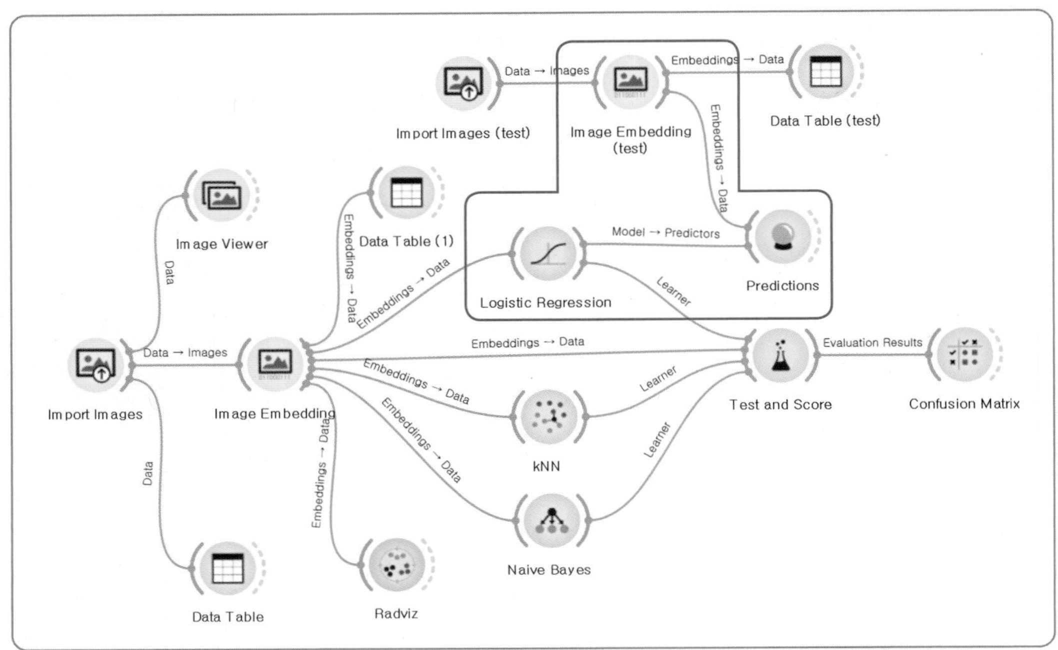

- [그림 10−18]에서 [Predictions] 위젯의 결과를 살펴보면, 분류 정확도(CA)가 0.917로 나타났으며 12개의 테스트 데이터 중에 1개가 잘못 분류(8번)된 것을 확인할 수 있다.

	Logistic Regression	error	category	image name	image	size	width	height	n0	n1
1	1.00 : 0.00 → biting	0.001	biting	d13	biting/d13.jpg	818144	827	827	0.299676	0.0367216
2	0.87 : 0.13 → biting	0.126	biting	d18	biting/d18.jpg	812644	827	827	0.181251	0.04959
3	0.99 : 0.01 → biting	0.006	biting	d34	biting/d34.jpg	819246	827	827	0.162117	0.046414
4	0.96 : 0.04 → biting	0.041	biting	d6	biting/d6.jpg	799852	827	827	0.165879	0.0665066
5	0.08 : 0.92 → nonbiting	0.082	nonbiting	d11	nonbiting/d11.j...	804899	827	827	0.0249938	0.0692038
6	0.02 : 0.98 → nonbiting	0.025	nonbiting	d20	nonbiting/d20.j...	803304	827	827	0.0937537	0.149219
7	0.16 : 0.84 → nonbiting	0.164	nonbiting	d21	nonbiting/d21.j...	802442	827	827	0.430356	0.0241113
8	0.83 : 0.17 → biting	0.834	nonbiting	d26	nonbiting/d26.j...	811120	827	827	0.144488	0.0492396
9	0.04 : 0.96 → nonbiting	0.044	nonbiting	d3	nonbiting/d3.jpg	844283	827	827	0.0864201	0.0770811
10	0.04 : 0.96 → nonbiting	0.044	nonbiting	d31	nonbiting/d31.j...	815464	827	827	0.0348569	0.0784483
11	0.03 : 0.97 → nonbiting	0.025	nonbiting	d32	nonbiting/d32.j...	858429	827	827	0.057306	0.0247413
12	0.08 : 0.92 → nonbiting	0.079	nonbiting	d8	nonbiting/d8.jpg	790785	827	827	0.0600279	0.185526

Model	AUC	CA	F1	Prec	Recall
Logistic Regression	1.000	0.917	0.919	0.933	0.917

그림 10−18 **테스트 데이터로 성능 평가**

2 인공지능 모델 활용하기

이제 만들어진 모델을 활용하여 반려견 놀이터를 방문한 새로운 강아지가 무는 강아지인지 물지 않는 강아지인지 예측해 보자.

① 새로운 데이터 준비하기

- 반려견 놀이터에 처음 방문한 강아지가 무는 강아지인지 물지 않는 강아지인지 모르기 때문에 상위 폴더(new)만 만들고 따로 하위 폴더를 만들어 레이블을 구분하지 않는다.

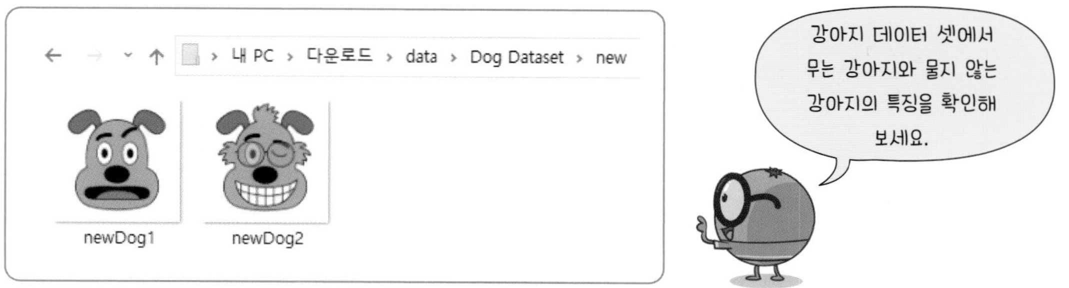

그림 10-19 새로운 강아지 이미지 데이터

② 새로운 데이터 불러오기

- 새로운 이미지 훈련 데이터를 불러오기 위해 [Import Images] 위젯을 가져와서 캔버스에 놓고 이름을 [Import Images(new)]로 수정한다.
- [Import Images(new)] 위젯을 더블 클릭하여 이미지를 업로드한다.

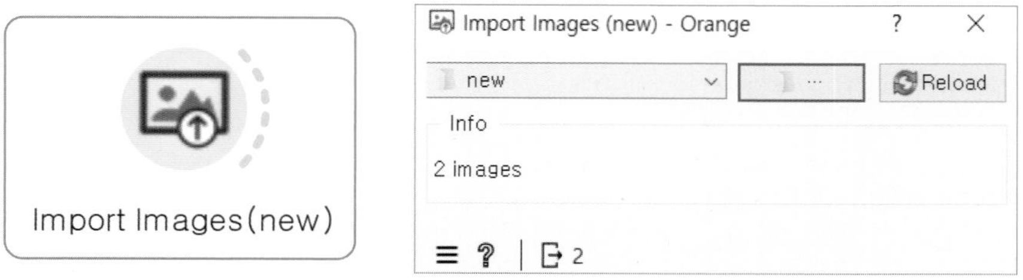

그림 10-20 새로운 데이터 업로드하기

③ 새로운 데이터 이미지 임베딩

새로운 데이터를 이미지 임베딩으로 변환하고 예측할 수 있도록 그림과 같이 연결해 보자.

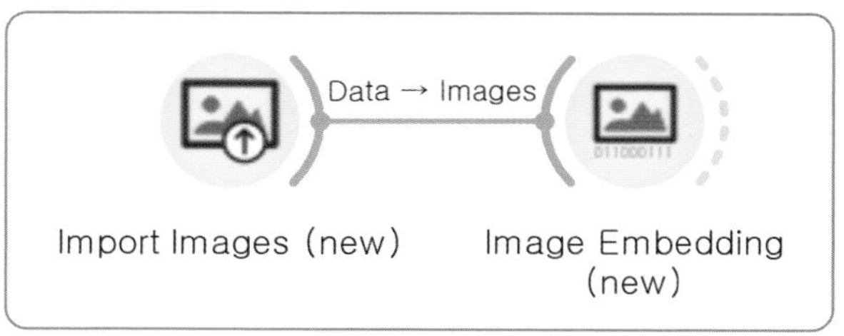

④ 인공지능의 예측 결과 확인하기

[Images Embedding(new)] 위젯과 [Logistic Regression] 위젯을 [predictions(new)] 위젯에 각각 연결한다.

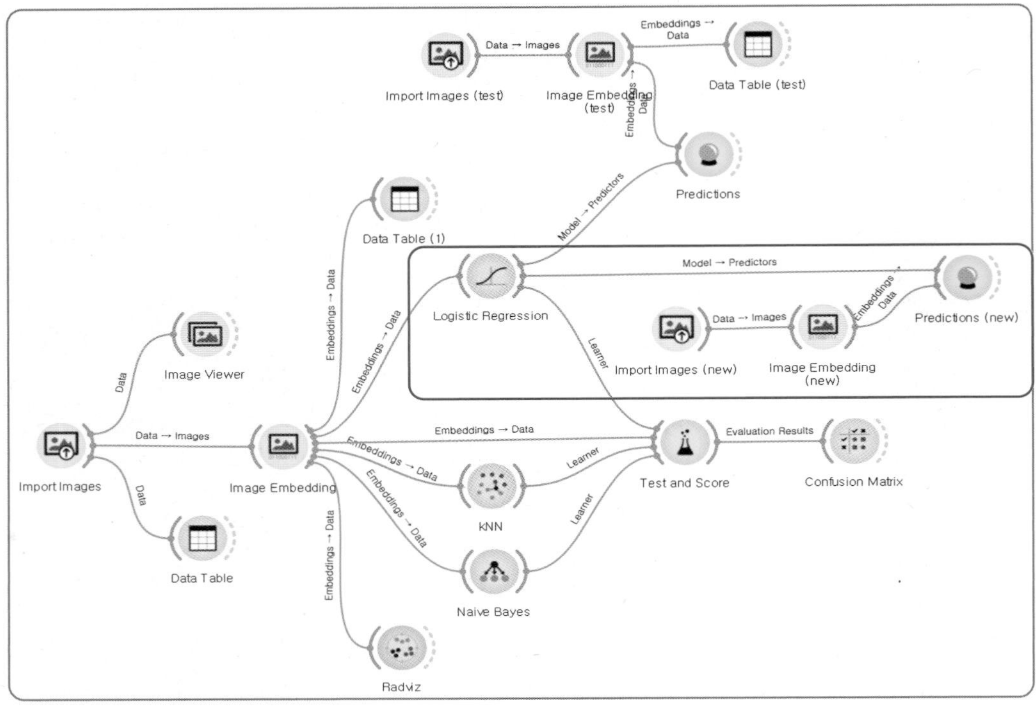

• 앞에서 만든 모델에 새로운 데이터를 넣었더니 newDog1은 무는 강아지, newDog2는 물지 않는 강아지로 예측되었다.

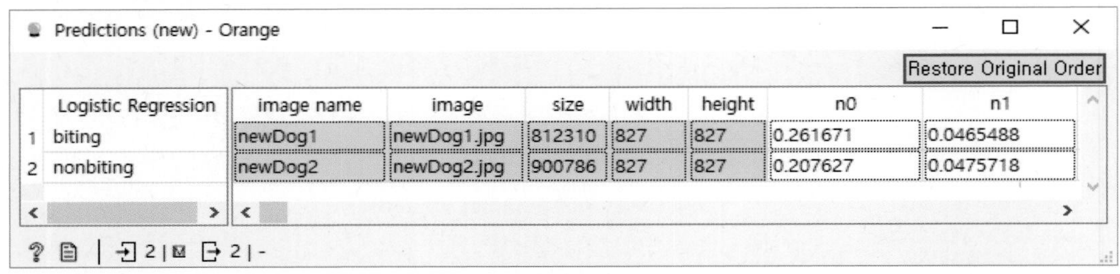
Predictions (new) - Orange

Restore Original Order

	Logistic Regression	image name	image	size	width	height	n0	n1
1	biting	newDog1	newDog1.jpg	812310	827	827	0.261671	0.0465488
2	nonbiting	newDog2	newDog2.jpg	900786	827	827	0.207627	0.0475718

그림 10-21 **새로운 데이터로 성능 평가**

• 데이터 셋에서 강아지의 특징을 살펴보면 두 눈을 동그랗게 뜨고 입을 벌리고 있는 newDog1은 무는 강아지, 한쪽 눈을 감고 액세서리를 하고 있는 newDog2는 물지 않는 강아지로 예측한 것을 확인할 수 있다.

• 인공지능 모델이 무는 강아지와 물지 않는 강아지를 잘 예측했는지 169쪽 데이터 셋을 보고 확인해 보자.

AI 전문가 되기

쉿! 강아지 데이터 셋에 숨은 비밀

강아지 데이터 셋을 나열하면 강아지 얼굴에서 공통적인 특징을 찾아볼 수 있다. 기계학습 모델은 강아지 데이터로부터 이러한 공통된 특징을 추출하여 학습하고 무는 강아지인지 물지 않는 강아지인지 분류할 수 있게 된다. 아래 그림에서 파란색 선으로 표시한 강아지는 무는 강아지이다.

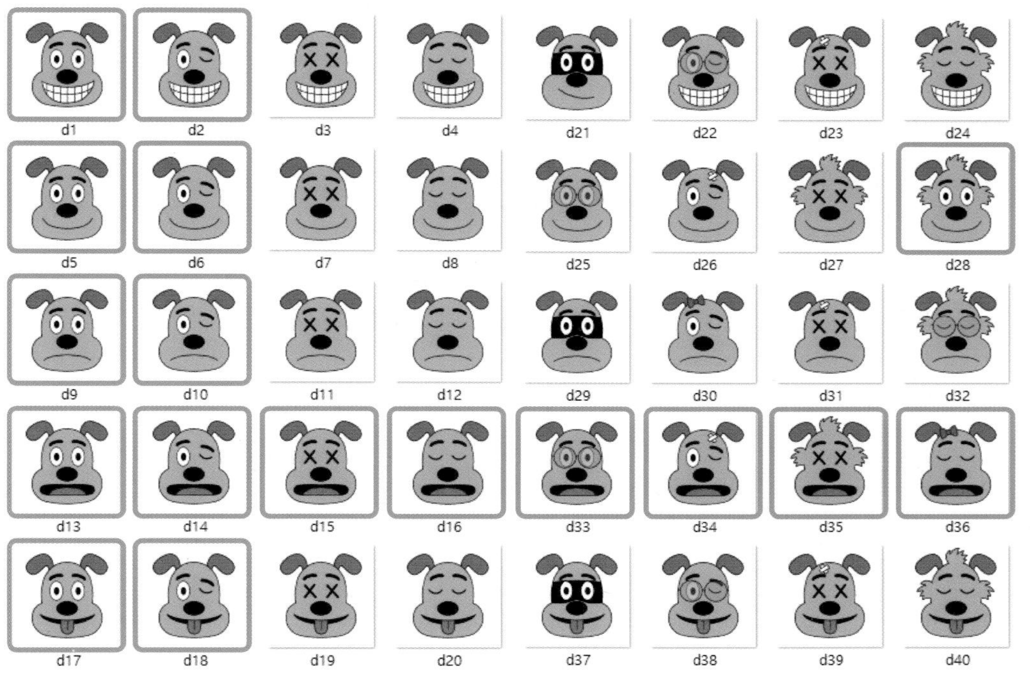

그림 10-22 **강아지 데이터 셋(Dog Dataset)**

데이터 셋을 잘 살펴보면 무는 강아지는
두 눈을 동그랗게 뜨거나 입을 벌리거나
액세서리 없이 한쪽 눈을 감은 강아지예요.

이 활동에서는 이미지 데이터를 학습하기 위해 이미지를 임베딩하여 전처리를 수행하였고, 이 데이터를 학습하여 테스트 데이터로 성능을 평가한 모델 중 가장 성능이 좋은 Logistic Regression 모델로 새로운 데이터를 테스트하였다. 이러한 예측 모델을 만들려면 강아지 종을 분류하여 수많은 이미지를 수집해야 한다.

MEMO

11

비닐 라벨은 이제 그만!

SVM을 사용하여 비닐 라벨이 붙어 있는 페트병과 붙어 있지 않은 페트병으로 분류해 보자.

비정형 데이터

SVM

해결해야 할 문제는 무엇일까?

문제 상황

2020년 초 벌어진 '재활용 대란'으로 인해 많은 사람들이 플라스틱 폐기물 처리 문제에 관심을 가지게 되었다. 재활용 대란에서 가장 큰 문제가 된 것은 투명 페트병 분리수거였다.

투명 페트병을 별도 분리수거함에 넣을 때는 내용물을 모두 비우고 비닐 라벨을 제거해야 한다. 페트병에 붙어 있는 비닐 라벨이 재활용률을 낮추기 때문이다.

환경부에서는 페트병을 분리해서 배출하기 캠페인을 벌이고 있지만 제대로 지켜지지 않고 있다.

페트병 중 비닐 라벨이 있는 것과 없는 것을 분류하는 인공지능 모델을 만들어 보자.

데이터를 준비하자!

페트병의 비닐 라벨 유무를 판정하는 인공지능 모델을 만들기 위해서는 비닐 라벨이 있는 페트병과 없는 페트병의 이미지 데이터가 필요하다. 아직 이러한 기계학습 모델을 만들 수 있도록 훈련 데이터를 제공해 주는 곳이 없기 때문에 다양한 형태와 모양을 가진 페트병 이미지 데이터를 수집할 수 있는 여러 가지 방법을 활용해야 한다.

1 데이터 수집 방법

① 구글을 이용한 이미지 검색하기

- 구글 이미지에서 검색을 통해 훈련 데이터 셋을 만들 수 있다. 구글에서 'pet bottle labelled'와 'pet bottle unlabelled'를 검색하면 라벨이 있는 페트병과 없는 페트병 이미지를 좀 더 쉽게 수집할 수 있다. 이렇게 데이터 셋을 직접 만드는 것이 다소 어렵지만 실제 사용할 수 있는 다양한 데이터를 수집할 수 있다는 장점이 있다.

그림 11-1 구글에서 수집한 이미지 데이터

- 수집한 데이터는 'train', 'test' 두 개의 폴더로 나누어 저장한다. 'train', 'test' 각 폴더 안에 'labelled', 'unlabelled' 이렇게 두 개의 폴더를 만들어 라벨이 있는 페트병과 라벨이 없는 페트병을 구분해서 넣어 준다.

test → 테스트 데이터
  labelled
  unlabelled
train → 훈련 데이터
  labelled
  unlabelled

② 캐글 데이터 다운로드하기

- 캐글에서 'pet bottle'을 검색하여 'Bottles and Cans Images' 데이터를 다운로드한다.

(https://www.kaggle.com/moezabid/bottles-and-cans)

- 이 데이터는 크기별 페트병 이미지와 캔 이미지가 저장되어 있는데 이 중 페트병 이미지만 추려낸 후, 라벨이 있는 것과 없는 것을 분류하여 앞서 폴더에 데이터를 저장한 방법으로 라벨이 있는 페트병 이미지와 없는 페트병 이미지를 각 폴더에 넣는다.

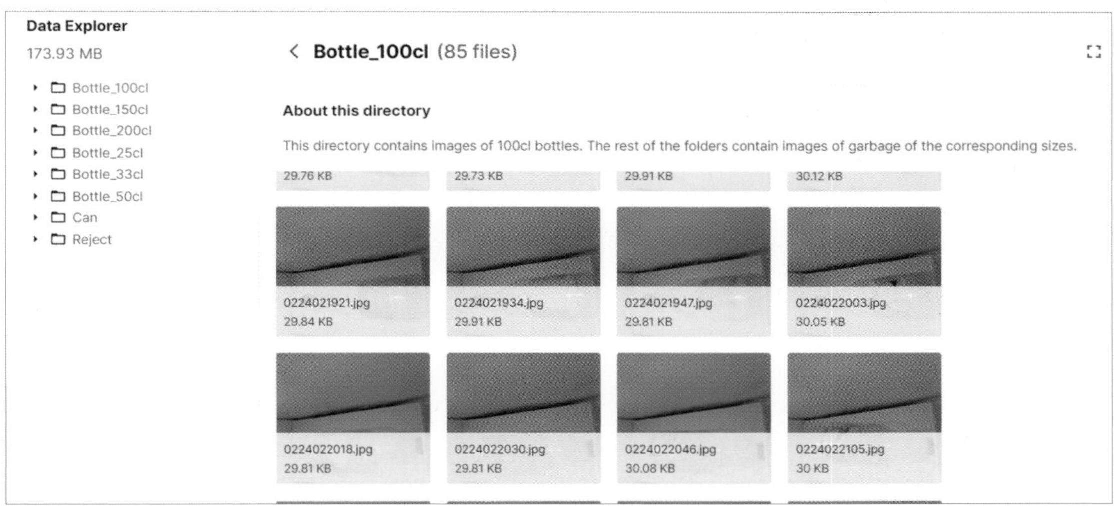

그림 11-2 Kaggle 데이터 셋

③ 사진을 촬영하여 직접 이미지 데이터 수집하기

페트병을 구해서 직접 사진을 찍어 데이터를 수집하는 방법도 있다. 흰색 배경에 페트병을 놓고 촬영하는 것이 좋다. 라벨이 있는 페트병을 먼저 촬영하고 그 다음 라벨을 떼고 촬영하면 페트병 하나로 두 개의 이미지 데이터를 수집할 수 있다. 한 종류의 페트병을 찍을 때도 다양한 각도에서 여러 번 촬영하는 것이 필요하다.

제시한 세 가지 데이터 수집 방법 중 한 가지를 선택하여 데이터를 수집해 보자.

2 데이터 불러오기

앞에서 수집한 페트병 이미지 데이터를 불러온다.

① 데이터 불러오기

- Image Analytics 카테고리에서 [Import Images] 위젯을 캔버스로 가져온다.
- [Import Images] 위젯을 이용하면 Orange3에서는 기본적으로 폴더 이름을 이용하여 카테고리를 설정한다.
- [그림 11-3]에서 보듯이 폴더 두 개가 있으므로 두 개(labelled와 unlabelled)의 카테고리가 있는 것으로 자동으로 설정된다.

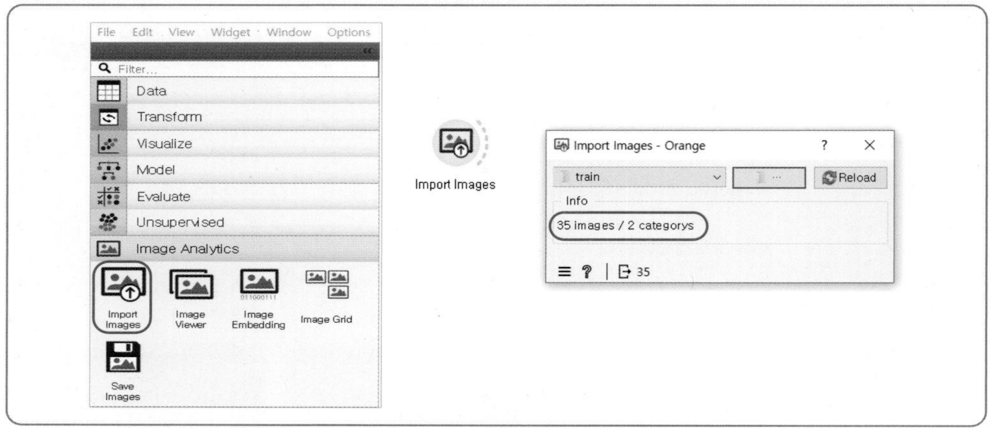

그림 11-3 Import Images 위젯에서 데이터 불러오기

② 이미지 데이터 확인하기

- 여기서 Import한 이미지가 제대로 업로드 되었는지 확인하기 위해서 [Image Viewer] 위젯을 가져와 [Import Images] 위젯과 연결한다.
- [Image Viewer] 위젯을 더블 클릭하면 Import한 이미지를 확인할 수 있다.

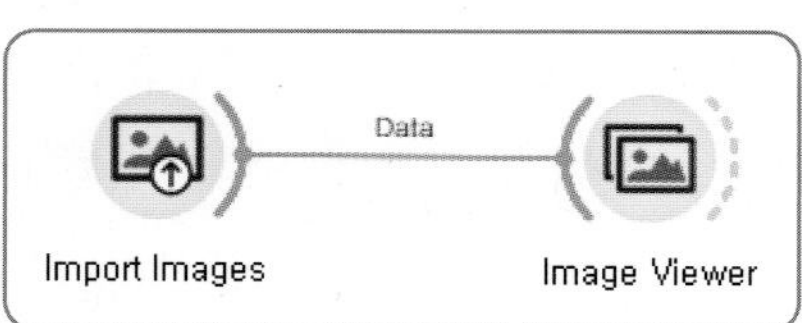

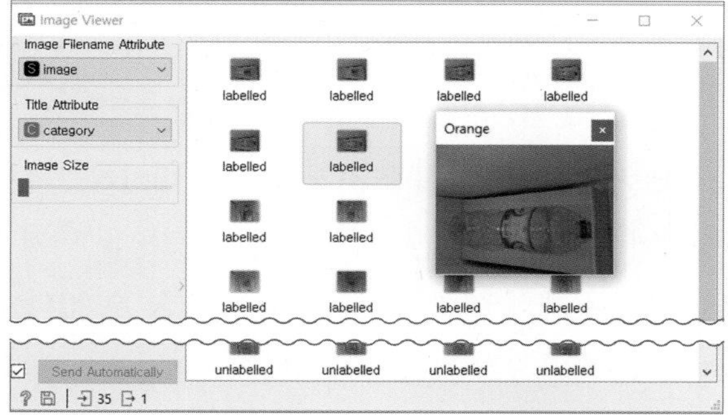

내가 수집한 이미지 데이터를 불러와 이미지를 확인해 보자.

3 데이터 전처리하기

일반적으로 이미지 전처리는 크기가 제각각인 이미지의 크기를 통일하거나 컬러 사진을 흑백으로 만들거나 이미지의 픽셀값을 조정하는 등의 다양한 작업을 포함한다. Orange3에서 [Image Embedding] 위젯을 이용하여 이미지의 특징을 찾는 작업도 전처리에 해당한다.

① 이미지 임베딩하기

Image Analytics 카테고리의 [Image Embedding] 위젯을 사용한다.

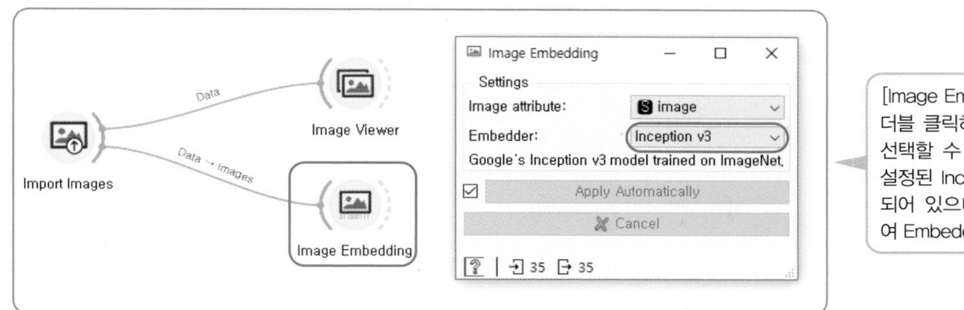

[Image Embedding] 위젯을 더블 클릭하면 Embedder를 선택할 수 있는데 기본으로 설정된 Inception v3가 지정되어 있으며 이것을 이용하여 Embedding을 진행한다.

② Image feature 정보 확인하기

이미지 임베딩을 완료 후, 각 이미지의 feature를 찾기 위해 [Image Embedding] 위젯에 [Data Table] 위젯을 연결하고, 더블 클릭하여 개수를 확인한다.

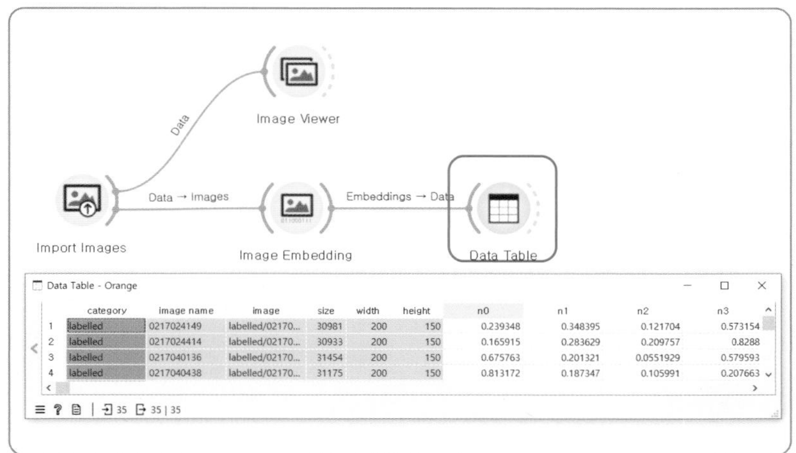

	category	image name	image	size	width	height	n0	n1	n2	n3
1	labelled	0217024149	labelled/02170...	30981	200	150	0.239348	0.348395	0.121704	0.573154
2	labelled	0217024414	labelled/02170...	30933	200	150	0.165915	0.283629	0.209757	0.8288
3	labelled	0217040136	labelled/02170...	31454	200	150	0.675763	0.201321	0.0551929	0.579593
4	labelled	0217040438	labelled/02170...	31175	200	150	0.813172	0.187347	0.105991	0.207663

그림 11-4 이미지 임베딩 후 추출된 이미지 feature 확인

이미지 임베딩 후 데이터 전처리 전과 후를 [Data Table] 위젯으로 확인해 보자. 이때 feature와 Target, meta 개수와 내용을 살펴보자.

어떤 모델을 선택하고 학습시킬까?

1 학습 모델 선택하기

Model 카테고리에 가면 다양한 기계학습 모델에 해당하는 위젯을 볼 수 있다. 이 프로젝트에서는 SVM 모델을 사용하기로 한다.

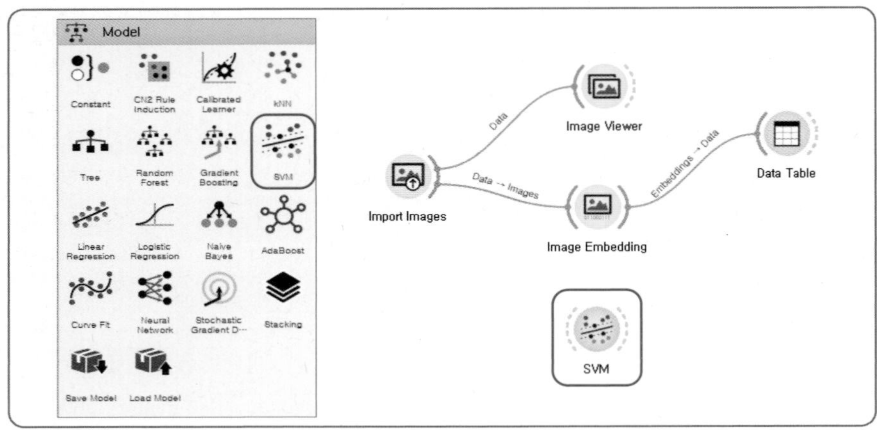

2 학습시키기

- [SVM] 위젯을 사용해서 이미지 분류를 해 보자. [SVM] 위젯을 선택하고 오른쪽 버튼을 누르면 다양한 옵션을 선택할 수 있다.
- SVM의 C(cost)와 g(gamma)값은 모델의 과대 · 과소 적합을 막아 모델의 성능을 높이기 위한 값으로 C는 얼마나 많은 오차를 허용할 것인지를 결정하는 값이고, g(gamma)는 곡률을 의미한다.

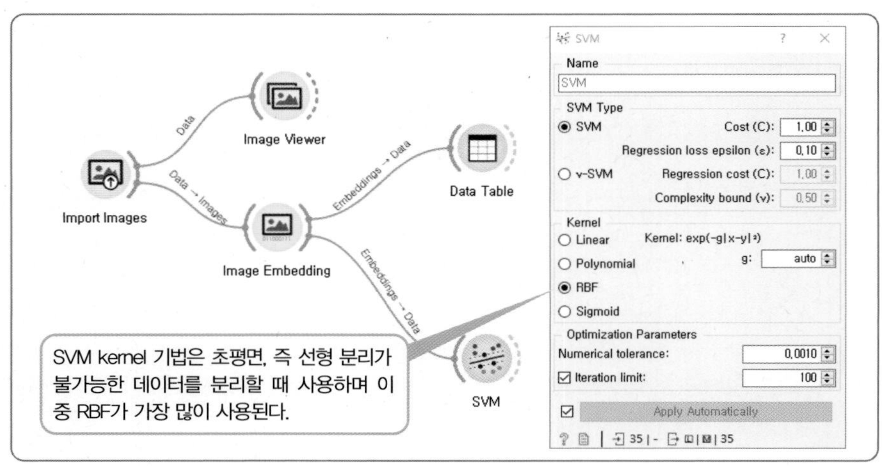

AI랑 친해지기

SVM(Support Vector Machine)

- 서포트 벡터 머신(SVM; Support Vector Machine)은 1995년 러시아의 수학자 블라디미르 바프닉(Vladimir N. Vapnik)이 처음 제시하였으며, 두 그룹이 있을 때 그 그룹을 구분하는 가장 공평한 구분선을 찾는 기계학습 모델이다. 여기서 중요한 것은 '가장 좋은'이라는 단어이다. 이후 글자 인식 분야에서 그 성능을 인정받아 기계학습 분야에서 분류를 위한 대표적인 모델이 되었다.

  서포트 벡터 머신의 특징을 적용하여 데이터를 분류하는 과정을 알아보자.

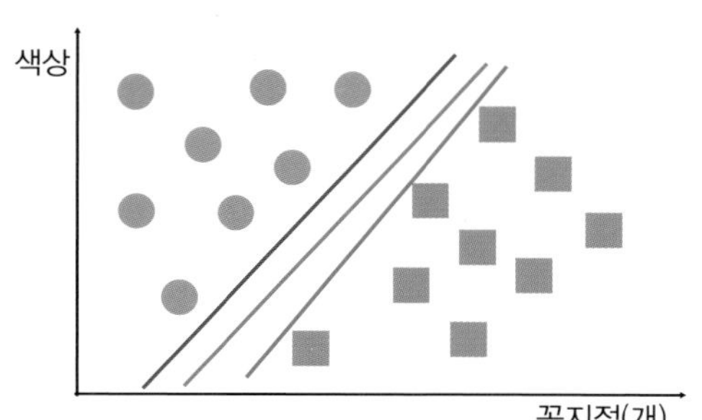

(a) 두 그룹을 공평하게 구분 짓는 선

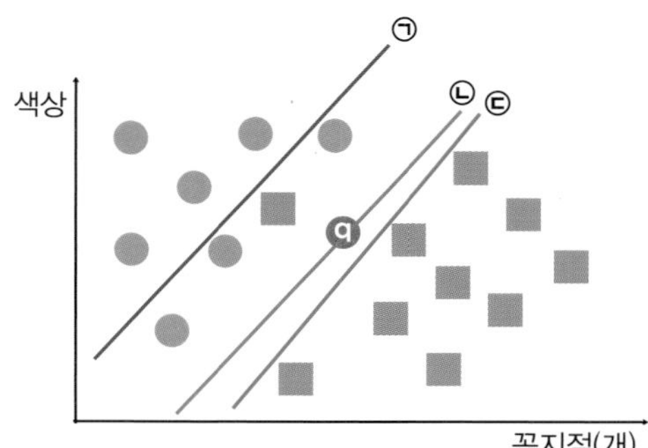

(b) 일부 오차를 인정한 가장 좋은 선

- **공평한 구분선 찾기**

  (a)에서 세 개의 선은 두 그룹을 잘 나누고 있다. 하지만 (b)처럼 q가 들어오면 그룹이 잘 나눠지지 않는다. q가 어느 그룹에 속하는지 분류하고자 할 때, 구분선을 ㉠과 같이 그으면 q는 파란 네모로 분류된다. 이와 같이 두 그룹의 구분선을 그을 때에는 가장 공평한 구분선을 찾는 것이 좋다.

  서포트 벡터 머신은 그룹을 분류하는 가장 공평한 구분선을 찾는다. 이때 가운데를 정하는 각 그룹의 대표 요소를 서포트 벡터라고 부른다. 실제 데이터는 깨끗이 분류할 수 있는 것보다 (b)처럼 데이터의 경계가 구분되지 않게 섞여 있는 것이 대부분이다.

- **오차의 인정**

  구분선을 ㉠이나 ㉢처럼 그으면 그룹을 분류할 수는 있으나, 한 그룹으로 쏠리게 분류하여 결국 새로운 데이터를 잘못 분류하기 쉽다. 서포트 벡터 머신은 ㉡처럼 몇 개의 데이터는 바르게 분류하기를 포기하고 선을 긋는다. 즉, 일부 오차를 인정하고 그 오류를 제외한 가장 좋은 구분선을 찾는 것이다.

내가 선택한 모델과 교재에 제시된 SVM 모델을 비교해 보자.

1 학습 결과 확인하기

이미지 분류가 잘되었는지 평가 지표(Evaluation Metrics)로 확인하기 위해 Evaluate 카테고리에서 [Test and Score] 위젯을 가져와 [Image Embedding]과 [SVM] 위젯에 연결한다.

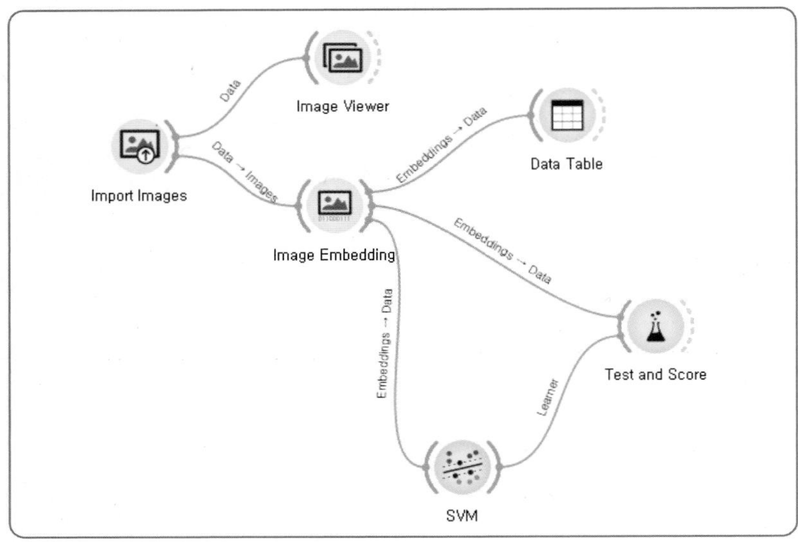

① 모델 성능 확인하기

[Test and Score]를 더블 클릭하여 모델의 성능을 확인한다. AUC, CA, F1, Precision, Recall의 값이 1에 가까울수록 모델의 성능이 좋다.

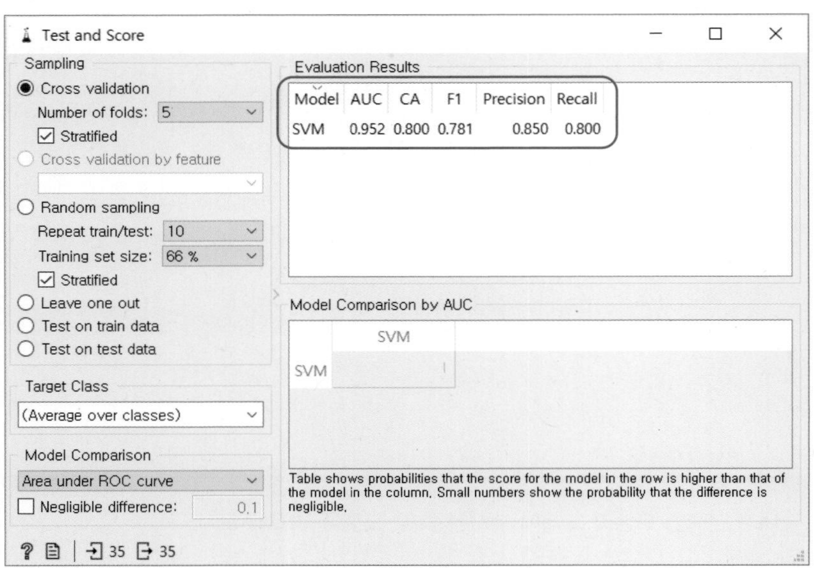

② 혼동 행렬 해석하기

모델이 얼마나 정확하게 분류했는지 수치로 확인하기 위해 Evaluate 카테고리의 [Confusion Matrix] 위젯을 가져와 [Test and Score] 위젯에 연결한 후 더블 클릭한다.

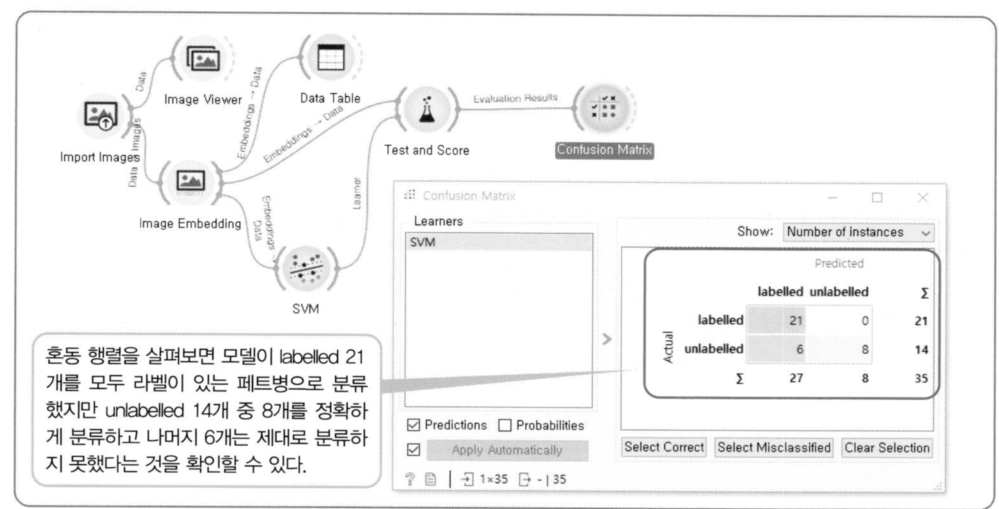

내가 선택한 모델에 혼동 행렬을 연결해 보고 결과를 확인해 보자.

2 테스트하기

① 테스트 데이터 불러오기

- 훈련 데이터를 불러온 [Import Images] 위젯과 구분하여 추가로 [Import Image] 위젯을 캔버스로 가져와서 테스트 데이터를 불러온다.
- [Image Embedding], [Image Viewer] 위젯을 가져와서 [Import Images(1)] 위젯에 연결하여 이미지 데이터를 임베딩한다.

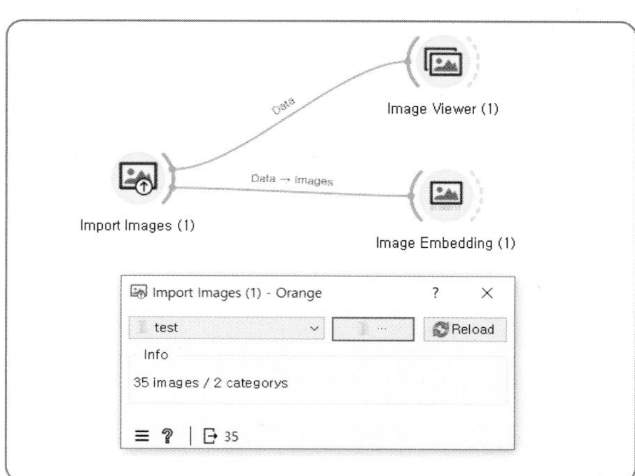

② 테스트 데이터로 예측하기

Evaluate 카테고리의 [Predictions] 위젯을 이용하여 예측한다. 별도로 만들어 놓은 테스트 데이터를 이용하고 [Predictions] 위젯을 더블 클릭하여 결괏값을 확인한다.

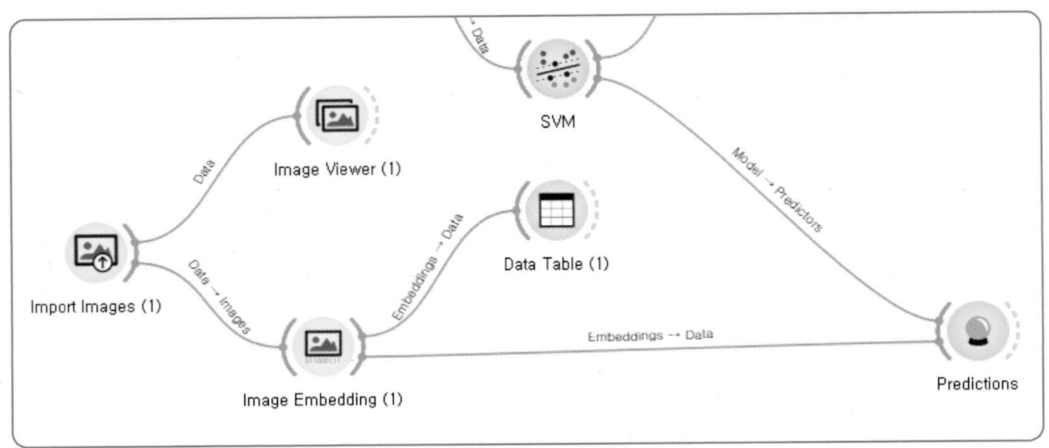

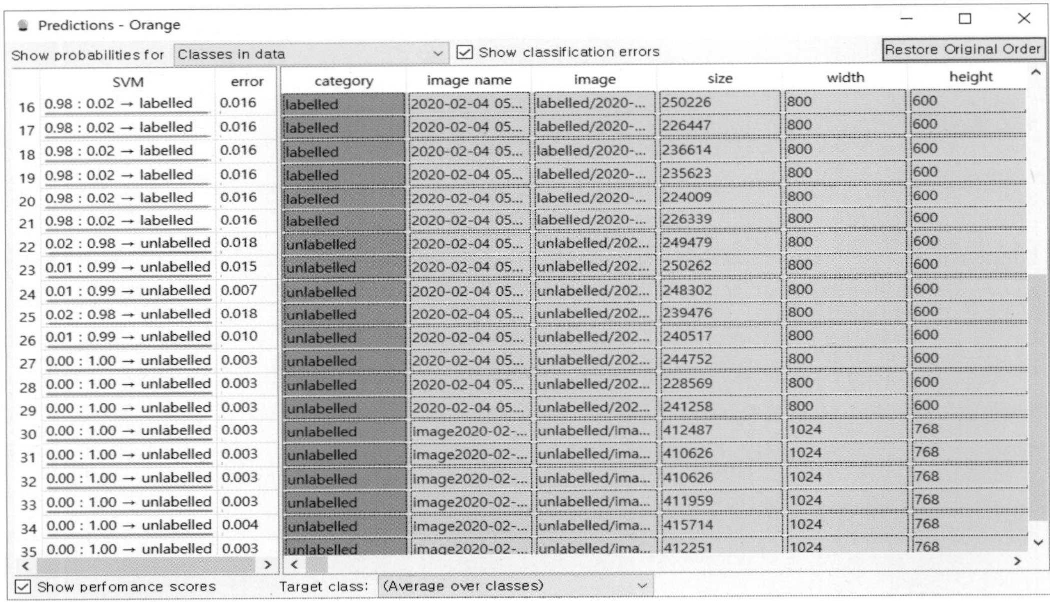
Predictions - Orange

Show probabilities for: Classes in data | ☑ Show classification errors | Restore Original Order

	SVM	error	category	image name	image	size	width	height
16	0.98 : 0.02 → labelled	0.016	labelled	2020-02-04 05...	labelled/2020-...	250226	800	600
17	0.98 : 0.02 → labelled	0.016	labelled	2020-02-04 05...	labelled/2020-...	226447	800	600
18	0.98 : 0.02 → labelled	0.016	labelled	2020-02-04 05...	labelled/2020-...	236614	800	600
19	0.98 : 0.02 → labelled	0.016	labelled	2020-02-04 05...	labelled/2020-...	235623	800	600
20	0.98 : 0.02 → labelled	0.016	labelled	2020-02-04 05...	labelled/2020-...	224009	800	600
21	0.98 : 0.02 → labelled	0.016	labelled	2020-02-04 05...	labelled/2020-...	226339	800	600
22	0.02 : 0.98 → unlabelled	0.018	unlabelled	2020-02-04 05...	unlabelled/202...	249479	800	600
23	0.01 : 0.99 → unlabelled	0.015	unlabelled	2020-02-04 05...	unlabelled/202...	250262	800	600
24	0.01 : 0.99 → unlabelled	0.007	unlabelled	2020-02-04 05...	unlabelled/202...	248302	800	600
25	0.02 : 0.98 → unlabelled	0.018	unlabelled	2020-02-04 05...	unlabelled/202...	239476	800	600
26	0.01 : 0.99 → unlabelled	0.010	unlabelled	2020-02-04 05...	unlabelled/202...	240517	800	600
27	0.00 : 1.00 → unlabelled	0.003	unlabelled	2020-02-04 05...	unlabelled/202...	244752	800	600
28	0.00 : 1.00 → unlabelled	0.003	unlabelled	2020-02-04 05...	unlabelled/202...	228569	800	600
29	0.00 : 1.00 → unlabelled	0.003	unlabelled	2020-02-04 05...	unlabelled/202...	241258	800	600
30	0.00 : 1.00 → unlabelled	0.003	unlabelled	image2020-02-...	unlabelled/ima...	412487	1024	768
31	0.00 : 1.00 → unlabelled	0.003	unlabelled	image2020-02-...	unlabelled/ima...	410626	1024	768
32	0.00 : 1.00 → unlabelled	0.003	unlabelled	image2020-02-...	unlabelled/ima...	410626	1024	768
33	0.00 : 1.00 → unlabelled	0.003	unlabelled	image2020-02-...	unlabelled/ima...	411959	1024	768
34	0.00 : 1.00 → unlabelled	0.004	unlabelled	image2020-02-...	unlabelled/ima...	415714	1024	768
35	0.00 : 1.00 → unlabelled	0.003	unlabelled	image2020-02-...	unlabelled/ima...	412251	1024	768

☑ Show perfomance scores | Target class: (Average over classes)

데이터의 수집이 쉽지는 않았지만 SVM을 이용하여 실제 모델을 만들어 보는 것은 큰 어려움 없이 진행하였다.

테스트 데이터에 대한 성능 평가 결과를 확인해 보자.

5 모델을 저장하고 배포해 보자!

Orange3에서 학습한 모델을 저장하여 기계학습과 데이터 과학 분야에서 주목받고 있는 프로그래밍 언어인 Python에서 불러와 활용해 보자.

1 학습 모델과 테스트 데이터 저장하기

① 학습 모델 저장하기

Model 카테고리에서 [Save Model] 위젯을 가져와 [SVM] 위젯에 연결하고 더블 클릭한다. 'Save as'버튼을 클릭해서 저장할 폴더와 파일명을 지정할 수 있으며 모델은 .pkcls 형식으로 저장된다.

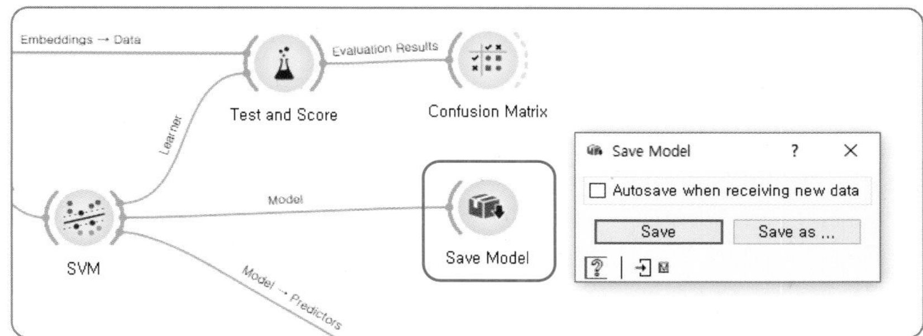

② 데이터 저장하기

- 비닐 라벨의 유무를 분류하는 모델은 원본 사진을 [Image Embedding] 위젯에서 Inception v3 Embedder로 임베딩하였으므로 배포하여 활용할 때도 Inception v3로 임베딩한 데이터를 이용해야 한다.
- Data 카테고리의 [Save Data] 위젯을 테스트 데이터를 임베딩한 [Image Embedding(1)] 위젯에 연결하고 'Save as'를 클릭하면 데이터가 탭으로 구분된 형식으로 저장된다.

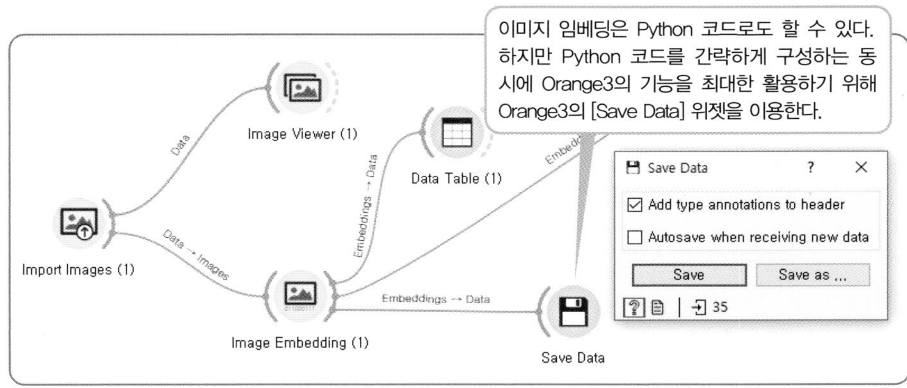

2 Google Colaboratory를 이용하여 Orange3 모델 활용하기

① 모델 파일과 테스트 데이터 파일 업로드하기

- 구글 Colab(https://colab.research.google.com/)에 접속하여 새 노트를 만든다.

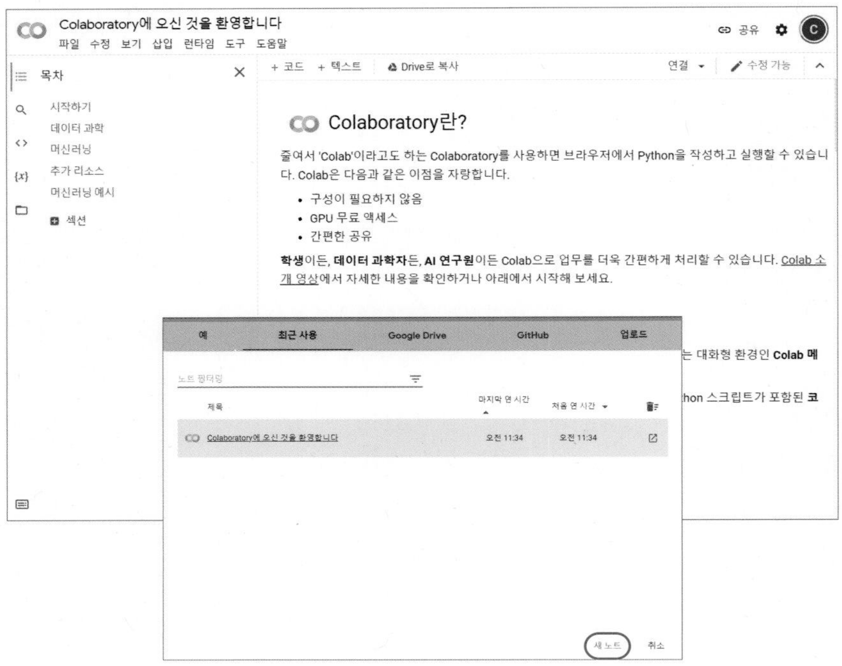

- Google Colaboratory는 줄임말로 Colab이라고 하며 구글에서 제공하는 Jupyter Notebook 형태의 클라우드 서비스이다. 대부분의 라이브러리가 설치되어 있어 Python 프로그램을 쉽게 개발할 수 있고 최근 Tensorflow, Keras 라이브러리를 이용한 인공지능 프로그램 개발과 테스트에 많이 활용되고 있다.
- [그림 11-5]와 같이 좌측 폴더를 클릭하고 저장해 놓은 모델 파일(bottle.pkcls)과 데이터 파일(bottle_image.tab)을 이곳으로 끌어놓으면 업로드된다.

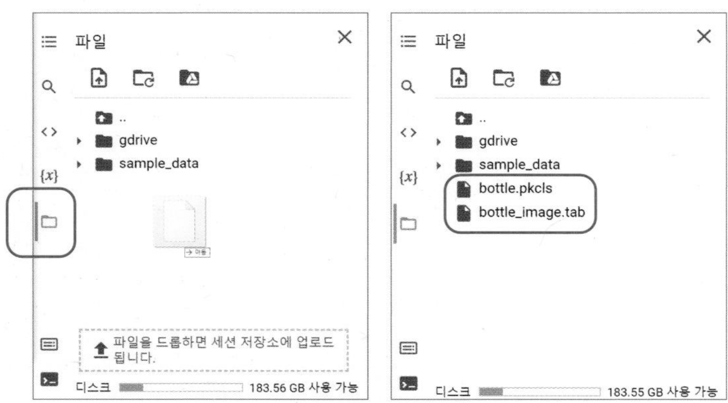

그림 11-5 모델 파일과 데이터 파일 업로드

② 모델을 활용하는 Python 프로그램 작성하기

- 필요한 Orange3 라이브러리를 설치하고 Pickle, Orange 라이브러리를 불러온다.
- 저장한 모델을 이용하여 테스트 데이터 35개에 대하여 비닐 라벨이 있는 것(0)과 비닐 라벨이 없는 것(1)으로 분류된 실행 결과를 확인할 수 있다.

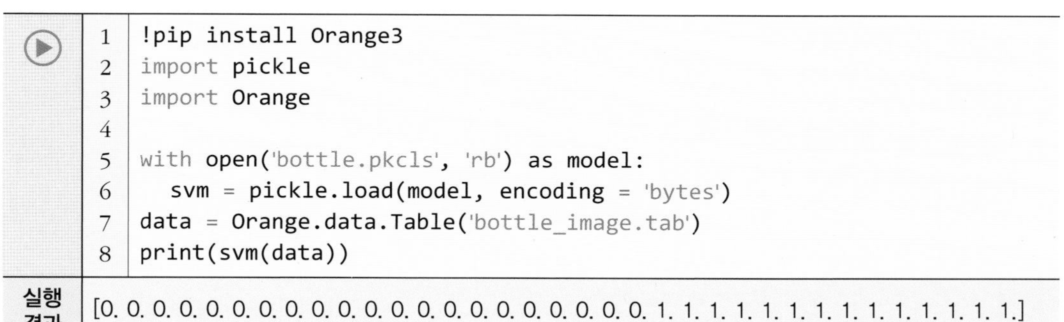

```
1 !pip install Orange3
2 import pickle
3 import Orange
4
5 with open('bottle.pkcls', 'rb') as model:
6   svm = pickle.load(model, encoding = 'bytes')
7 data = Orange.data.Table('bottle_image.tab')
8 print(svm(data))
```

실행 결과

```
[0. 0. 0. 0. 0. 0. 0. 0. 0. 0. 0. 0. 0. 0. 0. 0. 0. 0. 0. 0. 0. 1. 1. 1. 1. 1. 1. 1. 1. 1. 1. 1. 1. 1. 1.]
```

코드설명

1: Python에서 Orange3의 기능을 사용하기 위해서 Orange3 라이브러리를 설치한다.
2: 저장된 모델을 사용하기 위한 pickle 라이브러리를 불러온다.
3. Orange 라이브러리를 불러온다.
5: 'bottle.pkcls'를 model이란 별칭을 사용하여 2진수값으로 읽어들인다.
6: Colab 서버에 업로드한 모델을 불러와서 svm이란 이름으로 할당한다.
7: 테스트 데이터를 불러와서 data 변수에 저장한다.
8: 비닐 라벨이 있는 것은 0, 비닐 라벨이 없는 것은 1로 결과를 출력한다.

정리하기

프로젝트를 마친 후 프로젝트 과정을 정리해 보자.

1. 내가 선택한 데이터 수집 방법

2. 전처리 결과

3. 선택한 모델과 모델 성능 평가 비교

4. 프로젝트의 의미

참고 문헌과 참고 사이트

참고 문헌

EBS, 『수학과 함께하는 AI 기초』, 한국교육방송공사, 2020.

권건우, 허령, 『야사와 만화로 배우는 인공지능』, 루나파인북스, 2020.

김대수, 『(처음 만나는)인공지능=Welcome to the A.I.World』, 생능출판사, 2020.

김수환 외 4인, 『학교에서 만나는 인공지능 수업』, 한국과학창의재단, 2021.

김진형, 『AI 최강의 수업』, 매일경제신문, 2020.

박해선, 『혼자 공부하는 머신러닝+딥러닝』, 한빛미디어, 2021.

이영준 외 5인, 『인공지능과 미래 사회』, 한국과학창의재단, 2020.

이영준 외 6인, 『인공지능 기초』, 씨마스, 2021.

이용권, 『누구나 쉽게 따라하는 인공지능』, 씨마스21, 2021.

임진숙 외 6인, 『모두를 위한 인공지능 언플러그드』, 씨마스, 2021.

천인국, 『인공지능』, 인피니티북스, 2020.

허민석, 『나의 첫 머신러닝/딥러닝』, 위키북스, 2020.

참고 사이트

- (오렌지3 공식 홈페이지) https://orangedatamining.com
- (AI Unplugged) https://aiunplugged.org
- (AI 허브) https://aihub.or.kr
- (k-Means) https://bskyvision.com/
- (Reinventing the Wheel) https://heekangpark.github.io/Stanford_cs231n/02-image-classification
- (UCI 머신러닝 저장소) https://archive.ics.uci.edu/ml
- (개발자용 트위터) https://developer.twitter.com
- (구글 코랩) https://colab.research.google.com
- (미세먼지 농도별 예보 등급) https://www.me.go.kr/mamo/web/index.do?menuId=16201
- (앎의 공간) https://techblog-history-younghunjo1.tistory.com/68
- (위니버스) https://post.naver.com/viewer/postView.nhn?volumeNo=28293397&memberNo=41516152
- (캐글) www.kaggle.com
- (코딩하는 수학쌤) https://brunch.co.kr/@cookery
- (쿠팡) https://www.coupang.com